浙江省新型重点专业智库杭州国际城市学研究中心
浙江省城市治理研究中心成果

王国平　总主编

南宋四大诗人

吴晶　著

图书在版编目（CIP）数据

南宋四大诗人 / 吴晶著 .—北京：研究出版社，2024.1

ISBN 978-7-5199-1623-7

Ⅰ . ①南… Ⅱ . ①吴… Ⅲ . ①尤袤（1127-1194）－人物研究②陆游（1125-1210）－人物研究③范成大（1126-1193）－人物研究④杨万里（1127-1206）－人物研究 Ⅳ . ① K825.6

中国国家版本馆 CIP 数据核字（2024）第 020575 号

出 品 人：赵卜慧
出版统筹：丁　波
责任编辑：于孟溪

南宋四大诗人

NANSONG SIDASHIREN

吴晶　著

研究出版社 出版发行

（100006　北京市东城区灯市口大街 100 号华腾商务楼）

天津联城印刷有限公司印刷　新华书店经销

2024 年 1 月第 1 版　2024 年 1 月第 1 次印刷

开本：787 毫米 ×1092 毫米　1/16　印张：20

字数：249 千字

ISBN 978-7-5199-1623-7　定价：86.00 元

电话（010）64217619　64217652（发行部）

目 录

第一章　诗在江南：南宋四大诗人

第二章　四大诗人之逸者：遂初逸民尤袤

第三章　四大诗人之秀者：诚斋野客杨万里

第四章　四大诗人之大者：石湖居士范成大

第五章　四大诗人之冠：山阴放翁陆游

第一章

诗在江南：南宋四大诗人

第一章

诗在江南：南宋四大诗人

本书按文学史约定俗成说法“尤杨范陆”排序四位诗人，先总结四人之所以被认定为南宋四大诗人（南宋诗坛中兴四大家），即他们的共同点。南宋四大诗人不是后人拼凑的组合而是在当时就因身世意趣相近而有密切交往、很多唱和的四位大诗人，互相都是诗友知交，也许有缘浅缘深之别（尤袤的诗集散失也有影响），但他们的交往交流无疑造就了他们共同的诗歌特色，也构建了南宋前期中兴时代的诗坛重要风气。下文提及四人一般都用“四大诗人”的简称，如提及苏轼等北宋四大诗人会特别注明。

四大诗人都是典型的宋代士夫，都经科举入仕（陆游被秦桧罢黜功名，但孝宗补给他一个进士出身），都是“正心诚意”的“端人”“正臣”（如杨万里和尤袤都是孝宗亲手提拔给儿子光宗用的臣子）。他们都是忧国爱民重视民本民生者，都成长为名臣、政治家（除了陆游，都曾进入政治中心担任重要职务，范成大曾官至副相）。立朝（在朝为官）都敢言不阿、有大节、无畏冒犯君王宰臣，做外官都守法清廉且多为民实干善政，都有北伐光复中兴之念且终生未改，陆游临终说“王师北定中原日，家祭无忘告乃翁（《示儿》诗）”，杨万里临终说“吾头颅如许，报国无路，惟有孤愤（《宋史·杨万里传》）”。他们都为共同的政治理想互相支持推重，如尤袤就曾推陆游代替他

陆待制（陆游曾为宝章阁待制）像（见清顾沅辑《古圣贤像传略》卷十一，道光十年刻本）

的职务。他们不只是诗人也是学者，都经学、理学、诗学兼擅，都有田园悯农诗、行旅纪游诗，都有爱国北伐诗，或使金（范成大），或入淮（杨万里），或在川陕及镇江前线（陆游），或在江淮泰兴前线（尤袤）。他们都融通盛行于宋代的江西诗风（侧重师古、转益多师）和一直流转于江南的南朝、中晚唐诗风（侧重得自然江山之助，如杨万里曾说“闭门觅句非诗法，只是征行自有诗（《下横山滩头望金华山四首之二》）”、陆游曾说“君诗妙处吾能识，正在山程水驿中（《题庐陵萧彦毓秀才诗卷后二首·其二》）”，他们以诗歌唱和雅集结社，进行文学交流，是典型的诗人之交。他们还对自然万物充满兴趣，是地理学家、博物学家、农学家。他们还是书法家、画论家、金石鉴藏家，哲学思辨与艺术审美兼备。他们就是南宋的“李（白）杜（甫）苏（轼）黄（庭坚）”，是南宋诗运转关的四大诗人。

本书从存世资料较少、后世人较不熟悉但南宋时诗名不小的尤袤开始，继之以在南宋成为诗坛旗手、与其他三人都有较多交往、成就独树一帜“诚斋体”影响深远的杨万里，以及官位最高、当时名声最大的范成大（杨范两人交往是四人中最多也是记录较多的，两人交往也恰好成就了四大诗人诗歌交流、名望共成的主体关系框架），最后以存诗最多、后世名声最大、与范成大在清代以“家剑南（陆游有《剑南诗稿》，指代陆）而户石湖”形成巨大影响的陆游压卷。

江南是心乡：何以南宋四大诗人

四大诗人，也称南宋中兴（诗坛）四大家，指活跃于南宋（1127—1279）前期中兴三朝即高宗（1127—1162 在位）、孝宗（1162—1189 在位）、光宗（1189—1194 在位）朝的四位诗人：尤袤［1124（一说 1127）—1193（一说 1194）］、陆游（1125—1210）、范成大（1126—1193）、杨万里（1127—1206）。他们大都与南宋同时诞生，生命几乎占据南宋 152 年历史的一半，杨、陆活到了宁宗朝，更见证了南宋大体兴衰。四人虽然政事繁忙经常时空错位但都有过来往，有他们的诗文见证。四人除了是诗人，还都是爱国者、名臣、学者，《宋史》中都有传，可见他们的历史影响。

四大诗人的民间影响也不小。举个例子，清代名著《红楼梦》中多次提到的古代诗人，唐代是王维，宋代是陆游和范成大。书里香菱向林黛玉学诗，说最喜欢陆游写书斋的诗“重帘不卷留香久，古砚微凹聚墨多（《书室明暖终日婆娑其间倦则扶杖至小园戏作长句》）”。袭人名字也出自陆诗《村居书喜》“花气袭人知骤暖”。妙玉则认为古人自汉晋五代唐宋以来皆无好诗，仅有“纵有千年铁门槛（限），终需（须）一个土馒头”这句好，就出自范成大《重九日行营寿藏之地》诗（《红楼梦》的引文与通行范诗略有不同，意思无差）。《红楼梦》第 17 回“大观园试才题对额”写贾政视察新建的大观园来到模仿农村的稻香村，清客吹捧“非范石湖田家之咏不足以尽其妙”，说只有石湖居士范成大的田园诗《四时田园杂兴》能配得上稻香村的风光。以上侧面印证了清代民间的“家剑南而户石湖”的现象，可见家家户户都读陆、范诗，口口相传，并能引用化用，诗歌影响不亚于唐诗。

四大诗人的排序一般说“尤杨范陆”，是按照南宋习惯而非后

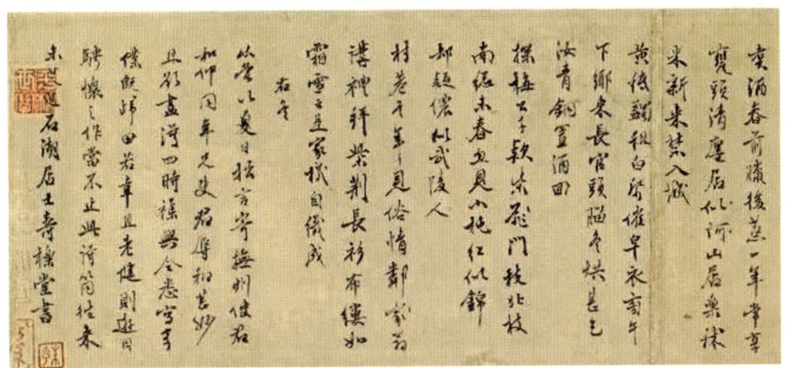

1186年后范成大自书《四时田园杂兴》诗（故宫旧藏）

世影响力排列的，就像初唐四杰的习惯排行“王杨卢骆（王勃、杨炯、卢照邻、骆宾王）”先是出自杜甫《戏为六绝句》之二诗“王杨卢骆当时体”，之后才成为习惯说法。宋末诗人方回说南宋“中兴以来，言诗必曰尤杨范陆《跋遂初尤先生尚书诗》”，深入人心，本书就按这一约定俗成说法排序，以存诗最少、生平也较为不明但中进士最早的尤袤开始，以成就、影响最大的陆游压卷。

已有很多前贤书写过四大诗人的高远人生和俊逸诗篇。本书专注于江南历史、地理、人文视野中的四大诗人，除了他们已被较多人熟知的爱国诗心、为民诗篇，也致力于解读他们受时代地域影响，成长为以诗意江南为心灵家园的诗人、江南隐逸山水田园诗的集大成者、知行兼重的实学学者、诗书画江南情韵的融合者、江南诗意审美意象体系的完善者的立体形象和丰富面目。

四大诗人中的三人陆游、范成大、尤袤都出生成长于南宋江南中心区域两浙路。陆游是两浙东路（包括越州、婺州、明州、衢州、台州、处州、温州，大致与今浙江衢江、富春江、钱塘江以东地区即除了今杭州、嘉兴、湖州以外的浙江大部重合，后也简称浙东）的越州（后改为绍兴府）山阴（今浙江绍兴）人，范成大是两浙西

元人朱德润书写的《范成大四时田园杂兴卷》（局部）（上海博物馆藏）

路（包括临安府、严州、秀州、湖州、平江府、镇江府、常州、江阴军，大致和今浙江的杭州、湖州、嘉兴地区和今江苏的镇江、苏州、无锡、常州之地还有今上海大部重合，后也简称浙西）平江府（苏州）人，尤袤是两浙西路常州无锡人（无锡当时属常州）。

四大诗人中虽然只有一个今浙江人陆游，但南宋都城在临安（今浙江杭州），四人很多科举出仕的行踪履迹都与浙江有关。他们四人都曾到临安参加科举，为朝官。范成大早年曾随父在临安生活，在诗中留下很多南宋临安城市形貌、日常生活的记录。陆游脍炙人口的《临安春雨初霁》，颔联、颈联四句记叙了他在京城寓居西湖旁的闲居生活“小楼一夜听春雨，深巷明朝卖杏花。矮纸斜行闲作草，晴窗细乳戏分茶”，文字以生动的细节呈现了城市生活雅俗并存的两面，反映了文人听雨、写书画的闲适雅趣，还有饮茶买花这些宋代杭州流行、市民喜爱的雅事（“烧香点茶，挂画插花，四般闲事”，见南宋吴自牧《梦粱录》）。

杨万里任东宫侍读时，清晨上朝要经过大内前的和宁门（今杭州城南凤凰山旁）花市，有《经和宁门外卖花市见菊》诗，中有“清晓肩舆过花市……君不见内前四时有花卖，和宁门外花如海”，还有《初夏清晓赴东宫讲堂行经和宁门外卖花市》，中有“忽逢野老从湖上，担取名园到内前”写遇到卖花翁从西湖担花来皇城前售卖，留下宫城庄严和花市热闹融为一体的奇妙景象。范成大任礼部员外郎兼崇政殿说书时的《寓直玉堂拜赐御酒》诗中“长风时送市声来”，也说在清雅官衙“玉堂（禁内宫殿）”值班时听到附近市井的喧闹声。他们还在官事闲暇时游赏西湖，杨万里有《晓出净慈寺送林子方》写夏日清晨西湖的“接天莲叶无穷碧，映日荷花别样红”，《西湖晚归》写春天黄昏西湖上的游人画船、“西湖两岸千株柳”等自然人文风光。杭州这一江南都城的美景在四大诗人的诗中俯拾即是。

四大诗人也都曾外放为官，都在浙江各地任过地方官。尤袤在台州为官，有《台州郡斋杂咏》12 首写台州自然人文景观，其中《玉霄亭》一首“青山围郡城，东望独空远。苍茫溟海近，相像蓬莱浅”，真实描绘了台州山海相间的地理面貌。范成大在处州（今浙江丽水）、明州（今浙江宁波）为官。他在处州时因北宋词人秦观在此写《千秋岁》词“花影乱，莺声碎”而建“莺花亭”，还写了一组六首绝句《次韵徐子礼提举莺花亭》，其“滩长石出水鸣堤，城郭西头旧小溪”一句真切描画了丽水山城山水的特色。他在明州写的《初赴明州》“海接三韩诸岛近，江分七堰两潮平”和《浙东舟中》“处处槿樊圃，家家桃庑门。鱼盐临水市，烟火隔江村。雨过张帆重，潮来汲井浑。弯跧短篷底，休说两朱幡”也突出了宁波海边风光的特点。

再则，吴地（浙西）人范成大、尤袤和越地（浙东）人陆游都生长于江南，三人少年求学和晚年归隐的漫长生涯都在江南山水田园及自我构建的江南庭院园林间度过，三人还曾在江南名城建康（今江苏南京）、淮扬（今江苏扬州一带，地理在江北但在文化意义上也属江南）、镇江等地为官。三人都写下很多书写江南的山水田园诗，特别是陆游的“镜湖诗”和范成大的“石湖诗”。

陆游一生写诗近万首，很多都是晚年隐居绍兴鉴湖（镜湖）的诗，如《试院春晚》“此生飘泊何时已，家在山阴水际村”、《饥坐戏咏》“一庵归老镜湖傍”说隐居之地在山阴镜湖畔（水际）。他的词《鹊桥仙·华灯纵博》“镜湖元自属闲人，又何必、官家赐与”用唐代同乡诗人贺知章晚年归隐江南得到玄宗赐镜湖的典故，说自己的镜湖小园是自己建造。《游镜湖》“读书五十年，自笑安所获”，透露他虽然对中兴事多有不甘牵挂，但家乡江南山水就是精神安憩所、心灵归栖处。陆游的《放翁自赞》说自己“剑外江南，飘然幅巾”。南宋鄞县（今浙江宁波）诗人、史氏家族史弥宁的《陆放翁画像》诗说陆游是“诗酒江南剑外身，眼惊幻墨带天真”。

范成大在从四川东归江南的《吴船录》里回忆成都风光时说“绿野平林，烟水清远，极似江南”，他晚年的隐居诗如《四时田园杂兴》60首和《腊月村田乐府》10首写隐居地石湖旧隐（石湖精舍）的四时湖山风貌和民间节俗生活，石湖的山水名胜被友人杨万里认为是“东南（江南）绝境”，即石湖有江南最美的山水园林和人文建筑。从此范诗里的石湖意象在文化史和山水田园诗发展史里有了东晋陶渊明“栗里”、唐代王维“辋川”一样的桃花源典范意义，同时和东晋兰亭山水诗、中唐张志和湖州山水词、晚唐陆龟蒙松江（今江苏角直）诗词共同形成了江南山水田园诗意体系典范。范的《初归石湖》诗先以“晓雾朝暾绀碧烘，横塘西岸越城东”写石湖的地理位

清画家徐扬《姑苏繁华图》（局部）中尚可见范成大石湖遗存（辽宁博物馆藏）

置在苏州越城古城、横塘水乡间，杨万里有《寄题石湖先生范至能参政石湖精舍》“万顷平湖石琢成，尚存越垒对吴城”，也是说石湖在越城故址和吴地城池间，是江南山水人文胜地；接着范成大说“信脚自能知旧路，惊心时复认邻翁”，写久不归乡近乡情怯，但故乡的道路、旧邻仍有陌生而熟悉的似曾相识感，和贺知章《回乡偶书》“乡音无改鬓毛衰。儿童相见不相识”“唯有门前镜湖水，春风不改旧时波”相通，认为石湖是他心灵的归宿。范还有《横塘》“南浦春来绿一川，石桥朱塔两依然。年年送客横塘路，细雨垂杨系画船”，写了细雨、垂柳、画船等江南山水典型诗意意象，还写家乡风景依旧，是心灵归处。范晚年还著有《吴郡志》，是南宋平江府（包括今江苏苏州及上海一部分）地方志，书中引用江南民谚“天上天堂，地下苏杭”，可见时人包括范等文人对江南的向往、心灵归属。

尤袤由于逝后诗集被毁现存诗词很少，但他晚年隐居家乡无锡梁溪的诗词如《瑞鹧鸪·落梅》“梁溪西畔小桥东”也写了江南山水人文胜景和对江南的心灵依恋归属感。他幼时在家乡已深刻濡染吴地诗风，多学南朝诗赋，后来在台州为官又沉浸当地越地诗风圈，多学东晋南朝诗人王羲之、孙绰等人为代表的山水隐逸诗风。淳熙五年（1178），尤袤任江东提举常平，治所在隶属广义江南的安徽池州，他在此印刻《昭明文选》，表达了自己对源自江南的南朝晚唐诗风的喜好。这和杨万里此时在常州的诗歌探索不谋而合，都有助力江南山水文化之功。

杨万里是吉州吉水（今江西吉安吉水）人，吉水在南宋时也属于江南西路，而且他一生宦游、交往的经历多与江南有关。他曾给在南京的范成大写《寄贺建康留守范参政端明二首》，其一“春生锦绣山河早，秋到江淮草木迟”赞美了江南富于人文意蕴的春秋美景。他还于1177年至1178年在常州为官，在此写的诗编成为《荆溪集》，荆溪是常州属地宜兴的旧地名，此时他的诗正好逐渐脱离他早年擅长的江西诗风的樊篱，初步形成他日后独具一格的“诚斋体”雏形，说明江南也是孕育杨诗和见证南宋诗风蜕变的重要地方。江南（狭义）虽非故土，但杨万里也像很多史上的诗人一样视江南为精神家园、诗意之乡，正所谓“此心安处是吾乡”。他后来再过常州的《晚过常州》就说“岸头杨柳记得无，总是行春系船处”“人民城郭依然是，只有向来须鬓非”，熟悉的水岸、垂柳、游春人、画船是江南诗意的典型意象，也是诗人心之所归。

四大诗人的人生、诗篇，都是宋韵与江南人文诗意“金风玉露一相逢”的难得遇合，江南于他们是精神故土，是诗之心乡。

中兴诗心：忧国爱民的四大诗人

四大诗人是中兴诗人中的杰出者，是纯粹坚定的爱国者，一生写了大量忧国爱民的诗篇，中兴之愿至死不变。“中兴”是他们的毕生最高理想，也是最初的淳朴诗心，更是他们获得诗人桂冠的重要基石、诗篇千古历久常新的“内丹”。明末大思想家王夫之评价范成大、杨万里这些南宋士夫大臣都能“铮铮表见”，有坚贞刚烈的风骨表现，又“文雅雍容”，有深厚广博的文化修养，足以配得上南宋前期的中兴治平之世。

南宋的“中兴”即国家重新振兴，也指北宋灭亡后南宋朝廷在江南的重新建立，生于1124年至1127年间的四大诗人都生长于中兴时，比“南渡诗人”陈与义、李纲、朱敦儒、张元幹、李清照等都年少一代。尤袤生于北宋末徽宗宣和六年（1124），（据《西塞渔社图卷》尤袤跋。）旧说他生于北宋最后一年钦宗靖康二年二月（1127），（据《绍兴十八年同年小录》）即北宋被金灭亡“靖康之耻”发生时。杨万里也生于1127年，但是九月，此时已是南宋初高宗赵构建南宋的建炎元年，他是生在南宋第一年。范成大生于钦宗靖康元年（1126）宋金开战之际。陆游于北宋徽宗宣和七年（1125）出生在日后成为宋金边界的淮河中流的船上，此年金开始侵宋。赵构日后的养子、南宋第二位皇帝、被认为是中兴皇帝的孝宗和杨万里生于同一年。南宋初期是宋代君民艰难南渡的岁月，也包括范、陆家族。陆游晚年有《戏遣老怀五首之三》的感慨“儿时万死避胡兵”，还有“我生学步逢丧乱，家在中原厌奔窜（《三山杜门作歌》）”，都提及幼小的自己随父母家族逃亡。1130年苏州遭遇“平江屠城”，父母带着四岁的范成大逃难。不知早慧的诗人对战乱的艰难困苦留下多少印象。

明仇英临南宋萧照《中兴（高宗）瑞应图卷》（局部）（北京故宫博物院藏）

因为这宿命般的历史重合，也因为四大诗人都生于爱国士夫家庭，山河破碎、民生涂炭的时代背景使他们在成长中形成了坚定的忧国爱民的思想，一生渴望南宋中兴。而“中兴”的深层含义就是北伐光复北方故土。陆游家乡绍兴北宋时名越州，南宋初才改名。赵构为避金兵追击，多次来越州，此地是他曾考虑的陪都，也是南宋仅次于临安作为“行在（天子所在之地）”最久的地方。建炎五年（1131）正月初一，高宗在越州改元“绍兴元年”，绍为继承，兴为兴盛，寓意“绍祚（国运帝位）中兴”，升越州为府并改名绍兴。“绍兴”就是“中兴”。

“绍兴”兆头虽好，南宋君民的热望却一直受挫。高宗绍兴十一年（1141）爱国将领岳飞被害，宋金签订“绍兴和议”，进入南北对峙。此时四大诗人已是思想初定、诗名初显的少年，他们大都在之前与南宋中兴四大名臣（四大谪臣）李纲、赵鼎、李光、胡铨有过接触，亲炙他们的爱国主张和热情。如李纲是尤袤老乡，尤袤老师的老师杨时是李纲的友人，老师喻樗和赵鼎有交往。胡铨是杨万里的老乡和老师。李光是陆游父亲的友人，也是陆游的老师。南宋初爱国前辈北伐思想的濡染及和议的耻辱在四大诗人心里留下了悲愤遗憾，也埋下了炙热坚定的理想。

“绍兴和议”划定东以淮河中流、西以川陕间的大散关（今陕西宝鸡西南）为界，南北分属宋金，宋廷还割唐、邓二州及商（今陕西商洛）、秦（今甘肃天水）二州的大半给金国。淮河、大散关从此在南宋诗词中成为重要意象，既代表屈辱也代表民众的不甘不屈，淮河以南、大散关内的南方山水和北方山川一起寄托了不同的中兴情怀。日后尤袤曾在江淮的泰兴参与抗金。陆游先后来到长江边的镇江与瓜洲、大散关以及位于商秦的边界前线抗金，他的《观大散关图有感》回忆了自己在青少年时便已奠定的驱逐侵略者的志向“上马击狂胡，下马草军书。二十抱此志……”。范成大曾作为使金使臣北上金国，回到北宋故地，成为四人中唯一一个去过北方故土的人。杨万里也曾借受命送金使北返之机来往江淮间。这些体验经历都成为他们诗中最激昂也最忱挚的部分。

由于和议后朝廷主和思想占主流，青年四大诗人都曾因为北伐理想受到主和派打击，如陆游因为喜欢发表中兴言论在科举上受秦桧沉重打击失去功名，尤袤也因老师是主张抗金的喻樗而在科举上受到秦桧派的刁难。但他们从未改变过信念，杨万里曾拜当时被贬谪的主战名臣张浚、胡铨为师。1162 年高宗逊位，孝宗继位后有志北伐，欲为岳飞昭雪沉冤，陆游才被赐进士出身入朝为官。陆游上疏建议固守江淮再徐图中原。此年春他还有送兄长陆濬去淮南前线的《送七兄赴扬州帅幕》（陆濬是陆游的二哥，说七兄是从堂兄弟排行而言）“初报边烽照石头，旋闻胡马集瓜州。诸公谁听刍荛策，吾辈空怀畎亩忧。急雪打窗心共碎，危楼望远涕俱流。岂知今日淮南路，乱絮飞花送客舟”，诗中写尽此时金人将领完颜亮进攻长江天险采石、瓜州，军情危急、人心惶恐的场景，更表达了诗人急切为国献计的心情。1163 年张浚北伐，陆游又急切上疏，希望早定长远之计，但不要轻率出兵。

然而历史总是弄人。四大诗人经历了隆兴北伐（隆兴元年 1163 至隆兴二年 1164）的短暂高潮后，又遭遇了南宋的第二次和议即“隆兴和议”（隆兴二年 1164 至乾道元年 1165）的低谷，大起大落间，他们虚度了壮年时光。北伐号角和中兴展望如烟花转瞬而逝，此后，终四大诗人的一生，都没再等来北伐和中兴。希望和失望交错也奠定了他们诗里既高亢又低落、既激愤又悲凉的基调。

绍兴三十二年（1162），杨万里焚毁一千多篇学江西诗风、比较书斋体的早年诗作，转写更贴近现实的内容，这是受到时代感召做出的转变。陆游在北伐失败后，因鼓吹北伐、与张浚交往被罢官，隐居家乡的生活使他的诗更近民生。四大诗人此后在漫长的和平时光里，坚守信念，关注国事民生，深入体察民间疾苦，努力为官，虽然也常因不合时宜被贬谪罢官或主动退隐，但他们在朝实干不懈，在野沉思自适。最终在政治阅历增长、生活经历磨砺的共同助力下，淬炼出坚实圆融的诗歌面貌，虽各有特色，范成大温润、尤袤端方、杨万里爽朗、陆游俊逸，但都有忧国爱民之内核，四人终于成长为诗坛天穹中的明月朗星。

四大诗人都有高超的学问才华，都经宋代兴盛的科举成为进士（陆游赐进士出身）并入仕。他们一生经历高宗、孝宗、光宗三朝乃至包括宁宗的（1194—1224 在位）的四朝。四人中范成大地位最显，官至参知政事（副相）、资政殿大学士，谥号文穆。尤袤官至礼部尚书，谥号文简。杨万里为宝谟阁学士，谥号文节。陆游为宝章阁待制。范成大被孝宗赞许“气宇不群”，被光宗称赞“文章德行”。尤袤被孝宗嘉许“如卿才识,近世罕有”。杨万里得到光宗题的“诚斋”

二字肯定人品学问，得到爱国名将、丞相虞允文“东南乃有此人物”的赞赏，任职广东时曾平定叛乱得到孝宗褒扬“书生知兵”“仁者之勇”。朱熹也说“杨诚斋廉介清洁，直是少”，清廉有节世间少有。陆游成名较早，得到高宗的赏识，所谓“名动高皇（《放翁自赞》）”，孝宗召见也称赞他“力学有闻，言论剀切”，说早听说他致力学习、谈吐切实，并赐进士出身。四人得到这些声望，多是因为在当朝官和地方官时施行过利国利民的良政（陆游在野未入仕时也有为国为民谏言）。

四大诗人都是重民本、悯农惜民的能臣循吏。尤袤在台州时，因清正不合流被诬陷，幸好孝宗看到他的《台州（一说东湖）四首》诗之二“百病疮痍费抚摩，官供仍愧拙催科”，叹服他的勤政之举、忧民之心。杨万里也一直心系民生，给朝廷上的札子如《千虑策·民政》提到“民者，国之命”，还提出“薄赋敛”“节财用”等富民安邦经济策略。他还为官清廉，“永嘉四灵”之一徐玑《见杨诚斋》赞美杨“清得门如水，贫惟带（朝廷赐的官服玉带）有金”。陆游在多地管过学事和农事，1180年他在江西为官之地遭遇水灾，为了百姓他擅自开仓放粮救济，亲自“榜舟（行船）发粟”，《大雨逾旬既止复作江遂大涨》诗的“传闻霖潦千里远，榜舟发粟敢不勉”就是记录。范成大在各地也不遗余力地兴利除弊，有利民生。以江南宦迹为例，在丽水时，他为著名的水利工程通济堰修复堤堰，兴水利、建桥梁，还首创义役（应役户互助的方式），对后世影响很大。在宁波时，他免除百姓累年欠下的债务，减轻百姓给朝廷进贡的负担。在南京时，他施行应对灾荒的对策，赈济饥民，开仓济贫，减免捐税，以富余财物代替秋租。范成大爱民体恤之心与治世实干之能兼备，得到孝宗“卿……可谓贤劳”的肯定，说他贤辛劳勤勉。也因为这些为官经历，范成大晚年写的田园组诗《四时田园杂兴》才能超越传统田园诗的

丽水通济堰景区所存范成大《重修通济堰规》，世界上最早的水利规

个人闲兴，更多感同身受民众的宏阔悲悯心声。

除了鞠躬尽瘁的爱民慈心，以下再进一步细述四大诗人的忧国忠心。陆游于乾道七年（1171）写过《平戎策》，提出收复中原具体对策。次年他还投身军旅来到南郑（今属陕西汉中）幕府，亲身经历宋金前线的萧飒。他晚年淳熙十三年（1186）的《书愤》诗“早岁那知世事艰，中原北望气如山。楼船夜雪瓜洲渡，铁马秋风大散关”提及了隆兴北伐的前线瓜洲以及此时的边塞大散关。回忆诗《怀昔》“昔者戍梁益，寝饭鞍马间。一日岁欲暮，扬鞭临散关。增冰塞渭水，飞雪暗岐山。怅望钓璜公，英概如可还。挺剑刺乳虎，血溅貂裘殷”，也写到此时在陕川前线（诗里以古地名古梁州、古益州指代）扬鞭执剑、骑马刺虎的传奇经历。《平戎策》被否定后，陆游黯然离开前线，回到蜀地，著名的《剑门道中遇微雨》记录了他此时的失落和自我怀疑，“此身合是诗人未？细雨骑驴入剑门”。在前线的短短八个月时光成为陆诗永恒的诗歌题材，是他“位卑未敢忘忧国”“铁马冰河入梦来”“寸心自许尚如丹”“心在天山，身老沧洲”“塞上长城空自许”等传诵千古的豪迈爱国名句的厚重内涵所在。

范成大被赞“气宇不群”，是因为乾道六年（1170）他被孝宗亲自选中出使金国去纠正隆兴和议遗留的耻辱不平等条款。他在许多臣子避之不及时，像他的祖先、北宋名臣名将“小范老子腹中自有数万甲兵”的范仲淹一样，凭一腔孤勇，置生死于度外，坦然受命，递交国书要求归还北宋帝陵之地，并交个人书信要求改变屈辱的受书仪式。此行关乎重大，任务艰险，前途未卜，他很可能会成为牺牲品。范成大临危受命，慷然北行，北上一路他记录见闻，创作了诗词共80余首，并创作了北行日记《揽辔录》。使金组诗里的《州桥》是最有影响的一首，诗序记录了站在旧日国都汴梁（今河南开封）的标志性建筑天汉桥（州桥）上，放眼望去，南北都是昔日御路，如今却站满了翘首等候故国使者、询问期盼宋军早日光复旧土的遗民父老，诗中感慨“州桥南北是天街，父老年年等驾回。忍泪失声询使者，几时真有六军来”。在金国范成大为了不辱国威不负使命据理力争，遭遇了很大危险，有《会同馆》诗为证。诗序里范成

赵构《赐岳飞批札卷》之一（局部）（台北兰千山馆藏），关系岳飞生死、南宋中兴的一幅书法大说住在会同馆（接待使臣旅舍）时，有旧时宋人悄悄告知他金国想羁留使者为质，就是诗里说的“万里孤臣致命秋，此身何止上沤浮？提携汉节同生死，休问羝羊解乳不”，范成大表达了身为“万里孤臣”的无畏无惧，愿学汉代使者苏武即使被困北国苦寒地牧羊也要保持国家气节的气魄。幸好金国统治者感于范的勇气，允诺归还钦宗梓宫（皇帝、皇后等尊者的棺材），他得以完成使命归国。《宋史》对范出使金国的评价很高，说他几乎被杀，最终不辱使命，有古使臣风骨，有孔子说的“岁寒之节”。陆游读范的《揽辔录》，看到中原父老见到宋朝使者流泪的记载,有感作《夜读范至能〈揽辔录〉言中原父老见使者多挥涕感其事作绝句》四首其一的公卿有党排宗泽，帷幄无人用岳飞。遗老不应知此恨，亦逢汉节解沾衣”，说南宋朝廷的衮衮高官结党排斥放逐抗金名将宗泽，还让岳飞不能施展才能，这些北国遗民父老不知道，还心心念念南宋王师会来拯救他们，因为太思念故国见到使者潸然泪下。这首诗以及陆游其他的爱国名句“遗民犹望岳家军(《书愤》)”“遗民忍死望恢复(《关山月》)”“遗民泪尽胡尘里,南望王师又一年(《秋夜将晓出篱门迎凉有感》)”“但悲不见九州同(《示儿》)”都和《州桥》情感相通，流露了共同的遗憾。杨万里、尤袤也都赞同收复故土。杨万里曾任金国贺正旦接伴使，两次入淮，在舟行淮河中流、宋金边界时有《初入淮河四绝句》，“中流以北即天涯”借地理说中流之北就是异国他乡，诗中爱国情忱挚感人。

南宋早期的优秀诗人很多，“尤杨范陆”成为四大诗人，不只因为诗才出色，更因为都是士夫忧国爱民的典范，这是他们的诗歌、诗名深入民心的深层原因。

到南宋第三位皇帝光宗在位的绍熙四年（1193），范成大、尤袤去世。次年代表中兴希望的孝宗也去世，此年还有光宗退位，宁宗登基。光宗是孝宗第三子，乾道七年为皇太子，杨万里、尤袤都是光宗的潜邸老臣。淳熙十六年（1189）孝宗学养父高宗禅位，光宗即位，次年改元绍熙。光宗精神不稳，孝宗死时称病不出执丧。高宗皇后、太皇太后吴氏支持赵扩即位为宁宗，光宗成为南宋第三位太上皇。光宗（1189—1194）在位六年。此时四大诗人中仅存的陆杨两人也进入衰年，中兴变得更加渺茫，就像陆游《戏遣老怀》诗说的“敢料时清毕此生”。到嘉泰三年（1203）权臣韩侂胄又主张北伐。关于韩，后世评价复杂，当时的陆杨也态度不一。陆游希望借助韩之手完成北伐心愿，如他在《金错刀行》说“京华结交尽奇士，意气相期共生死。千年史册耻无名，一片丹心报天子……楚虽三户能亡秦，岂有堂堂中国空无人”，而杨万里看不惯韩的作为与其断交。虽然陆杨取舍不同，但内在的中兴诉求仍相通。后来韩侂胄被杀，南宋第三次和议“嘉定和议”在嘉定元年（1208）尘埃落定时，杨万里早已去世。陆游也在两年后的嘉定三年（1210）去世，留下遗憾不尽的诗《示儿》“死去元知万事空，但悲不见九州同。王师北定中原日，家祭无忘告乃翁”。《州桥》里父老的泣血祈愿、陆游的光复遗愿终究都没能实现。七十年后的祥兴二年（1279），蒙古灭宋，陆游有子孙在崖山之战中或之后殉国。再后来浙江诗人林景熙有《书陆放翁诗卷后》感叹“来孙却见九州同，家祭如何告乃翁”，却不是陆游所求的“九州同”。

四大诗人是南宋中兴的见证者、记录者。中兴是历史背景，也是他们的个人诗心，他们的忧国爱民诗篇是中兴情怀的最真实书写。

知行合一：工夫在诗外的四大诗人

生在崇文盛世宋代，四大诗人也和北宋文坛四大家（四大诗人）欧阳修、王安石、苏轼、黄庭坚一样都是大学者。四人早年都受过江西诗派的影响，在经历北宋灭亡的世变后，对偏狭刻板、缺乏思考、不知变通的迂阔之诗多有扬弃，积极探索诗歌新境界，如杨万里创“诚斋体”。四人六经皆通，四艺皆备，博学广闻，深思敏感，还能远行万里，见山见水，领悟真知，终能知行兼重，化为貌似轻灵实则深远厚重之诗，终成一代文宗。

四大诗人的成名依赖时代激变、地域文化厚积与宋代诗学积淀的助益，也得力于家学加持。他们生长在两宋之际，“国家不幸诗家幸，赋到沧桑句便工（清赵翼《题遗山诗》）”“天以百凶成就一词人（王国维《人间词话》）”，世事多艰淬炼了坚定信念和阔大襟怀，造就了高远的诗歌格调。他们也有幸生在南宋初期，亲炙了北宋大诗人奠定的学者诗传统。陆游的祖父陆佃是王安石弟子，还与苏轼、黄庭坚都有交往。陆游的外祖母是苏轼弟子苏门四学士（黄庭坚、秦观、张耒、晁补之）晁补之的堂姐妹。他们还都有幸生长于文化兴盛地［无锡、苏州、绍兴、吉安（欧阳修故乡）］的文化世家。尤袤出身无锡诗礼家族，祖父和父亲都能治史，擅诗文。范成大出身苏州望族，是北宋名臣范仲淹的后人，父亲范雩是宣和六年进士，官至秘书郎，母亲是蔡襄孙女，也是名相文彦博的外孙女。陆游家族自高祖中进士入仕后成为文化家族，祖父陆佃是经学家，官至尚书左丞，父亲陆宰也通诗文，在绍兴元年曾知临安府，母亲是宰相唐介的孙女。杨万里是欧阳修的小同乡，黄庭坚、王安石的大同乡，祖父和父亲虽未出仕，但在乡从事著述教育，也是学者。

四大诗人都自小能诗文。尤袤五岁能写诗，十岁被称为神童，

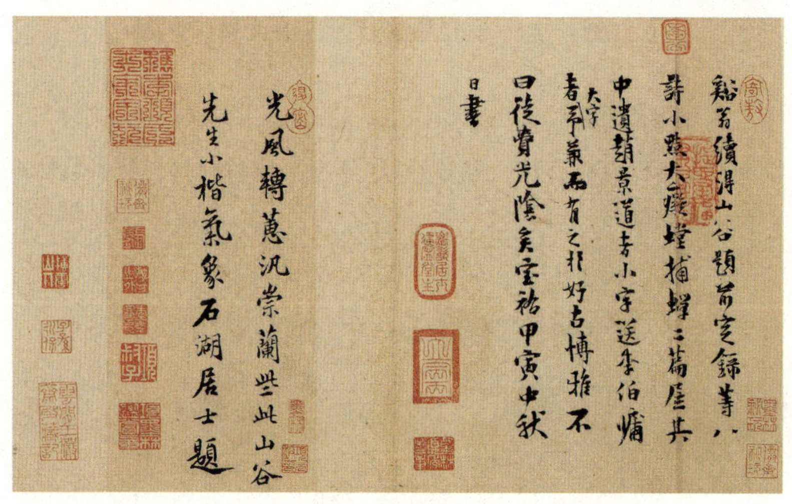

范成大书法《跋黄庭坚诗帖》（台北故宫博物院藏）

十五岁以词赋闻名家乡。范成大在父母怀抱就能认得屏风上的字，十二岁时遍读经史，十四岁就会写诗。陆游也是牙牙学语时就爱读书，“我生学语即耽书（《解嘲》）”，十二岁能写诗文。

科举方面，尤袤相对最顺，绍兴十八年（1148）二十二（一说二十五）岁就登进士第。但身为太学第一的尤袤只得三甲进士，一说他也和陆游一样受秦桧妒才的打击，礼部考试时本定进士一甲第一名即状元，被降为三甲进士。此事和陆游之事过于相似，但尤袤主张抗金，又有喻樗这样与秦桧政见不合的老师，而且他中进士后一度沉寂，都侧证了他和陆游一样受挫的命运。范成大和杨万里在绍兴二十四年（1154）同登进士第，此年状元是爱国词人张孝祥，名相名将虞允文也是此年进士，陆游也参加了此次礼部考试，但因秦桧排挤而落第。范、杨科举也不是一帆风顺。和陆游前两次科举失败一样，杨万里首次科举也落第了，作为平民家庭出身的他科举比陆游、范成大这样的官宦子弟途径更少、成功概率更低。范成大绍兴十二年（1142）十七岁时曾因给朝廷献赋一举成名，得到科举

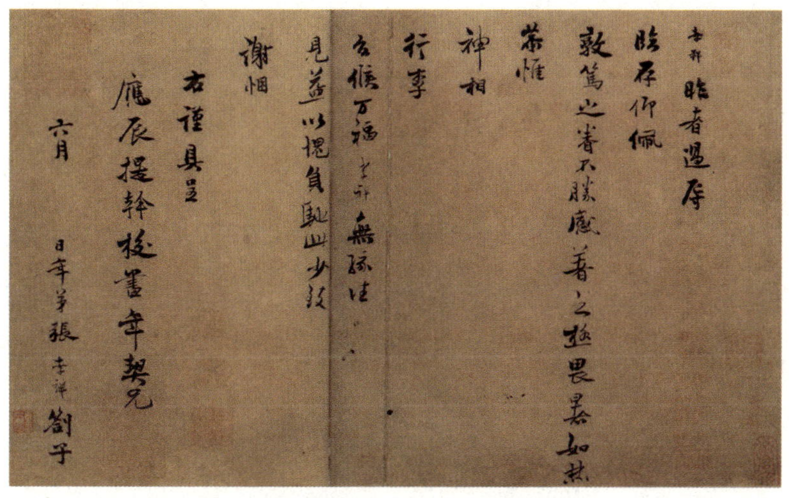
孝祥临存遇厚，眷存仰佩，敦笃之意，不胜感著之极。畏暑如焚，恭惟神相，行李多侯万福。孝祥无缘往见，益以愧负，驰此少致谢悃。右谨具呈。应辰提干校书年契兄。六月　日，年弟张孝祥劄子。

张孝祥《临存帖》（北京故宫博物院藏）

解试“免文解”机会，但他父亲此时猝然去世，他只能回乡服丧照顾弟妹，沉潜读书十年后才由比较容易的漕试发解然后得以中进士。陆游的科举路最坎坷，他早因祖荫已荫补登仕郎入仕，后决心以科举出身，十六岁开始参加科举，两次落第，第三次以锁厅试（宋代科举制，适合已任官或有爵禄者再参加科举）形式去科举，宋史记录他是“锁厅荐送第一”即 1153 年第一，后来民间传闻他是状元不确，但锁厅试第一可见他才华超逸，很有机会在次年礼部试再次第一然后成为状元。无奈陆游因锁厅试第一夺了秦桧孙子秦埙的机会被秦忌恨，1154 年的礼部试被设计罢黜。不过秦桧此举太嚣张引起公愤和高宗猜忌，高宗亲点张孝祥为状元。陆游沉寂十年后，到绍兴三十二年（1162）孝宗登基才被赐进士出身，他有诗“功名蹭蹬老如期（《恩除秘书监》）”就是感慨其仕途坎坷。

四大诗人受家族藏书、父辈官职（范父曾任职管国家藏书的秘书省）、自己官职（四人都曾任职秘书省，范历任秘书省正字、校书郎，杨为秘书省主官秘书监，尤袤曾任秘书丞（秘书省副职），陆也曾任秘书监）的影响，都痴迷读书，至老不改。范成大年少时从绍兴十四年（1144）到绍兴二十四年（1154）在昆山坚（荐）严资福禅寺读书十年。尤袤出身藏书世家，早年就有“尤书橱”的称号，腹有诗书就像四脚书橱。他有读书感言说书像美食、暖衣、友人、可赏鉴的古董雅玩、可陶冶情趣赏心悦目的乐器，读书可挡饥寒、抵御孤独忧伤、慰藉灵魂滋养精神。他执着于藏书，务必网罗齐备，建成藏书楼“遂初堂”，光宗还为书楼题字。陆游有诗赞美遂初堂“异书名刻堆满屋，欠伸欲起遭书围（《尤延之侍郎屡求作遂初堂诗诗未成延之去国因以奉送》）”，书籍极丰赡。尤袤还曾任国史馆编修、侍读等职，能阅读抄录朝廷三馆秘阁珍稀书籍。杨万里说尤每次退朝后都会闭门谢客，手抄一定数量的古书，一生曾抄书三千多卷。尤袤收书后无所不观，观书后无所不记，成为目录学家。杨万里的父亲常忍饥寒买书，十多年得到数千卷藏书，还教诲年幼的儿子说这些都是圣贤之心所存，你要努力读书。陆游家族是越州三大藏书家族之一，曾藏书数万卷，藏书楼名“双清堂”。陆游母亲是北宋藏书家晁冲之的外甥女。陆游也从小与书有缘。南渡后国家藏书损失殆尽，诏求天下藏书充盈国藏，陆父陆宰献书一万三千卷，使陆氏家族成为宋代献书最多的家族，陆家献书也成为南宋初国家藏书重要构成。陆游也酷爱读书，“不是爱书即欲死，任从人笑作书颠（《寒夜读书》）”，志向是多藏书“要足平生五车书（《读书》）”和多读书“两眼欲读天下书（《读书》）”，他继承家族以藏书传承文化的理想，像诗里写的“传家只要存书种（《杂题》）”“但令书种存，勿愧耕垄亩（《东斋杂书》）”。陆游也藏书不止，从四川出川时没带其他，船上全是蜀地买的书，后建成藏书楼“高斋”“书巢”，还在《陆游筑书巢》中说书斋里“俯仰四顾，无非书者”，自己“饮食起居，疾痛呻吟，悲忧愤叹，未尝不与书俱”。

四大诗人爱书但不狭隘地把书看作财富私藏，也不恃多藏书多读书而盛气凌人，有宽广的眼界胸怀。宋末诗人方回说四人“胸中贮万卷书，今古流动，是惟无出，出则自然（《跋遂初尤先生尚书诗》”），读书多还不死读书，是他们写出优秀诗篇的基础。四人都写过很多读书诗。陆游写过240多首读书诗。《读书》“归志宁无五亩园，读书本意在元元”说自己是为百姓（元元）民生读书。《秋夜读书每以二鼓尽为节》“白发无情侵老境，青灯有味似儿时”，多首《寒夜读书》“韦编屡绝铁砚穿，口诵手钞那计年”“北窗暖焰满炉红，夜半涛翻古桧风。老死爱书心不厌，来生恐堕蠹鱼中”“老去无他嗜，书中有独欣……从今倘未死，一日亦当勤”，都写寒夜也不忘读书。他还常年指导儿子读书。读书是他刻在基因里的本性，是生活常态，也是文化家风。

四大诗人都多读书所以都成为大学者。陆游《冬夜读书》“平生喜藏书，拱璧未为宝。归来稽山下，烂漫恣探讨。六经万世眼，守此可以老。多闻竟何用，绮语期一扫……青灯照黄卷，作意勿草草”，说自己藏书读书还研究学问，提升了诗歌的创作水平。陆、尤因藏书读书成为史学家和目录学家。陆游曾修国史，编修南宋中兴历史如孝宗、光宗朝的《两朝实录》和《三朝史》，还著有五代南唐史《南唐书》。尤袤也曾修国史。杨万里是著名理学家，范、陆也是地理学家，宦游途中写有很多地理纪行诗，陆游还有日记体笔记《入蜀记》，范成大有《揽辔录》《骖鸾录》《吴船录》《吴郡志》《桂海虞衡志》等地理著作。范成大还写了很多农事诗，被誉为博物学家和农学家。因为学问广博丰赡，四大诗人的诗都体现了宋诗以学问为诗和喜欢讲道理、有理趣的特点。

四大诗人还都常在诗里提及读书和践行同样重要，以及读书有悟的重要性。陆游教诲儿子的《冬夜读书示子聿》说“纸上得来终

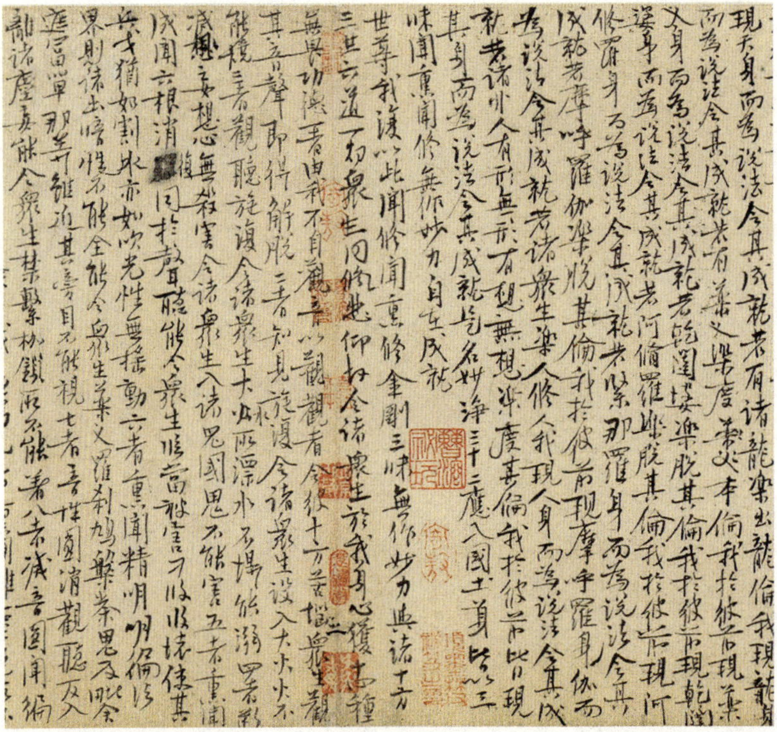

王安石今存书法行书《楞严经旨要》（局部）（上海博物馆藏）

觉浅，绝知此事要躬行”。杨万里《读书》说“读书不厌勤，勤甚倦且昏。不如卷书坐，人书两忘言……当其会心处，只有一欣然……”，还有《题唐德明建一斋》“平生刺头钻故纸，晚知此道无多子。从渠散漫汗牛书，笑倚江枫弄江水”也说要抛弃死读书，而追求思考领悟，《晚寒题水仙花并湖山三首其三》更进一步说“老夫不是寻诗句，诗句自来寻老夫”。因为南宋更贴近俗世和现实生活的文化氛围，四大诗人的诗也努力改正江西诗风中为人诟病的太书斋化的缺点，注重融通学习书本知识和经历社会生活、领略自然万物，特别强调“拾得”即即兴的体验感悟所得，当然是要基于诗人读过很多书、行过很多路、经历过很多事、思考过很多问题的积累，才不空虚。正如陆游说的“拾得铁丸无处用，为君打散四山云（《山中小雨得宇文使君简问尝见张仙翁乎戏作一绝》)”“文章本天成，妙手偶得之(《文章》)”，杨万里说的“开门拾得一篇诗(《船过灵洲》)”“江山拾得风光好(《送马庄父游金陵》)”，还有他的《跋陆务观剑南诗稿二首之二》赞美陆游是“尽拾灵均（屈原）怨句新”，都用“拾得”比喻思考良久的疑惑在感触自然、体验世情后豁然开朗。四大诗人都有大量来自书本或世间的随手“拾得”的诗，往往以“感兴”“杂兴”“遣兴”“野兴”“即兴”“感怀”“书世”“即事”“有怀”“有感”“感春（感秋）”“遣闷”“秋兴”等为题。“兴”源自孔子之言，是传统诗学的悠久传统，指有感而发、随事吟咏，很符合南宋诗人贴近现实、自由适意的诗歌追求。如范成大《读史》诗“纸上浮云万事空”“画饼声名骨朽时”写读史书的古今及现实感慨，《偶书》“出处由人不系天，痴儿富贵更求仙。东家就食西家宿，世事何缘得两全”由世事有感万事难全，《四时田园杂兴》是走出书斋沉潜现实社会后对江南四季田园风景民俗丰富的人文内涵处处有感。陆游也有书斋读书然后豁然有感的《书斋壁》“平生忧患苦萦缠，菱刺磨成芡实圜”，借用江南民间俗语把遭遇困难挫折磨平性格棱角比喻成把多角菱角磨成圆润芡实（鸡头米），把哲理表达得通俗灵动。他的《醉题》“试问食时观本草，何如酒后读离骚”也将读经典《神农本草经》《离骚》与吃饭喝酒等日常生活体验融合比拟，尽显南宋文化、诗意的雅俗并存。再如《杂兴》诗“涨水入我庐，萍叶黏半扉。日出水返壑，念汝何由归”由住在水边小庐的切身感受感悟了天地间循环不息的运行之道。《野兴》“道穷举世知心少，学进吾儿著语亲”由人生亲历体味世间的知交、亲子情。《龟堂杂兴》“曳杖东冈信步行，夕阳偏向竹间明。丹枫吹尽鸦声乐，又得霜天一日晴”也由亲身秋游指出四季里的秋日晴明和人生中年的闲适心境很契合。《春日杂兴十二首之四》“夜夜燃薪暖絮衾，禺中一饭直千金。身为野老已无责，路有流民终动心”则说自己这个民间野老感同身受流民民生之苦。这些“兴”看似偶尔触发，轻灵流荡，细思却有厚重思想内涵，既包含诗人深刻思考，还能引发读者感悟思考。这是四大诗人诗的特色和好处。

四大诗人尤其重视游历山水、行旅江湖的山行水宿水陆行程途中的所见所感，所生发的诗意与哲理。他们诗中的“乘（行）舟”“泊舟”“骑驴”意象比比皆是。诗人爱“骑驴”诗意意象来自唐代。如杜甫《奉赠韦左丞丈二十二韵》说自己“骑驴三十载”。北宋李复《潏水集》也记载了孟浩然在大雪天骑着蹇驴和善诗画的王维相遇，王维画了他的寒峭苦吟之状。李贺常骑驴出门寻诗意，得佳句就记在纸上放入囊中。贾岛骑驴斟酌“僧推（敲）月下门”的诗意。五代笔记《北梦琐言》记载了晚唐丞相郑綮说“诗思在灞桥风雪中驴子上”，官场上不能得到。北宋四大诗人王安石晚年隐居南京半山，也很爱骑驴漫游。词人秦观的《忆秦娥·灞桥雪》也说“驴背吟诗清到骨……千载人图灞桥雪”。

四大诗人都学唐诗，也对骑驴吟诗意趣有所仿效。杨万里《游定林寺即荆公读书处四首》之二的“一个青童一蹇驴，九年来往定林居”就写王安石骑驴去定林寺的场景。杨给陆游《剑南诗稿》作跋的《跋陆务观剑南诗稿二首之一》“少陵生在穷如虱，千载诗人拜蹇驴”将陆游比作骑跛蹇驽弱驴子的杜甫。范成大《枕上闻雪复作方以为喜起岩再示新诗复次韵》“谁子骑驴吟灞上”是写孟浩然雪中骑驴吟诗典故。《北门覆舟山道中》“骑驴索句当年事，岁暮骚人不自聊”用唐人“诗思在灞桥风雪中驴子上”典故说自己在行途中寻求诗意灵感。一说是尤袤所著的《全唐诗话》也记载了“（唐昭宗时）相国郑綮，善诗。或曰：‘相国近为新诗否？’对曰：‘诗思在灞桥风雪中驴子上，此何以得之？’”骑驴成为四大诗人诗意修炼之路的典型象征意象。

北宋画家李成《寒林骑驴图》（美国纽约大都会艺术博物馆藏）

陆游的诗也多有骑驴、行舟的行旅诗意。如他写给友人、上虞杜思恭的《与杜思恭书》“愿舟楫鞍马间加意勿辍，他日绝尘迈往之作必得之此时为多”，说好的诗意都在船行、马背驴背上，所以不可不多行走。《剑门道中遇微雨》“此身合是诗人未？细雨骑驴入剑门”、《自嘲》“骑驴两脚欲到地，爱酒一樽常在旁”、《冬晴日得闲游偶作》“诗思长桥蹇驴上，棋声流水古松间”写骑驴得诗意。《题庐陵萧彦毓秀才诗卷后二首其一》“君诗妙处吾能识，正在山程水驿中”、《夜泊水村》“记取江湖泊船处，卧闻新雁落寒汀”、《遣兴二首之一》“江山好处得新句，风月佳时逢故人”、《系舟》“系舟江浦待潮平，叹息无人共月明。历尽世间多少事，飘然依旧老书生”、《泊舟》“放翁眼界便疏豁，过尽芦村泊蓼汀”写泊舟途中有感带来“眼界疏豁”。

杨万里特别重视“忽若有悟”的“兴”，曾说自己“步后园，登古城，采撷杞菊，攀翻花竹，万象毕来，献予诗材（《荆溪集自序》）”，在漫步园林古迹或游赏山水花木过程中，从自然万物中采取诗意意象，写诗素材自动呈现，不再觉得作诗艰难，悟得“生擒活捉”的写诗“活法”，形成“诚斋体”灵动活泼的诗风。他能在行程中时时处处有“杂兴”，如《至后入城道中杂兴十首其二》“大熟仍教得大晴，今年又是一升平。升平不在箫韶里，只在诸村打稻声”是从乡村“打稻声”中而非朝廷礼乐中看到太平，《夜泊曲湾》“顺流一日快舟行，薄暮风涛特地生。不是江神惊客子，劝人早泊莫追程”从行舟泊舟领略人生“欲速不达”的哲思。无怪后辈诗人姜夔《送朝天续集归诚斋时在金陵》赞美杨“处处山川怕见君”，说他能从山水行程里捉住诗意哲理，还以“箭在的中非尔力，风行水上自成文”说杨诗源自自然。

四大诗人诗中的人生感慨、世事领悟，更多来自江山朝夕，得诗外之助而豁然，使得书斋中的苦读冥思添了源自山水天色的灵动透脱，就像陆游晚年给儿子传授读书悟道、写诗甘苦的《冬夜读书

南宋画家马远《寒江独钓图》（局部）（日本东京国立美术馆藏）

示子聿》说的“纸上得来终觉浅，绝知此事要躬行”、《示子遹》说的“汝果欲学诗，工夫在诗外”，在“诗外”“躬行”中找到破局江西诗风不足的方法途径。

审美诗境：诗画理入诗的四大诗人

四大诗人还都是艺术家，顺应南宋文化的融通艺术与生活，他们的诗是艺术化生活也是生活化艺术的书写。他们也都是理学家、哲学家，能融通儒、道、佛思想，内在有坚定不移的人格信念，外有进退取舍有据的处世姿态，成就适意自得的有艺术审美意味的人生趣味，化入诗歌，他们的诗是哲理生活化、审美日常化的写照。

范成大、陆游（另一版本认为是陆游、尤袤）名列南宋四大书法家，另两人是朱熹和张即之。四大诗人既继承北宋四大书法家苏轼、黄庭坚、米芾、蔡襄的传统，又有突破及自己的特色。范的书法宗法蔡、黄，晚年能融合苏、蔡、黄自成一格，风格圆熟遒丽而富于书卷气，书如其人。陆游《暇日弄笔戏书三首其二》说自己“草书学张颠（盛唐书家张旭），行书学杨风（晚唐书家杨凝式）”，草行兼长，尤其擅长行草。朱熹赞美他笔札精妙，意致高远，风格遒严又飘逸。杨、尤也都善书法。尤袤书法古雅，朱熹有《跋尤延之论字法后》赞其书法见解。

陆游现存40首左右论书法诗，表现了他日常饮茶闲笔临帖作行草、偶尔醉后大书狂草两种生活形态，是他诗中抒发闲情、吐露壮怀两种精神面貌的投射。宋代士大夫推崇琴棋书画文人四艺，书法是文人必备技能也是日常雅趣。南宋民间又流行“烧香点茶、挂画插花，四般闲事”，民间四艺与书法融合，使书法添了茶、花、香、画的闲雅背景。四大诗人都善琴棋书画四艺。如陆游善弈棋，由《观棋》“白蛇断处真成快，黑帜空时又一奇”可见他的棋艺。陆诗多写“闲作草”的日常生活，如《临安春雨初霁》“矮纸斜行闲作草，晴窗细乳戏分茶”就写饮茶写字书斋意象。陆游一生临摹前贤书帖不倦，尤其重视临经典的晋人、唐人字帖，如《冬日》“午窗弄笔临唐

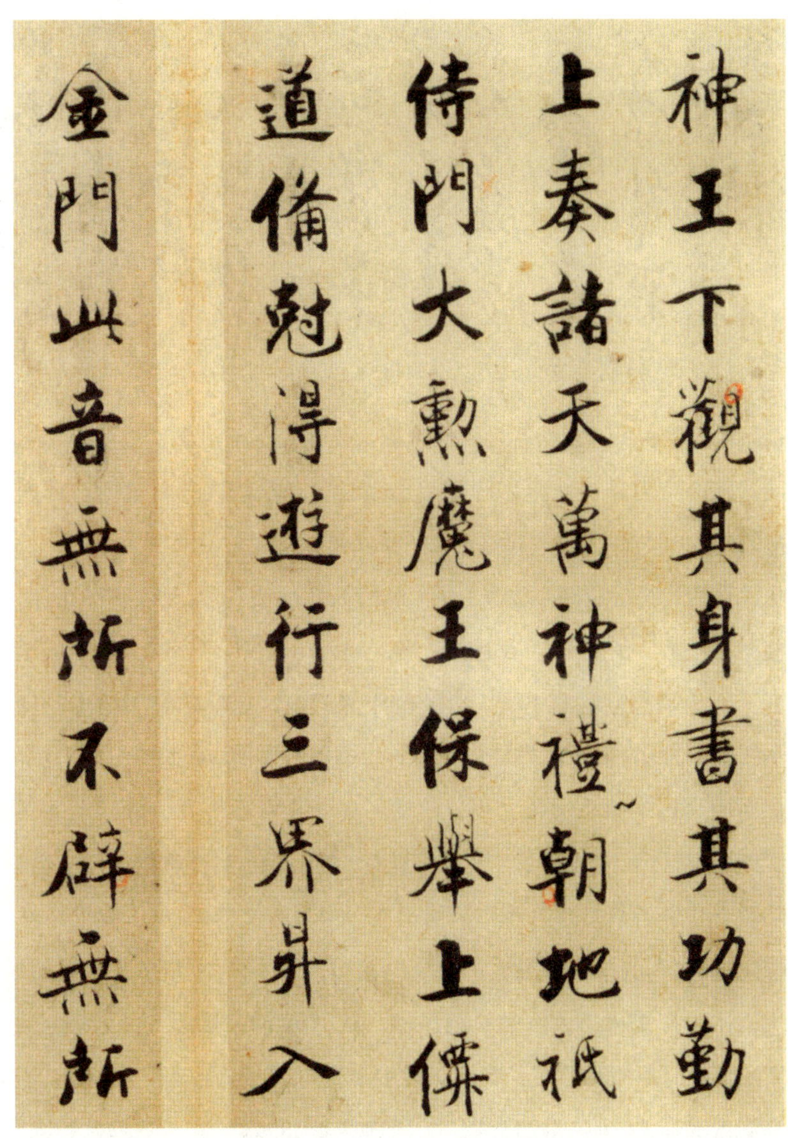

张即之书法《度人经册》（局部）（北京故宫博物院藏）

帖”，《初夏野兴三首 · 其三》“数行褚帖临窗学”说学初唐四大书家褚遂良的楷书。陆游书法也融入日常生活，他曾在除夕夜写祈福祛邪的“桃符”，以行草随性而书，就是《除夜雪》说的“半盏屠苏犹未举，灯前小草写桃符”。陆游爱草书，遂有多首《草书歌》，其一

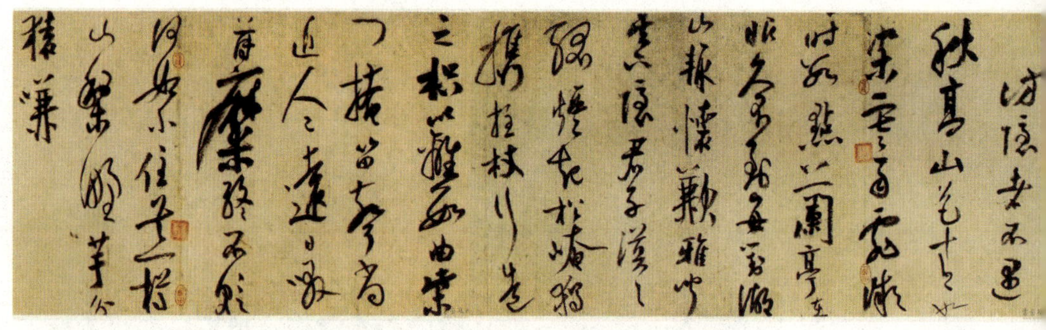
陆游1204年用猩猩毛笔书写的《自书诗卷》（局部）（辽宁省博物馆藏）

“有时寓意笔砚间，跌宕奔腾作诙诡。徂徕松尽玉池墨，云梦泽干蟾滴水。心空万象提寸毫，睥睨醉僧窥长史。联翩昏鸦斜著壁，郁屈瘦蛟蟠入纸。神驰意造起雷雨，坐觉乾坤真一洗”说学唐人张旭（长史）和唐代另一位草书大家怀素（醉僧），还师法自然，化入胸襟意趣。陆游也爱酒，醉后写草书更有激情，如另一首《草书歌》“倾家酿酒三千石，闲愁万斛酒不敌。今朝醉眼烂岩电，提笔四顾天地窄。忽然挥扫不自知，风云入怀天借力。神龙战野昏雾腥，奇鬼摧山太阴黑。此时驱尽胸中愁，槌床大叫狂堕帻。吴笺蜀素不快人，付与高堂三丈壁”，写醉后挥洒题壁。醉后书狂草，特别适合一抒胸中苦闷激愤，陆游有《醉后草书歌诗戏作》回忆在军中写檄文情景，“洗我堆阜峥嵘之胸次，写为淋漓放纵之词章。墨翻初若鬼神怒，字瘦忽作蛟螭僵。宝刀出匣挥雪刃，大舸破浪驰风樯。纸穷掷笔霹雳响，妇女惊走儿童藏。往时草檄喻西域，飒飒声动中书堂”，《醉中作行草数纸》“还家痛饮洗尘土，醉帖淋漓寄豪举。石池墨渖如海宽，玄云下垂黑蛟舞。太阴鬼神挟风雨，夜半马陵飞万弩。堂堂笔阵从天下，气压唐人折钗股。丈夫本意陋千古，残虏何足膏碪斧。驿书驰报儿单于，直用毛锥惊杀汝”，也通过草书回忆旧日军旅时光。书法从不只是书法，陆游《暇日弄笔戏书》就说“平生江湖心，聊寄笔砚中”，书法就是人生、理想，笔意与诗心相通，就像他在《醉中草书因戏作此诗》“临

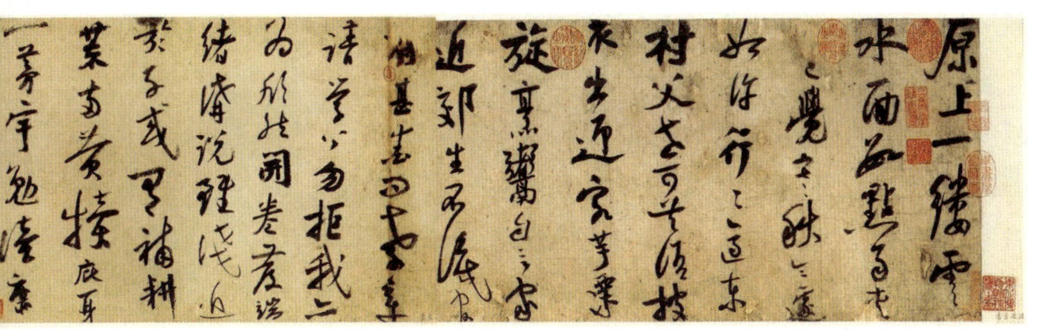

池勤苦今安有，漏壁工夫古亦稀。稚子问翁新悟处，欲言直恐泄天机”说的那样。陆游一生写诗不懈，有万首诗，也临帖不倦，更不断从人生与自然中感悟写诗、写字灵感，最终达到高远的诗和书法境界。

书法诗歌可相通，书法绘画也同源，四大诗人都有题画、论画诗，他们也大都能画。范成大有不少题画诗，如《画工李友直为余作冰天桂海二图冰天画使北虏渡黄河时桂海画游佛子岩道中也戏题》诗，说《冰天》画了他身为使金使渡黄河的图景，《桂海》画了他宦游广西的经历。他在《桂海虞衡志》里说自己曾画独特的桂林山形状寄给吴中故人。

尤袤也许能绘画（或善于收藏书画），杨万里有《跋尤延之山水两轴二首》，由其一“水际芦青荷叶黄，霜前木落蓼花香。渔舟去尽天将夕，雪色飞来鹭一行”可见此山水画构图、色彩、诗意都很精妙。尤袤懂画，有六言诗《题米元晖潇湘图二首》诗写米芾之子、小米米元晖名画《潇湘图》营造的“米氏云山”，“万里江天杳霭，一村烟树微茫”“淡淡晓山横雾，茫茫远水平沙”精确捕捉了画中山水的远近景布局。

杨万里早年曾学习北宋画家、画论家郭熙的绘画且颇有心得，题画诗很多，有《题刘高士看云图》《题无讼堂屏上袁安卧雪图》等。

较出名的题画诗《题文发叔所藏潘子真水墨江湖八境小轴》八首写黄庭坚弟子潘淳（字子真）画天下八处山水的水墨画小轴，其中五处山水妙境在江南，是浙江的灵隐冷泉、浙江观潮、西湖夏日和江苏镇江的海门残照、苏州的太湖秋晚。写西湖的“四月曾湖上，荷钱劣可穿。归来开短纸，十里已红莲”将诗人的春日游西湖和画中的夏日满湖红莲相勾连，虚实打通，浓缩在小小图卷中，仿佛人在画中,晕染了灵动的诗意画境,更不失妙思玄意。写灵隐寺冷泉的“小潘诗家子，解作无声诗”说潘淳也是诗人，能在画中注入诗意，使画成为“无声诗”。宋人都认同诗画相通，黄庭坚唱和苏轼苏辙兄弟的诗《次韵子瞻子由题憩寂园二首其一》说画就是无声诗“李侯有句不肯吐，淡墨写出无声诗”。杨万里在《灵隐冷泉》最后说“八境俱妙绝”，的确八景如浙江观潮的“海涌银为郭，江横玉系腰”、镇江海门的“万里长江白，半规斜日黄”、太湖秋晚的“水气清空外，人家秋色中。细看千万落，户户水精宫”都印证了唐代诗人王维、北宋诗人苏轼推崇的诗中有画、画中有诗的诗画意境。

再看陆游,《督下麦雨中夜归》写如画的乡村风景“细雨暗村墟，青烟湿庐舍。两两犊并行，阵阵鸦续下。红稠水际蓼，黄落屋边柘”，构图、色彩、光影都很美,诗最后说“此段已可画”也认为诗画可通。《渡头》“苍桧丹枫古渡头，小桥横处系孤舟。范宽只恐今犹在，写出山阴一片秋”写山阴秋色像画家范宽笔下山水。还有《舟中作》“村村皆画本，处处有诗材”也说江南村落都可入画，山水间处处可找到诗的素材。当代学人钱锺书的《宋诗选注》曾比较陆（放翁）和杨（诚斋）的诗“放翁善写景，而诚斋擅写生。放翁如画图之工笔；诚斋则如摄影之快镜，兔起鹘落，鸢飞鱼跃，稍纵即逝而及其未逝，转瞬即改而当其未改，眼明手捷，踪矢蹑风，此诚斋之所独也”，说两人都诗中有画，陆诗如静景工笔画，杨诗更善于描画灵动的动图。

四大诗人和北宋四大诗人中的苏、黄等一样都是融通诗画书、以书情画意入诗的高手，因身处江南，尤其爱好摄取江南山水田园的诗情画意入诗，还在其中包含哲理，使诗境升华。

书画属文人四艺。宋人也推崇六艺，六艺原指礼、乐（诗）、射、御、书、数六种文士技能，其中包括写诗、书法。到南宋六艺已成为六经同义词，就是孔子整理的《诗》《书》《礼》《乐》《易》《春秋》六部儒家经典，因《乐经》散佚附入《礼》，所以也称“五经”。南宋初绍兴六年（1136）朝廷颁定新的科举制度，进士要根据六经来应试。四大诗人诗里都提到推崇六经。陆游《六经》说“六经圣所传，百代尊元龟。谆谆布方册，一字不汝欺”，《六经示儿子》说“六经如日月，万世固长悬”，《六艺示子聿》说“六艺江河万古流，吾徒钻仰死方休”，都可见他奉六经为经典。尤袤作为北宋理学大家杨时龟山学派的成员，也重六经。范成大十岁就精通六经。理学家杨万里有《心学论·六经论》，特别重视六经之首《易经》，《题黄唐伯一经堂》就说“易中先自有太极，生天生地谁得知。一经以后脉为六，六经以前一经足。学子要探天地心，诗书执礼皆可寻”，说可通过学习六经来探求天地奥秘。

四大诗人都是虔诚儒者，也和苏、黄等北宋士大夫一样，积极进取时以儒家思想为根基，失意退隐时以佛、老思想为慰藉。四人都常有志向郁郁时。如陆游屡次科举不顺，后又因坚持抗金北伐“喜论恢复”被贬官，还在十年间两次因“吟咏专嘲风月”“燕饮颓放”污名被罢免，闲居乡村多年，壮志成灰。杨万里曾五次辞官，还在庆元党争时陷入迷惘。范、尤两人在中兴无望、卷入朝政纷争时也多有愁闷。四人都曾借助佛老思想消解现实苦闷、抵御人生低潮，并将之融入日常生活，化为观察思考世界和抗击现实压力的手段，形成适意自在的有审美意味的处世方式和生活态度，以诗歌、绘画、书法等形式表现出来。

四人闲适、遣兴的诗篇尤其能彰显南宋士人豁达圆融、和光同俗的精神风貌，体现诗歌的哲理艺术化、审美日常化。如陆游的镜湖茅屋小园诗“数间茅屋镜湖滨”“三间茅屋寄沧浪”“卧读陶诗未终卷,又乘微雨去锄瓜”,范成大的石湖田园杂兴诗“童孙未解供耕织，也傍桑阴学种瓜”“青枝满地花狼藉，知是儿孙斗草来”“日长篱落无人过，惟有蜻蜓蛱蝶飞”，看似琐碎平淡，没有高远阔大的意象意境，细味却能自如融通雅俗，有诗情有画意有哲理真趣有审美余韵。将南宋诗这一意趣发挥到极致的是杨万里的“诚斋体”诗,他常写“小荷”“小童”“小池”“小蜂”等世间寻常物象,细思不乏深远世情理趣、诗意审美意蕴，如“小荷才露尖尖角，早有蜻蜓立上头”“儿童急走追黄蝶，飞入菜花无处寻”“日常睡起无情思，闲看儿童捉柳花”“泉眼无声惜细流”“小蜂劣得针来大，不怕清寒嗅冷香”等。他的一些说理诗，多以旅途中随处所见来比喻人生感受，阐述道理。如也写小童的《舟行安仁五首之一》“一叶渔船两小童，收篙停棹坐船中。怪生无雨都张伞，不是遮头是使风”，说晴天打伞原来是小童想借风行船，充满无理却有理的妙趣。再如《晓行望云山》写云山真山难以分辨,直到“却有一峰忽然长,方知不动是真山”的奇景趣理,《过松源晨炊漆公店六首之五》写悟得下山比上山更难、身在山中会难以识别此山真面目真距离的道理“莫言下岭便无难,赚得行人错喜欢。正入万山圈子里，一山放出一山拦”,《桂源铺》写万山拦不住，山中溪水毕竟东流去的世间常理“万山不许一溪奔，拦得溪声日夜喧。到得前头山脚尽，堂堂溪水出前村”,《晓起探梅四首》由看梅花引发感慨，尤其第四首“打并人间名利心，万山佳处一溪深。仙家忍饿禅家苦，老子梅边正醉吟”说收拾藏起儒家进取心，来到山水间，也不拘泥于仙家（道家）和禅家（佛家）的苦修，适意而为，有梅花可赏有美酒可饮能生发诗意，以诗画理合一的艺术审美境界超越现实的束缚与不足。这是四大诗人包括南宋诗通过诗歌表达平衡现实与内心矛盾的特色，诗风既平和圆润又激愤尖锐，具有特别的魅力。

隐逸诗韵：江南意象入诗的四大诗人

四大诗人诗里，以及别人对他们的评价里，常出现江南（东南）字样。如陆游《北望》诗“丈夫穷死由来事，要是江南有此人”，希望江南能出收复北方失地的人。他自己应该就是自认“江南此人”，这和他的著名诗篇《金错刀行》“呜呼！楚虽三户能亡秦，岂有堂堂中国空无人”诗意相通。周必大、杨万里说范的石湖别墅是“甲于东南”“东南绝境”，江南最美。虞允文还称赞江西人杨万里“东南乃有此人物”，与陆游的“江南有此人”呼应。地处东南、宋代隶属江南西路的江西在南宋也是江南（东南），四大诗人都是广义的文化意义上的江南人。江南山水虽温软，史上却有春秋越国勾践在此卧薪尝胆，秦汉项羽不肯过江东，东晋王导发誓克复神州、祖逖闻鸡起舞、陶渊明不为五斗米折腰，南朝刘裕北伐金戈铁马气吞万里如虎，文化底蕴、精神风骨刚直坚忍，历代士大夫中多品格高远、意志刚毅的爱国者，恰好四大诗人也是。

四大诗人是江南文化中人，更是以江南为心灵家园的诗人。他们是江南诗风的继承发展者，江南隐逸山水田园诗的集大成者，诗书画江南情韵的融合奠定者，江南诗意审美意象系统的完善者。四人都学习继承源于东晋南朝中晚唐江南的抒情写景审美诗风传统，即杨万里提倡的“晚唐诗味”，以与北宋流行的江西诗风迥然不同的风格，推动宋诗的中兴代变。

向往江南的诗意情怀很早就萌芽了，如汉乐府民歌《江南》的“江南可采莲”意象，西晋苏州张翰向往江南的千古隐逸“莼鲈之思”，东晋寓居绍兴的士人王羲之、孙绰等开创以《兰亭》诗赋为代表的玄言（哲理）山水诗意“从山阴道上行，山川自相映发，使人应接不暇（《世说新语》引王羲之儿子王献之语）”，南朝寓居绍兴的文人谢灵运、湖州士子沈约奠定的清远山水诗风，吴均《与朱元思书》邱迟《与陈伯之书》引发游子思乡心的江南“奇山异水，天下独绝”“暮春三月，江南草长”意象，都作为江南诗意意象的元典沉淀进诗人灵魂。唐代大诗人李白、杜甫都有江南游，李白有《越女词》“镜湖水如月，耶溪女似雪”、杜甫有诗“越女天下白，鉴湖五月凉（《壮游》）”写越地山水人物之美，杜甫《江南逢李龟年》“正是江南好风景，落花时节又逢君”诗句道出诗人以江南为心灵家园。到了中晚唐，更多诗人生于江南或来到江南，江南诗意也更丰富。曾任官杭州、苏州的中唐诗人白居易有《忆江南》词三章，第一首“江南好，风景旧曾谙……能不忆江南”和“莼鲈之思”“江南草长”共同形成“忆江南”诗意意象体系雏形。另两首《忆江南》一写杭州“江南忆，最忆是杭州……何日更重游”，一写苏州“江南忆，其次忆吴宫……早晚复相逢”。到晚唐，杜牧《江南春》里的南朝历史、莺啼花开、山水村庄、寺院楼台、春天烟雨也成为“江南春”诗意意象体系的典范。唐末五代时，更多江南籍或寓居江南的文人写下江南诗词，韦庄有多首写江南的词《菩萨蛮·人人尽说江南好》《菩萨蛮·如今却忆江南乐》等，前一首“人人尽说江南好，游人只合江南老……未老莫还乡，还乡须断肠”延续“江南好”“江南忆”的主题，进一步渲染对江南的心灵归属感，也让江南山水人文典型意象如春水、画船、听雨等更深入人心。睦州新安（今浙江淳安）人皇甫崧也有《梦江南》二首，也丰富了“梦回江南”诗意意象体系。对四大诗人影响较多的是两位中晚唐江南隐逸诗人：金华词人张志和、苏州诗人陆龟蒙。

《新唐书·隐逸传·张志和传》说张志和号玄真子，晚年辞官隐居湖州苕溪、霅溪间，做渔翁“浮家泛宅”江湖之上。他有《渔歌子》五首，三首写江南。最著名的是写湖州山水和隐者生活的第一首“西塞山前白鹭飞，桃花流水鳜鱼肥。青箬笠，绿蓑衣，斜风细雨不须归”，第三首也写湖州隐者渔翁“霅溪湾里钓渔翁……笑着荷衣不叹穷”，第四首写苏州江湖隐者“……菰饭莼羹亦共餐……醉宿渔舟不觉寒”。渔翁、浮家泛宅、菰饭莼羹（莼鲈之思）等组成张志和江南诗词的典型意象。《新唐书·隐逸传·陆龟蒙传》说陆龟蒙自号天随子、甫里先生，自比史上的渔翁隐者，晚年隐居松江甫里。他不受名禄牵累，常乘舟漂浮往来太湖上，带着书、茶具、文具、钓具，逍遥自在，时人称他江湖散人。陆龟蒙有《江湖散人歌》自称“江湖散人天骨奇……口诵太古沧浪词”，渔翁、江湖散人、沧浪、篷席、渔舟、书卷、茶具、文具、钓具构成他独特的江南隐逸诗歌意象。

杨万里就有三首《读笠泽丛书》，《笠泽丛书》是陆龟蒙隐居笠泽（今江苏吴江）的文集。杨诗“松江县尹送图经，中有唐诗喜不胜”，说看到喜爱的陆龟蒙的诗，读后感慨“笠泽诗名千载香，一回一读断人肠。晚唐异味同谁赏？近日诗人轻晚唐”，说陆诗千古流传，耐读且感人，只是近年江西诗风流行，晚唐诗被轻视，又有谁能和他一起欣赏它的独特韵味（异味）呢？他还说“拈著唐诗废晚餐，傍人笑我病诗癫。世间尤物言西子，西子何曾直一钱”，说痴迷陆的江南诗，身边人都笑他疯狂。杨将陆诗比作江南美女西施，说可惜无人欣赏。杨万里多次感慨晚唐诗的“异味”无人赏，《跋吴箕秀才诗卷》也说“晚唐异味今谁嗜”，《和段季承左藏惠四绝句》之一“只知轻薄唐将晚，更解攀翻晋以还”也为晚唐诗辩护，说它是东晋以来江南诗风传统的延续发展，是抒情诗正宗。杨甚至还将晚唐诗推到更高地位，《答徐子材谈绝句》“受业初参且半山，终须投换晚唐间。国风此去无多子，关捩挑来只等闲”说晚唐诗和诗歌经典、六经之一的《诗经》都是抒情诗，有渊源，正如他就自赞四大诗人是“近代风骚四诗将（《谢张功父送近诗集》），说自己几人学的就是《诗经》《离骚》，还影响了后来的方回赞美四大诗人的诗“度骚媲雅”媲美《诗经》《离骚》。杨万里说自己初学江西诗风，接着学同为江西人的北宋四大诗人里学晚唐诗的王安石（号半山），后来亲身来到王晚年隐居的江南，领略江南文化，最后转向发源于江南的晚唐诗。杨的《读唐人及半山诗》“不分唐人与半山，无端横欲割诗坛。半山便遣能参透,犹有唐人是一关”也认为王安石诗和晚唐诗相通。他还有《读诗》“船中活计只诗编，读了唐诗读半山。不是老夫朝不食，半山绝句当朝餐”也说王晚年写的绝句令自己痴迷忘了吃饭，和“拈著唐诗废晚餐”一样。

王安石诗中多写江南诗意，如《题西太一宫壁》说“白头想见江南”,《泊船瓜洲》说“春风又绿江南岸”,《桂枝香 · 金陵怀古》也写江南历史。杨万里曾因仰慕瞻仰王的旧迹，有《游定林寺即荆公读书处四首》。王诗里最有艺术价值也是杨万里、陆游最推崇的是晚年退隐金陵（今江苏南京）半山写的有哲理审美意味的学晚唐诗风绝句，如“细数落花因坐久，缓寻芳草得归迟”“茅檐相对坐终日，一鸟不鸣山更幽”“临溪放艇依山坐，溪鸟山花共我闲”“水际柴扉一半开，小桥分路入青苔”“一水护田将绿绕，两山排闼送青来”“晴日暖风生麦气，绿阴幽草胜花时”“来时还似去时天，欲道来时已惘然”等，风格闲雅，被称为“半山体”。杨万里的很多诗如《道傍小桃》“独行寻到青苔处，拾得嫣红一片看”都有半山体的影子。他也溯源陆龟蒙等人的晚唐江南隐逸诗。杨万里的《题吴江三高堂》三首写苏州太湖笠泽的三高士（隐者）春秋范蠡、西晋张翰、晚唐陆龟蒙，说传说与西施归隐太湖、号“鸱夷子皮”的越国大臣范蠡“扁舟绝尘”，说表面上思念家乡莼鲈、实则厌倦官场辞官归乡的张季鹰（张翰）是“鲈鱼不解疏张翰”，陆鲁望（陆龟蒙）是“笔床茶灶一鱼船。羡渠赤脚弄明月，蹈破五湖光底天”,都表达对江湖隐者的向往。杨万里赞美后辈姜夔，也说他“于文无所不工，甚似陆天随（陆龟

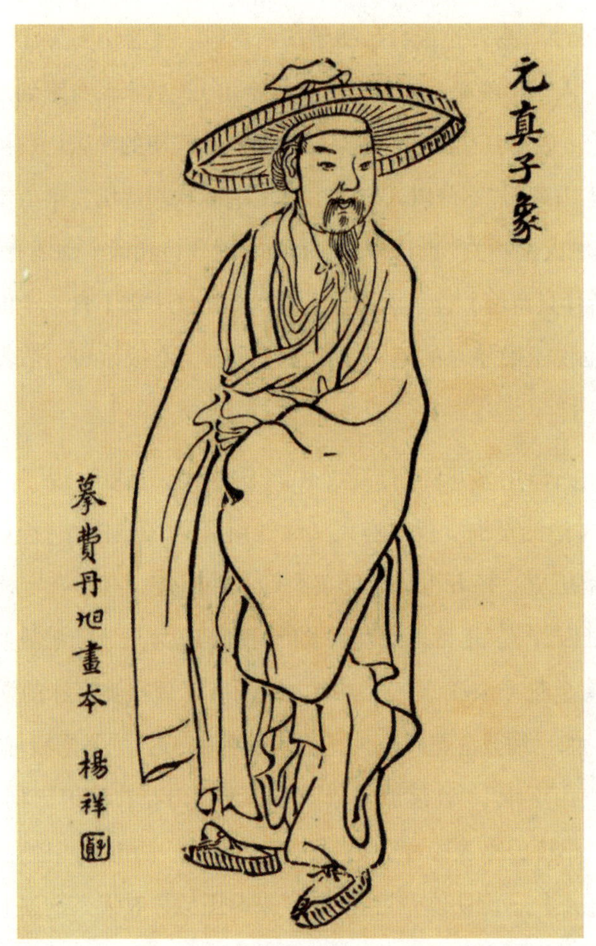

玄（避清讳写成元）真子张志和像（清代费丹旭画，杨祥摹写）

蒙）”。他还有《鲈鱼》说“要与鲈鱼偿旧债，不应张翰独秋风。买来一尾那嫌少，尚有杯羹慰老穷。只是莼丝无觅处，仰天大笑笑天公”用了莼鲈之思的典故。

陆游早年的老师是江西诗派大家曾几，他也曾向提出江西诗派概念、《江西诗社宗派图》作者的江西诗人吕本中学诗。虽然他曾因为追求雅正刚健诗风对晚唐诗表达过轻视，但内心是向往晚唐诗风的。陆游也喜欢在诗词里化用张志和、陆龟蒙等中晚唐诗人诗意，尤其后者，因为他的郡望（类似祖籍）是笠泽、甫里，陆龟蒙是他的远祖，陆游大多诗文都署名“山阴陆某”，也有不少署名“笠泽陆某题”，如写爱国名臣李光的《跋李庄简公家书》，写苏轼、王安石的《跋东坡谏疏草》,写北伐“新亭之泪”爱国情感的《跋吕侍讲〈岁时杂记〉》，题苏轼书法《跋东坡问疾帖》和写藏书的《书巢记》也说“甫里陆某务观记”。陆游在更多诗里提及同族中唐寓居湖州诗人陆羽、陆龟蒙和陆氏家风诗风对自己的影响，自称“桑苎翁（陆羽号）”“前生疑是竟陵翁（陆羽号）”，八十三岁时写的《八十三翁》提及“桑苎家风”，再如读苏轼儿子苏过诗的《读苏叔党汝州北山杂诗次其韵》“吾宗甫里公,奇辞赋渔具。高风邈不嗣,徒有吟讽苦”、《自嘲》“野老家风子未知，天教甫里出孙枝”、《深居》“自怜甫里家风在”,《幽居》“松陵甫里旧家风，晚节何妨号放翁”更是说自己的放翁之名和陆龟蒙的江湖散人名号有渊源。《江头十日雨》“可怜笠泽翁，百忧集双鬓”和《雨后极凉料简箧中旧书有感》“笠泽老翁病苏醒，欣然起理西斋书”直接以“笠泽翁”自称，他还自称“笠泽老翁”“笠泽老民”“笠泽渔隐”,《督下麦雨中夜归》诗说“谁怜甫里翁，白首学耕稼”也是用陆龟蒙自比，都很适合他晚年隐居鉴湖（镜湖）为渔翁老农的形象。陆游《书怀》“甫里松陵在何许，古人投劾为莼鲈”还说两位江南隐士松江张翰的“莼鲈之思”和甫里陆龟蒙的“笔床茶灶”诗意,在后人诗中流传不息,他的《泛湖》“笔床茶灶钓鱼竿，潋潋平湖淡淡山。浪说枕戈心万里，此身常在水云间”就用陆的诗意。陆游的《鹊桥仙 · 一竿风月》“一竿风月，一蓑烟雨，家在钓台西住。卖鱼生怕近城门，况肯到、红尘深处？潮生理棹，潮平系缆，潮落浩歌归去。时人错把比严光，我自是、无名渔父”学张志和《渔歌子》,《青玉案 · 与朱景参会北岭》“千岩高卧，五湖归棹，替却凌烟像”羡慕范蠡,写给范成大的《双头莲·呈范至能待制》“鲙美菰香，秋风又起”和《沁园春 · 孤鹤归飞》“躲尽危机，消残壮志，短艇湖中闲采莼”、《洞庭春色 · 壮岁文章》“人间定无可意，怎换得、玉脍丝莼”向往张翰，再如《好事近 · 湓口放船归》“两岸白苹红蓼，映一蓑新绿”、《鹧鸪天·家住苍烟落照间》“丝毫尘事不相关”、《秋兴》“明朝烟雨桐江岸，且占丹枫系钓舟”、《夜雨》“江边依旧钓舟横……自吹小灶煮蔓菁”也都认同江湖隐逸诗意。

陆游也很推重王安石其人其诗，一则祖父陆佃是王的学生，受到王推崇《诗经》和擅长七律的影响。陆游深受祖父影响，曾两次去南京瞻仰定林寺王的书斋“昭文斋”和王晚年的旧居半山园。后人评论陆诗名句“山重水复疑无路，柳暗花明又一村”学王的“青山缭绕疑无路，忽见千帆隐映来（《江上》）”，可见影响。

尤袤身为江南人，深受萌生于此的东晋晚唐诗风影响，曾精研南朝梁萧统编的先秦至南朝诗文集《文选》。他在家乡的藏书楼名“遂初堂”，取东晋隐逸诗人、山水诗开创者孙绰写山水隐居情怀的《遂初赋》。他晚年在梁溪造园林“乐溪”隐居。其诗《题米元晖〈潇湘图〉二首之二》“安得绿蓑青笠，往来泛宅浮家”，就取张志和的“浮家泛宅”“青箬笠，绿蓑衣”诗意。

范成大也爱晚唐诗，早年就因喜爱晚唐诗人贾岛《寻隐者不遇》“只在此山中”诗意自号“此山居士”，还学中唐白居易等人乐府诗。他晚年归隐家乡江南营造石湖旧隐，很多堂轩亭阁观都取梦渔轩、盟鸥亭、此山堂等富于江南隐逸情怀的名字，周必大也说这些名字都呼应范蠡（一说范成大是范蠡后人）等江南隐士故事。范成大在江南山水田园中尽情书写江南的风景风韵风土风情，写有江南乐府民歌风的田园诗《四时田园杂兴》绝句60首，其中有“西风吹上四腮鲈”提到张翰秋风起兴莼鲈归隐之思。他还作《西塞渔社图卷跋》，

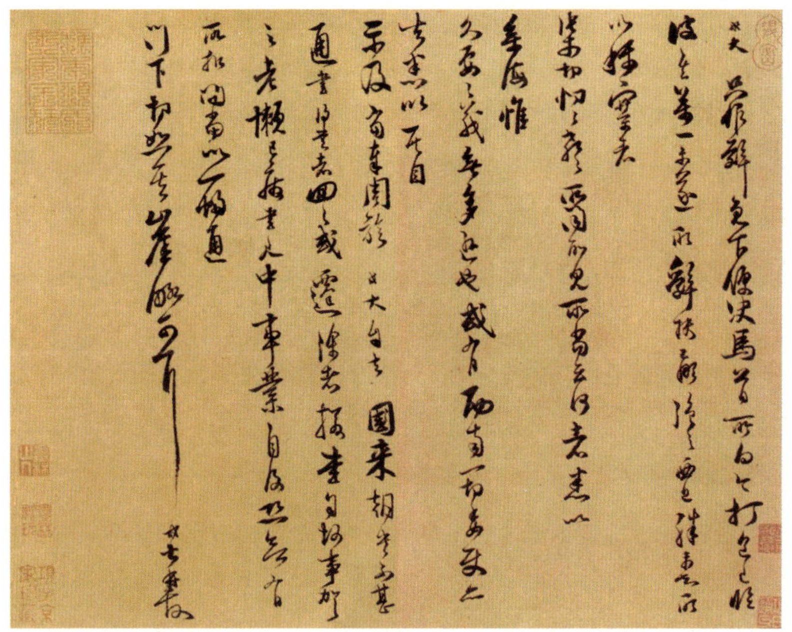

1181 年范成大请求辞官的尺牍《辞免帖（急下帖）》（台北故宫博物院藏）

呼应张志和“西塞山前”词意。范的苏州方志《吴郡志》记录江南隐士也提及陆龟蒙，对其书、茶、钓、舟四隐的生活和诗很向往。

四大诗人一生多在江南，深受东晋南朝中晚唐山水隐逸诗和学晚唐诗的北宋“半山体”的影响，也学习江南乐府民歌和同样源于江南的词，成就南宋诗的独特韵味，融通宋诗宋韵与江南诗风。四大诗人的诗因南宋初的时代、学术、诗歌中兴而兴盛，也因南宋的江南秀美、文化繁荣而呈现秀润灵动之美。

寒梅野水：四大诗人的典型意象

近代学人缪钺在著名的《论宋诗》中说“唐诗如芍药海棠，秾华繁采；宋诗如寒梅秋菊，幽韵冷香。唐诗如啖荔枝，一颗入口，则甘芳盈颊；宋诗如食橄榄，初觉生涩，而回味隽永。譬诸修园林，唐诗则如叠石凿池，筑亭辟馆；宋诗则如亭馆之中，饰以绮疏雕槛，水石之侧，植以异卉名葩。譬诸游山水，唐诗则如高峰远望，意气浩然；宋诗则如曲涧寻幽，情境冷峭”。这段诗意感悟式的诗论精准指出和先入为主、更深入民心的唐诗比，宋诗诗韵更清雅，诗味更需回味，写法更注重细节、审美，读者的感受也不再是唐诗给予的高远浩荡感而是更幽微曲折细腻的情思意境，不是第一眼的美、第一口的甜，虽不易懂，却更值得深思细味。如果拿这段用不同类型的花卉水果、不同造法不同审美的建筑园林、不同游赏山水的爱好来解读宋诗的话解读四大诗人的诗风，依然合适。他们学唐诗，骨子里仍是宋诗。

首先，四大诗人的诗像幽韵冷香的寒梅秋菊。梅菊等嘉卉香草是宋型士大夫人格的典型象征，四大诗人也都常自比梅菊，诗如其人，他们也爱写梅菊的清韵高节，诗格也清逸高远如梅菊。中国自古推崇岁寒植物象征的君子气节。宋代时，由于佛教净土宗崇尚梅花，民间爱梅习俗盛行，文人也因为崇尚《诗经》《离骚》用梅、兰、荷、菊、竹、松等香草嘉卉寄托情操的诗歌传统，多写咏梅菊的诗词来自我比拟。四大诗人也不例外。《宋史》说范成大出使金国节不辱就像孔子说的“岁寒，然后知松柏之后凋也”。

尤袤诗词散失严重，仅存约80首，但梅花诗词就有十多首，如《梅》“桃李真肥婢，松筠共老苍。合教居第一，独自占年芳”说梅花凌寒独放，骨格清瘦，是花中第一，和“松筠”青松翠竹为“岁寒三友”，桃李只能算它的婢女。《梅花二首·冷蕊疏枝半不禁》“雪霜不管朝天面，风月能知匪石心”、《梅花二首·竹外篱边一树斜》“竹外篱边一树斜”、《次韵尹朋梅花》“斜枝冷落溪头路，瘦影扶疏竹外村”、《和渭叟梅花》“不避风霜苦，自甘丘壑潜”也都写梅花“冷蕊疏枝”“斜枝瘦影”的清冷外貌，“雪霜”“风霜”“丘壑”“溪头竹外”的清寂环境，“朝天面”“匪石心”“不避苦”“自甘潜”的坚忍内心。《次韵渭叟蜡梅》“浑金璞玉争多少，要与江梅作近亲”提及常在山涧水滨荒寒清绝处生长的野梅（江梅）。杨万里给尤袤写的《谢尤延之提举郎中自山间惠访长句》“剡藤染出梅花赋，句似梅花花似句”称许尤的梅花诗神韵如梅，《跋尤延之山水两轴二首》其一“千竿修竹一江碧，只欠梅花三两枝”也说尤的山水画有水有竹，可惜少了梅花缺点神韵。尤袤其人其诗温润雅正不失坚忍，都像梅花。

杨万里有 370 多首题目为花卉的诗，咏梅诗 140 多首。杨是爱梅人，也是梅花知己。他晚年在隐居的东园种了很多野梅（江梅），还去远方看梅，《自彭田铺至汤田，道旁梅花十余里》“此行便是无官事，只为梅花也合来”说为了梅花也值得远赴广东梅州。《南溪弄水回望山园梅花》“梅从山下过溪来，近爱清溪远爱梅。溪水声声留我住，梅花朵朵唤人回”说自己和梅相互吸引，《普明寺见梅》“月落山空正幽独，慰存无酒且新诗”说空山月落清冷背景下的幽独梅花能抚慰自己的灵魂，而自己的梅花新诗也能慰藉梅花。他和梅花很有身世感同感，所以他写的梅是他的人格写照，很有他的个性。《梅花》“月摇横水影，雪带入瓶枝”说梅花始终如雪月般高洁，无论在枝头还是在花瓶中（象征做隐士或在朝为官），就像身世自喻。他写的梅花就像他这个性格倔强的理学家，很能体现苦寒中怒放的生机活力、高远志向，清寒高远又野逸活泼，如《探梅》的“一枝梅花开一朵，恼人偏在最高枝”。范成大《谢江东漕杨廷秀秘监送〈江东集〉并索近诗二首其一》“即事想多梅蕊句”也说杨诗如梅耐读。

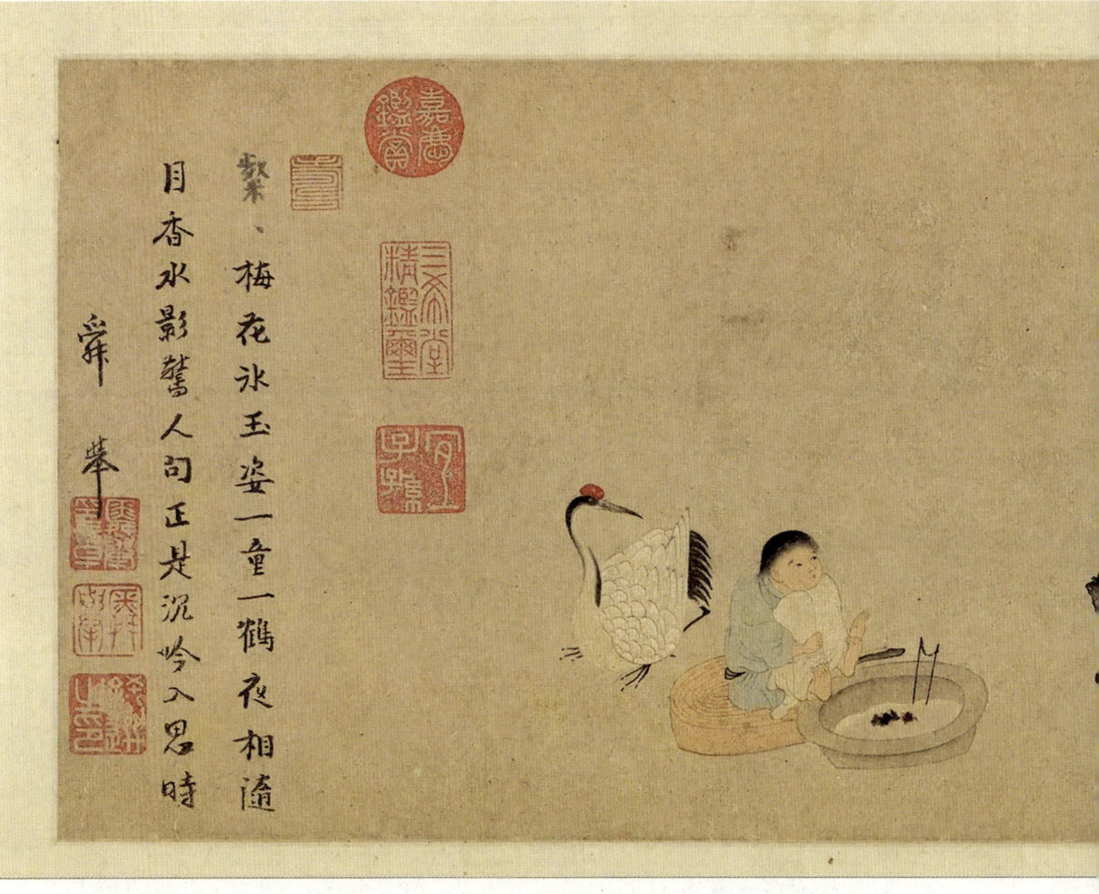

元人钱选画林逋故事的《西湖吟趣图》（北京故宫博物院藏）

范成大也一生爱梅，有近 200 首的咏梅、赏梅、记梅诗词。他晚年退居建石湖别墅，广集各种梅、菊，还写了史上第一部梅花专著《梅谱》，还有《菊谱》。《梅谱》前序说“梅，天下尤物”，是天下最美的花，平民士夫都爱梅。自己作为文人“学圃”学种花首选梅，希望种遍各种梅花。还说偏爱遍布野外“山间水滨”有“荒寒清绝之趣”的“野梅”，“花稍小而疏瘦有韵，香最清”，纤瘦疏朗有韵格，梅香清冽，和北宋江南隐逸诗人林逋“疏影暗香”的孤山梅重合。姿态清瘦横斜、有自由野逸灵魂的野梅就是宋代文人的人格追求和自我画像。所以《梅谱》后序“梅以韵胜，以格高，故以横斜疏瘦与老枝奇怪为贵”，说梅花格调高雅，世人以枝条横斜、骨干疏瘦且老劲奇崛为上品。还提到南宋初江西诗人、画家杨无咎（一说姓扬，

字补之），生性耿直，不喜名利，性格如梅，秦桧当政时辞官。他擅画梅，开水墨梅花画先河。扬的墨梅清冷疏瘦，被喜画富贵宫梅的宋徽宗嘲笑为“村梅”，扬却不在意，还以“村梅”为号。范也喜欢写古（老）梅、野梅、村梅，《古梅二首》“孤标元不斗芳菲，雨瘦风皴老更奇。压倒嫩条千万蕊，只消疏影两三枝”“谁似西湖处士才，诗中篱落久尘埃”都赞美标格孤高、疏影疏朗、瘦皴老奇的野逸梅花，有西湖处士林逋的影子。范的《霜天晓角·梅》“脉脉花疏天淡，云来去、数枝雪。胜绝”写疏枝横斜、花白如雪的寒梅，词牌名“霜天晓角”就来自林逋咏梅诗句。范成大的梅就是自己和林逋、扬补之的化身。他的梅诗《梅谱》和林逋、扬补之一起形成宋人梅花诗画的审美典范。

陆游是四人中写梅花意象诗词最多的一位，有 320 多首，诗题出现咏梅、探梅、观梅、别梅的有 160 多首。他的梅也大都是野梅，如《卜算子 · 咏梅》“驿外断桥边，寂寞开无主。已是黄昏独自愁，更著风和雨。无意苦争春，一任群芳妒。零落成泥碾作尘，只有香如故”就写环境恶劣而内心坚定、心香不灭的驿外野梅。他的另一首著名梅诗《落梅》“雪虐风饕愈凛然，花中气节最高坚”也说雪中梅花是花里气节最高洁坚忍的，诗最后“向来冰雪凝严地，力斡春回竟是谁”说终有春回日，这梅花就是人生饱受挫折从未放弃希望的陆游本人。

四人也多有咏菊诗，多野菊、晚菊、枯菊、残菊，是陶渊明的隐士菊，也是“枝头抱香死”的志士菊。陆游的《枯菊》“空余残蕊抱枝干”，《晚菊》“蒲柳如懦夫，望秋已凋黄。菊花如志士，过时有余香”，赞美菊花没遇到好时光也能葆有初心。杨万里也有《野菊》“正缘在野有幽色，肯为无人减妙香……花应冷笑东篱族，犹向陶翁觅宠光”说野菊不会因为无人欣赏而减少幽远清香、淡雅花色，就像村梅看不起宫梅，野菊也看不起借陶渊明增加虚名的家菊。他还有《残菊》“肠断黄花霜后枝，花干叶悴两离披。一花忽秀枯丛里，更胜初开乍见时”借菊的经霜犹存写诗人如菊般的气节。《白菊二首》“……开来开去白如霜……不怕清寒嗅冷香”“与霜更斗晴天日，斗得霜融菊不融”写不同寻常黄菊的素淡白菊，拒寒斗霜，冷香清寒。范成大的《菊谱》“山林好事者，或以菊比君子。其说以谓岁华畹晚，草木变衰，乃独烨然秀发，傲睨风露，此幽人逸士之操，虽寂寥荒寒，而味道之腴，不改其乐者也。……菊于君子之道，诚有臭味哉”赞美菊花就是君子，菊花能在草木凋零的秋天灿然开放、保持傲骨，就像在人生晚年保持风骨操守的隐士，在荒寂处境中仍能保持有滋有味的人生况味，所谓“味道之腴，不改其乐”。四大诗人的梅菊诗都着重体现儒家君子的不忧不惑不惧，就是他们在逆境中的化身和自我期许。

其次，四大诗人的诗也可比拟为初食生涩、回味隽永的橄榄。宋诗喜欢议论、表达哲思，不是所有人都会喜欢，比畅快抒发情感志气的唐诗更需要慢慢体会，但也格外耐品，韵味深永。橄榄是南方水果，宋代才流行，北宋几位大诗人都写过，如欧阳修《橄榄》“酸苦不相入，初争久方和”、梅尧臣《玉汝遗橄榄》“虽咀涩难任，竟当甘莫敌”、王禹偁《橄榄》“皮核苦且涩，历口复弃遗。良久有回味，始觉甘如饴”、苏轼《橄榄》“正味森森苦且严”、黄庭坚《谢王子予送橄榄》“想共余甘有瓜葛，苦中真味晚方回”都说橄榄初尝味酸苦涩良久回味回甘，适合用来比宋诗。

用食物比宋诗之味，江南清苦的茶、笋也适合。如陆游《午坐戏咏》“煎茶橄榄一瓯香”、《夏初湖村杂题》“活火闲煎橄榄茶”诗说橄榄可与茶同煎，滋味清奇。他还有《苦笋》“苦节乃与生俱生。我见魏征殊媚妩”说江南玉笋的清淡苦涩滋味不是每人都喜欢但自己很喜欢，就像唐太宗名臣魏征举止狂放但太宗知道他是忠诚之人觉得他真实可亲。

梅菊不但清瘦姿态适合比宋诗之味，清苦滋味也适合。范成大《菊谱》说味道极苦的菊叶也适合来比“味道之腴，不改其乐”的宋诗和诗人。杨万里也爱苦味，和《离骚》里说“夕餐秋菊之落英”的屈原一样有餐菊癖好，尤其爱吃梅花，煮粥泡茶，或加蔗糖、蜜糖中和。他的《庆长叔招饮一杯，未釂，雪声璀然。即席走笔赋十诗·其一》说“只有蔗霜分不得，老夫自要嚼梅花”，《夜饮以白糖嚼梅花》说“剪雪作梅只堪嗅，点蜜如霜新可口。一花自可咽一杯，嚼尽寒花几杯酒……赣江压糖白于玉，好伴梅花聊当肉”，《昌英知县叔作岁坐上，赋瓶里梅花，时坐上九人七首其四》说“吾人何用餐烟火，揉碎梅花和蜜霜”。他还在《蜜渍梅花》“瓮澄雪水酿春寒,蜜点梅花带露餐。句里略无烟火气，更教谁上少陵坛”中将“蜜渍梅花”苦中回甘的滋味比成醇厚耐读的“诗圣”杜甫诗风。杨万里还一生嗜茶成癖好，喜欢茶清苦回甘的味外之味,曾借《诗经·邶风·谷风》的“谁谓荼苦，其甘如荠”说读书滋味苦如荼但爱书的人会甘如饴，读诗也是，初读涩口清苦回味丰富的诗才是好诗。四大诗人的诗都追求味外之味。

再次，四大诗人的诗也可比为装饰了“绮疏（雕刻空心花纹）”华美栏杆的亭台馆舍，在流水石头旁种植异卉名葩构建氛围情韵的宋式园林，比唐诗更曲径通幽、设想精巧、讲求细节、重视审美。四大诗人都是园林爱好者，晚年都在家乡建园林。

杨万里多见识各地名园，晚年回乡修筑了东园，虽然只占地一亩，但他将审美理想寄托其中，除建造亭馆、设计水石外，还设计三三径种植江梅、芙蓉、海棠、桃、李、橘、杏、红梅、碧桃九种花木。由《晓行东园》“霜后前林一向疏，丹枫落尽况黄梧。犯寒侵早看残菊……好诗排闼来寻我……”可知东园种有枫树、梧桐、菊花等清雅花木，徜徉其中会有“好诗”来找诗人。由《同才翁弟游东园》“东园花径半莓苔，……一巷江梅都落尽，只今开底是红梅”可见东园还种了红梅、江梅等多种梅花，满布青藓的花径也很见设计感。江梅本长在野外，如今被种在园林里、水石之侧，营造了宛如自然的意境。由《与山庄子仁侄东园看梅四首》其三：“手种江梅五百窠，小窠开早更花多。就中一树尤清绝，恼杀先生看杀他。”其四“步绕梅花遍一园，得花妙处忽欣然”也可见杨万里种了很多清绝野梅。东园还种有桃李，由《东园探桃李二首》《东园新种桃李结子成阴喜而赋之二首其二》“桃李今春胜去春，添新换旧却重新”也可见诗人对园林布置很用心。

范成大更是为石湖别隐花费了很多时间心血，也极致体现了宋代造园艺术的高度和山水审美的雅致。范也参考了天下园林胜迹，在石湖旁依湖山天然地势高低建堂馆轩亭，还在“水石之侧，植以异卉名葩”，体现宋代园林追求完美细节特色。周必大说范的园林台榭间“所植多名花”，如丹桂金桂“越城芳径手亲栽，红浅黄深次第开（《岩桂》三首之二）”，范村种了许多梅树。范成大曾感慨自家园林还未“经营如意”，设计营造还不够完美，但好友周必大已经赞美石湖别隐“登临之胜，甲于东南”，是江南第一等园林。曾在冬天来石湖的诗人姜夔《玉梅令》词也说范庄“梅开雪落，竹院深静”，有幽雅之趣，梅竹等“异卉名葩”点缀水石间，使得园林富于审美诗意。清文人李慈铭就说范成大晚年石湖诗的内容包括“杂缀园亭，经营草木（《越缦堂日记》）”。

最后，四大诗人的诗也可比为追求冷峭情境的曲涧寻幽山水之行。曲涧指弯曲的山中溪流，有江南特色，和北方高山峻岭不同，显示清幽冷峭之境。寻幽指喜爱寻找探究清幽山水。宋人宋诗喜欢写山行水驿的“曲涧寻幽”意象。唐代疆域广阔诗人爱骑马壮游、登高眺远，宋代诗人尤其来到江南、守着地狭人多的半壁江山，南宋诗人更喜欢骑驴缓行、乘舟慢游，加之壮志不遂胸中多块垒，多喜爱清幽有野趣的山水如野水、野渡、野航（农家小船）、野舟、野艇等野逸之景。如王安石说“强策羸骖寻水石”，范成大喜爱“只在此山中”的清冷寻幽意境。陆游也爱“寻幽”，《幽居》说“不缘厌静寻幽事”，《书村店壁》说“近秋渐动寻幽兴”。

较早大量出现野逸意象的诗就是中晚唐诗。张志和《渔父》有“野艇倚槛云依依”的野趣。中唐诗人韦应物写江南山水行程的《滁州西涧》有“野渡无人舟自横”表达自在隐逸意趣，因为有画意，后来多有宋代诗人画家阐发其诗意画意，北宋诗人寇準有《春日登楼怀归》“野水无人渡，孤舟尽日横”诗还被北宋翰林图画院当作画题。苏轼也在题画诗《书李世南所画秋景二首其一》中说“野水参差落涨痕，疏林欹倒出霜根。扁舟一棹归何处？家在江南黄叶村”点出“野水扁舟”的典型江南隐逸诗意。同时画家蔡肇《题李世南画扇》也说“野水潺潺平落涧”就是“曲涧寻幽”。到四大诗人时，“野水”，这个和南宋人喜欢写的江南山水小景很契合的诗歌意象无处不在。陆游就有多首名为《野兴》《夏末野兴》《晚秋野兴》《野意》《野寺》《野饭》《野饮》的诗，多写野水野艇等意象，《野意》说“菰米仍于野艇炊”，《杭湖夜归》说“野艇迢迢信所之”，《野兴》说“洲渚潮生钓艇横”，《夏秋之交小舟早夜往来湖中绝句十二首之一》说“野水茫茫远拍天……始知身在钓鱼船”，《芒种后经旬无日不雨偶得长句》说“野水无声自入池”，都体现了“野水无人”的自由新意、寻幽诗意。由于对野水意趣的喜爱，陆游还在自家园林营造曲涧野趣“闲引微泉成曲涧（《园中作》）”。范成大也有《怀归寄题小艇》说“春水深时上野航”，《暮春上塘道中》说“店舍无烟野水寒”，《题画卷五首·其五》说“江南野水连天”，《濯缨亭在吴兴南门外》说“野水茫茫何用许，斓供游子濯尘缨”。杨万里也有《苦热登多稼亭二首其二》写“鸥边野水水边屋”诗意，《过西坑》“野水落溪生蟹眼，一番过了一番多”、《过五里径三首·其二》“野水奔流不小停，知渠何事太忙生。也无一个人催促，自爱争先落涧声”写野水落溪、涧声跳荡，体现“曲涧寻幽”意趣。

谁是四诗将：成为四大诗人

四大诗人年龄相近，家庭文化背景相似，爱国思想相同，文学理想有契合处，人生轨迹和交游圈都有交集，杨、范是进士同年，范、陆为同僚、上下级，杨、尤是同舍僚友，杨、尤、陆结社唱和。四人无论交往深浅，倾盖如故或白头相知，都能真心了解、赞赏对方优点，没有文人相轻，这很难得。初唐四杰排名按习惯是“王杨卢骆”，但据《旧唐书》，杨炯说自己“愧在卢前，耻居王后”，承认卢照邻的诗写得比自己好，但说王勃凭什么在自己前面？但南宋四大诗人关系很和谐，陆游在《谢王子林判院惠诗编》里真诚谦虚发言“文章有定价，议论有至公。我不如诚斋，此评天下同”，说自己不如杨万里，还说这是当时天下人的共识。杨万里《朝天续集和陆务观见贺归馆之韵二首》赞美陆游“君诗如精金，入手知价重”。

范、陆早年曾为同事，后又在四川一起为官，交往唱和较多。陆游《锦亭》“乐哉今从石湖公，大度不计聋丞聋”说两人关系密切。范成大也有《陆务观作春愁曲悲甚，作诗反之》写安慰多病且心情低落的陆游。两人晚年各自隐居家乡，吴越相隔，但诗文来往不绝，交流融洽。范成大《古梅》“陆郎旧有梅花课，未见今年句子来”提及梅诗唱和。陆游读范诗有感成诗《夜读范至能揽辔录言中原父老见使者多挥涕感其事作绝句》，爱国襟怀交相辉映。范去世后陆哭诉“平生故人端有几（《梦范参政》）”，还说“速死从公尚何憾”。

陆曾为范的诗集写序，高度评价范在四川的治蜀政绩，更赞美他的文学地位“公素以诗名一代，故落纸墨未及燥，士女万人已更传诵，被之乐府弦歌；或题写素屏团扇，更相赠遗（《范待制诗集序》）”，说范的诗洛阳纸贵，传播南北，名声冠绝一代。范晚年因为诗名高、官位高、交往广、人缘好而成为隐然江南文坛宗主，还在石湖与杨万里、姜夔等人唱和，对四大诗人团体的形成有助。

陆尤也有交往，尤的诗集毁损没留下两人唱和，陆游有《尤延之侍郎屡求作遂初堂诗诗未成延之去国因以奉送》提到尤请他为藏书楼遂初堂写诗，还没写尤就辞官离开了临安，于是写此诗送别。可见两人惺惺相惜。陆游有一首梦诗《六月二十四日夜分梦范至能李知几尤延之同集江亭诸公请予赋诗记江湖之乐诗成而觉忘数字而已》说梦到自己和范、尤诗歌雅集写隐逸诗。可见陆游是认可和范、尤一体的。

杨万里和陆游、尤袤、范成大之间是双向认可的。这是四人成为一体的重要基础。此外还可知在“四大诗人”定型中起较多凝聚作用的是杨万里。范成大、杨万里至迟 1154 年就因同年进士而结识，诗文唱和也多。淳熙六年（1179）二月杨来石湖，由范成大的《次韵杨同年秘监见寄二首之二》“访旧有情书数行。何日却同湖上醉”可见他们有湖上同游同醉，酬唱山水间，别后也有唱和。范的《次韵同年杨廷秀使君寄题石湖》“文名藉甚更诗声。句从月胁天心得，笔与冰瓯雪碗清”赞美杨诗名高，诗歌构思奇特，文字如茶般清隽。范还有《谢江东漕杨廷秀秘监送江东集并索近诗二首之一》“……残灯独照江东集，短梦相寻白下门。即事想多梅蕊句，有谁堪共桂花樽。斯文赖有斯人在，会合何时得细论”说得到杨万里的《江东集》后在灯下认真阅读，赞许杨诗如梅，期待有机会重逢饮桂花酒论梅花诗，“斯文赖有斯人在”是对杨能成为文坛领袖的展望。杨对范的赞美也真诚热烈，《寄贺建康留守范参政端明二首之一》“一生狂杀老犹狂，只炷先生一瓣香。不为渠侬在廊庙，无端将相更文章。江南海北三千里，玉唾银钩十万行。早整乾坤早岩壑，石湖风月剩分张”，说自己性情狂傲但很推崇范，不是因为其地位高，而是因为其诗文高。杨的《寄题石湖先生范至能参政石湖精舍二首·其二》更极赞范“四海如今几若人……东坡太白即前身”，说四海内认可的诗人不多，范的诗文人品飘逸脱俗可比李白苏轼。杨万里还有很多诗写与范唱和论诗，《和范至能参政寄二绝句》说收到范寄来的诗很欣赏，唱和二首，其一“生憎雁鹜只盈前，忽览新诗意豁然。锦字展来看未足，玉虫挑尽不成眠”，说眼前多是“雁鹜”像鹅和鸭一样愚蠢无聊的人，幸好有范成大寄诗过来，书信诗篇看之不厌，范诗中的新意令自己诗意豁然开朗，再三拜读新诗夜不能眠，诗境有了开新。其二说梦到范面貌如旧不穿朝服正在吟诗“梦中相见慰相思，玉立长身漆墨髭……却教雪屋夜哦诗”，都可见杨真心看重范的诗人身份而非官位。两人交谊深厚志趣相投，诗歌理念也契合。正因如此，范的遗言让长子范莘去请杨为自己生前选编成的《石湖诗集》写序。杨万里总结了范的诗歌成就“清新妩丽，奄有鲍、谢，奔逸隽伟，穷追太白……今四海之内，诗人不过三四，而公皆过之无不及者”，说范诗清新秀美像南朝诗人鲍照、谢朓，飘逸隽永又可比李白。当今可称诗人的不过三四人，范都有过之无不及。杨万里说的“不过三四”“四海如今几若人”也许就是包括他在内的四大诗人吧。

杨尤是在临安同朝为官时结交的，就是《二月望日递宿南宫，和尤延之右司郎（侍从官公署）疏竹之韵》说的“忆昔与君同舍日”，还曾提及“故人同舍尤太史”。他们后来还同为词臣，并同为光宗的潜邸老臣，所以交谊很深。杨有《上巳同沈虞卿尤延之王顺伯林景思游湖上得十绝句呈同舍》写他和尤袤等僚友西湖上春游吟诗。他还有《横林望见惠山寄怀尤延之三首其三》“平生玉树伴蒹葭，晚岁春兰隔菊花。咫尺遂初堂下水，寄诗犹自怨人遐”自谦蒹葭，年轻时有幸和尤袤等琼林玉树一样的友人一起，晚年两人如春兰秋菊相隔，虽可寄诗唱和，仍深感遗憾。杨尤唱和很多，如杨的《偶送西归朝天二集与尤延之蒙惠七言和韵以谢之》提及送诗集《西归集》

《朝天集》给尤，得到尤的七言诗即尤集中尚存的《蒙杨廷秀送西归朝天二集赠以七言》“西归累岁却朝天，添得囊中六百篇。垂棘连城三倍价，夜光明月十分圆。竞夸凤沼诗仙样，当有鸡林贾客传。我似岑参与高适，姓名得入少陵编”。尤袤赞美杨诗如玉璧般珍贵、夜明珠般圆润灵动，像“诗仙”李白的诗传播很广，甚至传到国外（鸡林），自己和杨交好被写入诗中就像杜甫友人岑参、高适被写入杜诗，很荣幸。尤袤用李白、杜甫赞美杨。杨万里写诗答谢“倾出锦囊和雨湿，炯如柘弹走盘圆”赞美尤诗温润有灵性像唐诗人李贺的锦囊妙句，诗风像南朝诗人何逊如弹丸在盘里转动一样婉转。杨万里《题尤延之右司遂初堂二首其一》还说尤诗纤秀“诗瘦山如瘦”，《谢尤延之提举郎中自山间惠访长句》“句似梅花花似句”也说尤诗清雅如梅。两人诗风相似。杨诗《延之寄诗觅道院集遣骑送呈和韵谢之》写尤袤寄诗给他，杨找出《江西道院集》飞骑送给尤，还唱和回应“谁把尤杨语同日，不教李杜独齐名”，把尤袤和自己比作齐名的李白和杜甫，是自信肯定，也将两人视为一体。

可惜尤范较早去世，硕果仅存的杨陆在南宋中兴后期成为诗坛最耀眼的存在，也被视为并列的小李杜。清人编的宋代诗集《宋诗钞》就引用南宋后期大家刘克庄《后村诗话》说陆游学力像杜甫，杨万里天分像李白。陆杨较早结识，唱和很多，杨的《和陆务观惠五言》“……云间随词客……我老诗全退，君才句总宜”将陆比作同姓西晋诗人、江南云间（今上海松江）陆云（陆士龙），还自谦诗才不如陆。杨为陆游《剑南诗稿》作跋的《跋陆务观剑南诗稿二首其二》“……焉用诗名绝世无……少陵生在穷如虱，千载诗人拜蹇驴”也赞美陆诗名世间第一，还将“此身合是诗人未？细雨骑驴入剑门”的陆游比作破帽蹇驴的杜甫，《二首其一》“今代诗人后陆云，天将诗本借诗人。重寻子美行程旧，尽拾灵均怨句新”也将陆游比作陆云，是得天助的天生诗人，还说他到过四川后像杜甫（子美）蜀地变法一样诗歌精进，还学到屈原（灵均）的浪漫诗意。杨万里还有《朝天续集和陆务观见贺归馆之韵二首》“君诗如精金，入手知价重……我如驽并骥，夷涂不应共……折胶偶投漆，异榻岂同梦”赞美陆诗如珍贵坚实的纯金，见过才知无价，还自谦和陆游比好像驽马和神骥。还以“破琴聊再行，新笛正三弄。因君发狂言，湖山春已动”说陆诗激发自己的灵感。两人以诗歌互相交心促进。1193 年范成大去世，次年尤袤逝世，此时隐居江西的杨万里六十八岁，闲居绍兴的陆游七十岁，杨有《寄陆务观》“君居东浙我江西，镜里新添几缕丝。花落六回疏信息，月明千里两相思。不应李杜翻鲸海，更羡夔龙集凤池。道是樊川轻薄杀，犹将万户比千诗”说六年未见很思念，将两人比为李白杜甫，还以晚唐诗人杜牧（樊川）称赞同时诗人张祜的《登池州九峰楼寄张祜》“谁人得似张公子，千首诗轻万户侯”比拟陆游，说自己虽狂傲但由衷佩服陆游，说陆是不重名利的真诗人，惺惺相惜。杨还有写给陆的《简陆务观史君编修二首》，其一的“幕中何幸有诗人”肯定陆是真诗人，其二“闻道云间陆士龙，钓台绝顶啸清风。却将半掬催诗雨，洒入山村作岁丰”还是将陆游比作陆云，还说要将催诗心情化为雨洒向陆游隐居的山村。杨陆是知己知音，就像唐代李杜、北宋苏黄，南宋中兴诗坛双子星非他们莫属。

杨万里还通过和尤范陆的交往唱和、互相肯定，成就彼此名望。中兴著名诗人不只他们，还有萧德藻、姜夔、张镃等，为什么尤杨范陆会成为“四大诗人”？和杨万里、尤袤及稍晚方回的反复确定有关。

较早的四大诗人也曾是“范杨萧陆”或“尤萧范陆”。萧是萧德藻，字东夫，自号千岩老人，诗文古雅。萧先结识杨万里，又将杨介绍给侄女婿姜夔，杨又把姜引荐给了范成大。

“范杨萧陆”是尤袤提出的，所以他不在其中。姜夔《白石道人诗集》自序引提到尤袤说范杨萧陆齐名，还说“温润有如范致能者乎？痛快有如杨廷秀者乎？高古如萧东夫，俊逸如陆务观，是皆自出机轴，亶有可观者。又奚以江西为？”谦和的尤袤以对四人诗风的了解说范成大诗风温润，杨万里诗畅达，萧德藻高古，陆游俊逸，都能自成一格，是打破江西诗风、另辟蹊径的中兴四大诗人。

杨万里则多次提名“尤萧范陆”。绍熙二年（1191）杨为萧德藻诗稿作序，赞美尤诗平淡，指出尤萧范陆并列。庆元二年（1196）范尤都已去世，杨再次提倡尤萧范陆，在写给后辈诗人张镃的《谢张功父送近诗集》说“近代风骚四诗将，非君摩垒更何人”，风骚本指《诗经》《楚辞》，代指诗歌，诗将是在诗坛称雄的诗人，“四诗将”指尤萧范陆。还说张镃是四人后备。嘉泰三年（1203）是杨万里去世前三年，他给张镃、姜夔写了《进退格寄张功父姜尧章》说“尤萧范陆四诗翁，此后谁当第一功？新拜南湖为上将，更差白石作先锋”，说尤萧范陆是诗翁即年事较高有盛名的诗人，张、姜是后备。张镃是南宋中兴四大名将之一、清河郡王张俊（1086—1154）的曾孙。张俊在南宋初屡立抗金功劳，与岳飞、韩世忠、刘光世并列四大中兴名将，但后来依附秦桧，所以也是跪在岳飞墓前的四个铁像之一，今杭州河坊街附近都是当年清河郡王府的所在。

可见四大诗人在世时诗名显赫，但当时也有其他说法。不过出现另外说法是尤杨自谦避嫌。还是尤杨范陆较符合事实、众望。尤袤身后诗歌散失但生前诗歌不少，四人认可度很高。

宋末诗人方回是“尤杨范陆”说的有力助推者，一直强调南宋中兴孝宗乾（道）淳（熙）年间以来说到诗歌就会提这四人。方回还不断重复加深这说法，如《读张功父〈南湖集〉》说“梁溪之槁淡

南宋刘松年《南宋中兴四将图》（中国国家博物馆藏）

细润，诚斋之飞动驰掷，石湖之典雅标致，放翁之豪荡丰腴，各擅一长”，说尤袤（梁溪）槁淡细润，杨万里（诚斋）灵动恣肆，范成大（石湖）雅正圆熟，陆游（放翁）豪迈浩荡，而且各有擅长。自此四大诗人名号就固定在“尤杨范陆”。尤袤何以成为四诗将之首，大概因为年纪最大且中进士入仕最早。

四大诗人中时人最推重杨陆。宋末诗人林希逸说宋朝诗坛诸大家，中兴后律诗写得最好的要数放翁、诚斋。南宋晚期诗坛宗主刘克庄在《中兴绝句续选》序里说中兴乾道、淳熙年间，论绝句，范成大、陆游、杨万里、萧德藻、张孝祥等一二十个诗人都各成“大家数”即流派。还有，能创立独特诗体的诗人不多，宋末诗论家严羽《沧浪诗话》说杨万里自成“杨诚斋体”。杨是有成宗立派理想的，《跋徐恭仲省干近诗三首》之三“传派传宗我替羞，作家各自一风流。黄陈篱下休安脚，陶谢行前更出头”说要突破江西大家黄庭坚和陈师道的樊篱，成为和东晋南朝诗人陶渊明、谢灵运一样出色的千古诗宗。“斯文赖有斯人在”就是范成大对杨能成为文坛领袖的信任。

杨陆两人还是历史上写诗和存诗都最多的著名诗人。陆游自称“六十年间万首诗”，今存九千多首诗词，是古代写诗最多的著名诗人。杨万里一生写了两万多首诗，今存四千多首，仍是古代诗人存诗最

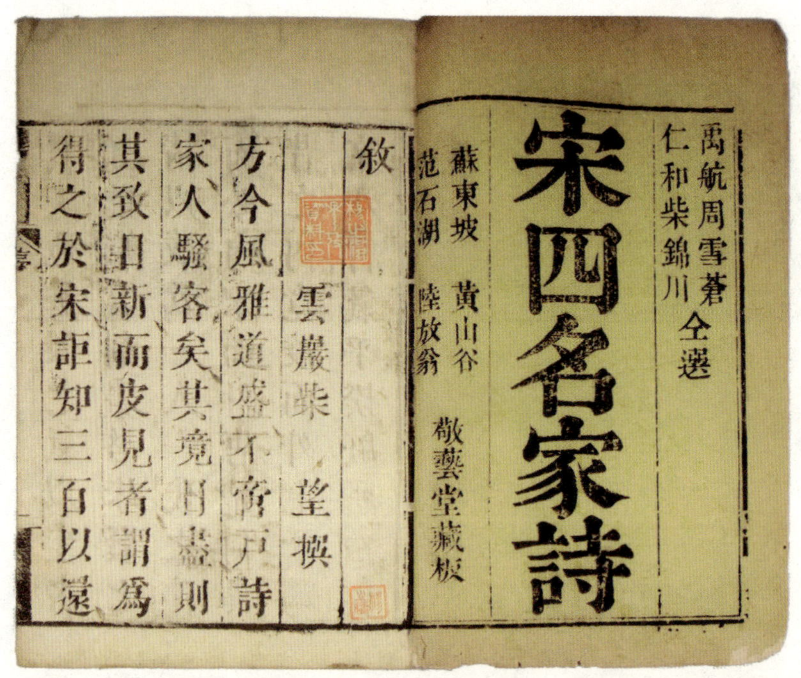

禹航周雪蒼
仁和柴錦川　仝選
宋四名家詩
蘇東坡　黃山谷
范石湖　陸放翁
敬藝堂藏板

敘
雲巖柴　望　撰
方今風雅道盛不齊户詩
家人騷客矣其境日盡則
其致日新而庋見者謂爲
得之於宋詎知三百以還

南宋四大诗人中四人的名声起起落落，这本清初选本是看重范成大和陆游的，“宋四名家”选了苏轼、黄庭坚、范成大、陆游。

多者之一。他们都很珍视自己的诗和诗名，杨万里曾多次进行诗歌变法，1162 年开始焚弃少年诗作。陆游也从 1166 年开始常删诗。

陆游诗名，一度不如范杨。不过当时知音也不少。杨陆共同朋友周必大在《跋苏子由和刘共父省上示座客诗》中说“吾友陆务观，当今诗人之冠冕”，说陆是当世最好的诗人，还说他“于此道真先觉”真懂诗。南宋后期浙江黄岩诗人、陆游弟子戴复古有《读放翁先生剑南诗草》说“茶山衣钵放翁诗，南渡百年无此奇……李杜陈黄题不尽，先生模写一无遗”，也极赞陆游是南宋南渡以来百年第一，可继唐代李杜、北宋江西诗人陈师道和黄庭坚。

第二章

四大诗人之逸者：遂初逸民尤袤

第二章

四大诗人之逸者：遂初逸民尤袤

尤书橱和“我非樵𣞁儿”：奇童和太学第一

尤袤（1124、27—1193、94）立朝敢言、辞章盖世，为地方官也有为，是南宋名臣，是著名诗人，也是学者、藏书家、书画鉴藏家。他生前交往很广，名声显著。南宋名臣、理学家、永嘉学派主要人物陈傅良《缴奏张子仁除节度使状》就说尤袤是高宗、孝宗、光宗“三朝老儒”，是光宗“潜邸僚友”，“最蒙睿简，行且大用”说他受到光宗器重和重用。而杨万里曾将尤袤和自己比作“李杜”。可惜到今天尤袤却因为诗文集散佚而事迹名声在四大诗人中最为不著。尤袤到底是怎样一个人？陆游说频频要求辞官归隐的尤袤是“身践当年遂初赋”，是早萌退意、得偿所愿，这虽和陆游的至死不放弃理想有所不同，但也得到了陆游的真心肯定。陈傅良在为尤袤写的挽诗《挽尤延之尚书》说他“行藏节节耐人看”，赞许他的一生无论是在朝还是隐退（用舍行藏，出自《论语·述而》）都经得起推敲。虽然尤袤是个低调的人，但其人其诗都不容忽略。

说尤袤是四大诗人中的逸者，一方面是因为他虽然后来官至礼部尚书，文采出众，却相貌不扬，至少没有范成大的长身玉立、陆游的骄傲不羁、杨万里的自信张扬，性情像他的友人、状元汪应辰说的“静退”即恬淡谦逊、不竞名利，《宋史·尤袤传》里也说他“靖退”恭谨谦让，还有尤袤门生陆九渊也说老师“退然”柔和恬退。尤袤后来又自号“遂初”，取自东晋寓居绍兴的玄言山水诗人孙绰写隐逸山林心态的《遂初赋（西汉学者刘歆也有同名赋）》，“遂初”就是“遂其初愿（来自屈原《离骚》的“退而复修吾初服”）”即辞官隐居，晚年又自号“木石老逸民”，“逸民”出自《论语》，指节行超逸、避世隐居的人。好友杨万里《题尤延之右司遂初堂二首其一》称赏他是“诗瘦山如瘦，人遐室更遐”，说他人清远，还说他是清幽的诗仙。尤袤也一直说自己“平生山林下，散发颇箕踞……渊明应笑人，有底不归去（《大暑留召伯埭》）”，他心里一直有个隐逸梦。

另一方面也指尤袤的诗很不幸在身后大都散佚的遗憾，“逸”也隐喻他在四位诗人中比较隐身，甚至生卒年也不甚明晰。而他的友人袁说友等多提他的政治才能及藏书收藏等成就，文学方面也多提他身为著名词臣擅长的骈文，而少提诗。由于尤袤留存的诗只有《梁溪遗稿》的几十首，所以难免身后寂寥，和生前名望不太相符。

也正因如此，尤袤的生平事迹、诗意留痕特别值得关注。拼好尤袤这四分之一，四大诗人的整体面目更会清晰。正如他身后的祭文“以公之节，足以镇俗；以公之文，足以华国”说他的高洁气节可以抑制庸俗的世风，写的四六文骈文典丽足以荣耀国家。无怪他的诗文与人都得到同时代大家朱熹等人的赞誉肯定。尤袤的谥号是文简，“文”指道德博闻，即有德行、博闻强记，“简”的意思是有德而不懈、平和而无瑕，可谓深得尤袤忠义勤勉、外和内刚一生的要义。

尤袤小名盘郎，字延之，又字季长（也作季良、季常）。南宋初两浙西路常州（古称延陵、毗陵、晋陵）无锡（古称梁溪）人。他的名“袤”是纵长的意思，古人名、字多有关联，他的字“延之”“季长”也有长度之意。

无锡北倚长江，南濒太湖，东临京杭大运河。春秋“泰伯（吴太伯）奔吴”使得无锡成为吴地、江南历史文化源头和中心。泰伯是周部落首领公亶父的长子，公亶父传位给小儿子季历及孙子姬昌（周文王），泰伯和仲雍谦让王位，迁居江南筑城立国自号“句吴”。今无锡惠山有泰伯殿，纪念这位吴地、东吴的文化始祖。泰伯带着中原先进文化如《诗经》诗歌传统来到江南，也是江南隐逸文化的鼻祖。

泰伯之后，还有很多隐者、诗人来到无锡。南朝宋时的湛挺在惠山隐居读书，建历山草堂，有《历山草堂应教》“闭户守玄漠，无复车马迹。衰废归丘樊，岁寒见松柏……习隐非朝市，追常在山泽……”表达隐逸情思。到中唐又有“大历十才子”之一的诗人皇甫冉来任无锡尉，有《杂言无锡惠山寺流泉歌》说“已厌微官忆旧游”表达归隐情思。《全唐诗》说皇甫冉的诗天机独得、远出情外，清逸玄妙，被认为“平揖沈谢”，和南朝江南诗人沈约、谢灵运相似，他写无锡宜兴的诗《三月三日义兴李明府后亭泛舟》“江南烟景复如何，闻道新亭便可过。处处艺兰春浦绿，萋萋藉草远山多。壶觞须就陶彭泽，风俗犹传晋永和……”就对东晋兰亭雅集、陶渊明辞官都有向往。中唐诗人李绅，原籍安徽，生于湖州，长于无锡，写有著名的《悯农诗二首》“谁知盘中餐，粒粒皆辛苦”“四海无闲田，农夫犹饿死”，中进士后和元稹、白居易交游同为新乐府诗人。到晚唐大和年间，还有诗人李骘在惠山寺苦读，多与僧人唱和，也是典型江南隐逸诗人。

除了诗歌，无锡的文化传统也重视教育。李绅一说是无锡第一位进士和宰相。北宋以来无锡书院林立，尤其是王朝再次南迁的南宋，更是诗人才人名宦精英迭出，与地域文化、文化教育相互成就。明代的无锡东林书院以读书、讲学、爱国精神天下闻名，书院其实是北宋学者杨时于北宋末政和元年（1111）创建来讲学授徒的。杨时是宋代理学的承前启后人物，是理学家程颢、程颐嫡系弟子，也是朱熹的老师（杨时传学罗从彦再传李侗、朱熹父亲朱松再传朱熹）洛学到闽学的关键人物，他也使得无锡成为理学道行东南的重要中心。尤袤能成为四大诗人，与朱熹、杨万里等理学名家多交往，都与杨时有关。今无锡县学旧址的无锡碑刻陈列馆还藏《锡山儒学先贤祠记碑》《锡学重修五先生祠记碑》记录从宋代杨时开始理学在无锡的流传情况。

杨时（1053—1135），号龟山，人称龟山先生，南剑州将乐县（今属福建）人。神宗熙宁九年（1076）进士。历官余杭、萧山知县、工部侍郎等。曾弃官师程颢，学成南归时程颢欣慰地说“吾道南矣”，说自己的学说要流传到南方了，可见对杨时的期待。程颢去世后，杨时又问学程颐，留下程门立雪典故。北宋末杨时主张抗金，谴责蔡京。南宋建立后以龙图阁直学士致仕，专心著述讲学。北宋末年他在友人邹浩家乡常州建道南书院，在友人李纲家乡无锡建东林书院，在两地主讲二程理学，传道18年，门下弟子无数。杨时去世后，宋高宗赐谥号文靖。他与游酢、吕大临、谢良佐合称程门四先生。明代还曾从祀孔子庙庭。是历代文人典范。

杨时是学者，也是官员，一生为官47年，始终以高度道德标准激励自己，为政清廉刚正不畏权势，体恤民间疾苦。他在余杭任知县时，曾实地勘察，治理南湖水患。在萧山任知县时遇旱灾，也能实地调查，筑湖蓄水，根治旱害，成就现在的湘湖。杨时和两宋之际名相、抗金名臣、无锡人李纲是知交，杨时称李纲“以英伟刚明之才，任天下之重，盖一时人杰也”，李纲称杨时“儒林仪表，国家栋梁，风云翰墨，锦绣文章”。李纲（1083—1140），原籍福建邵武，生于常州无锡，所以号梁溪先生。李纲登政和二年（1112）进士，钦宗时为兵部侍郎，靖康元年击退金兵入侵汴京，可惜被排斥。南宋高宗即位初被起用为相，很快又被罢免，后又经历多次起罢，抗金之计也没能施展。去世多年后的孝宗淳熙年间追赠陇西郡开国公，谥号“忠定”。可见宋代无锡有学者也有好官，杨时、李纲都秉承民本思想，关爱民生，读书为学明理也是为了更好地治理天下。受前贤影响，尤袤也是历仕三朝，集良臣与诗人学者于一身，官声、诗声并著。

杨时在无锡的学生很多，其中有为人质直、反对秦桧主和的喻樗，尤袤就是喻樗的学生，所以他是杨时的再传弟子，可惜他出生略晚未能亲聆杨时教诲。

尤袤和杨时、李纲一样祖籍福建。无锡尤氏家族来自晋江，自尤袤的高祖（祖父的祖父）尤叔保在北宋真宗天禧二年（1018）时迁到江南，选中常州无锡落籍，定居许舍山中，成为无锡尤氏始祖。据说他们家族本姓沈，因为要避五代闽王王审知的同音讳，去水为尤。

许舍山在无锡西南，濒临太湖北岸。宋代时这一带文化家族辈出，还有待制蒋瑎、学士许德之、侍郎施坰等人的家族都卜筑其间，多出有德隐士，形成良好文化氛围。尤叔保为人正直，以书、画著名。晚年雄于财，家中园亭池馆为一时胜。尤袤的性情、多才艺和对山水园林的热爱都受高祖的影响。许多文献里也说尤氏家族定居无锡县开化乡白石里，原名鹤溪，就是许舍山，因反对花石纲而被罢官放逐的许德之在此写了《许舍记》，此地因此得名许舍山。

尤叔保之后，尤氏子弟都能读书，宋朝一代就有20位族中子弟登进士第，尤袤就是之一，可见家族文化深厚。据说宋末宋度宗有御书楹联赞美尤氏是“五世三登宰辅，奕朝累掌丝纶”，说尤氏家族都成为名臣。

尤辉(1074—1158),初名元,号鹅津,哲宗绍圣元年(1094)进士。历官中书舍人、知枢密院事等，以观文殿大学士兼建康府知府致仕，谥号文献。他与尤袤祖父尤申同辈，是尤袤叔祖。尤袤祖父尤申和父亲尤时亨均研究历史、写作诗文，可见尤袤生时尤氏家族已是文化仕宦家族。尤申（1074—？），字阳秋，号清素道人，配邹氏。尤时亨（1103—1144），字云耕，又名时中，号广平居士，配耿氏，就是尤袤母亲。

尤袤的生卒年一直存在争议。近年根据《西塞渔社图卷》的尤袤自跋认为尤袤生于宣和六年甲辰（1124），和《宋史》本传（书写于元代）“卒年七十”推断他生于宣和六年（1124）卒于绍熙四年（1193）的说法符合。另外根据较早的《绍兴十八年同年小录》说尤袤中进士的绍兴十八年（1148）时二十二岁，与失而复得的《梁溪遗稿》所附《家谱本传》记载的“生靖康丁未，卒绍熙甲寅，享年六十有八，史言七十，举全数耳”正好符合，所以又曾有一说尤袤生于靖康二年（1127），卒于绍熙五年（1194），享年六十八岁，《宋史》说他七十岁是取全数。南宋文人为了有利科举和仕宦多有改年龄之举，所以两说先并存。

尤袤出生后不久的1127年，金兵大举南侵攻陷汴京，掳掠徽、钦二帝及宗室三千人北去，北宋灭亡。同年康王赵构即位为高宗，建立南宋，开始了宋、金且战且和的长期南北对峙格局。四大诗人就生长在这样的历史时代，生于艰难，长于忧患，他们的人生自带“天将降大任于斯人”的历史底色。这几年，陆游、范成大、杨万里连续出生，孝宗赵昚出生。1193年尤袤去世，次年孝宗、理学家词人陈亮、宰相昭勋阁二十四功臣之一史浩也去世。尤袤的一生见证了南宋的典型中兴时光。

《宋史》记载尤袤本有《遂初小稿》六十卷、《内外制》三十卷，可见他生前很勤奋，诗词文和朝中的骈文策论成果都很丰赡。南宋藏书家、目录学家陈振孙《直斋书录解题》也说尤袤原有《梁溪集》五十卷，可见他生前也有整理文集的意识，应该和范成大等人一样自己整理过文集，但因为他退隐较晚时间不多很快就去世了，可能整理得没有范成大和杨万里完善。更可惜的是，《梁溪集》也在他去世后较早就因火灾等原因散佚了，应该在南宋末至少在元代就散佚了。这非常影响尤袤的声望。幸好清初康熙年间苏州的尤氏家族子弟、诗人尤侗从各处如清初学者、藏书家朱彝尊的藏书中辑了《梁溪遗稿》两卷并刊行，才使尤袤的创作再次被世人看见，但也只有诗 47 首、文 26 篇。朱彝尊也认为那仅是尤袤著述的百分之一，的确，与尤袤齐名的陆游有至少 9000 多首诗，杨万里也有至少 4000 多首诗。清乾隆年间杭州诗人厉鹗写《宋诗纪事》，又辑得尤袤遗诗数首。

尤袤的身世记载也不多，据尤袤后裔、元代文人尤玘的《万柳溪边旧话》，尤袤自小就聪慧异常，五岁能写诗。叔祖尤辉说“此天上麒麟，吾不如也”，赞美尤袤如天上瑞兽麒麟，自己不如这孩子。尤袤八岁能朗诵杜甫长诗，十岁就跟从尤辉学习五经，还被常州文化名人蒋瑎、施坰称为奇童，以神童荐于朝。

尤袤好学，与尤辉等人的家庭教育密不可分。尤辉是尤氏家族较早由科举成为高官的，曾跟岳父、无锡宿儒许希道学六经的《礼》《乐》。许希道的儿子许德之是尤辉绍圣元年（1094）进士同年，北宋末反对花石纲被贬，南宋后恢复官位，卒后追赠为显谟阁学士兼户部尚书。

无锡许舍山文化家族多有联姻，许家和尤家也是。宋代文治蔚然，科举制度完备兴盛，是选拔人才的重要途径，以进士科影响最大，士人都以为不经进士第为官是终身之耻，不中进士也一般不能为高官宰辅，所以一时天下文化家族都重进士科。宋朝人还特别注重科举的神童举。

宋代重视少年英才的选拔，北宋继承唐代神童试，选拔了不少有才少年，如北宋初词人名臣晏殊，七岁已才名满天下，十四岁时经神童举被推荐到朝廷，真宗赐进士出身，后成为宰相。西昆派诗人杨亿，也是七岁聪慧能文，宋太宗赐进士出身，后成为翰林学士。宋代十五岁以下少年娴熟五经，成绩隽异，经地方政府和文化名人举荐，就可去太学读书。后朝廷又把选拔年龄降到十岁。鄞县人汪洙自幼颖异，九岁能诗，被称为神童，写有著名的《神童诗》"少小须勤学，文章可立身""自小多才学，平生志气高"，流传千古。这一教育政策当然也出现了像王安石写的《伤仲永》这样的揠苗助长弊端，但大方向是好的，有助于英才辈出，北宋的苏轼、黄庭坚和南宋的张孝祥、文天祥都是十多岁就能诗善文，也很早就科举高中，终成国家栋梁。

科举使得人才大量出现，不但使宋代诗歌大繁荣，也为宋代政治培育了大量名臣。经过靖康之乱，国家只有半壁江山，人才也匮乏，南宋朝廷整顿江山，复兴太学、科举，选拔江南（东南）人才，四大诗人就是南宋初涌现的佼佼者，除了尤袤有神童之称外，陆游也自幼聪慧，十二岁就能诗文，范成大十二岁遍读经史，十四岁时创作诗文。

推荐尤袤为神童的蒋瑎（1063—1138），是常州宜兴人。哲宗元祐三年（1088）进士，官至徽猷阁待制知兴仁府，为人刚直清介不谐俗，晚年奉祠隐居无锡。文采典雅，长于诗，有《梁溪集》，学中晚唐诗风。蒋瑎玄孙蒋重珍是无锡史上第一位状元，也是尤袤的学生。

另一位推荐者施垧曾任礼部侍郎。无锡的这几个文化世家都是科第兴盛，施垧、施垓是兄弟进士，许德之家族一门四进士，尤袤家族科第共十世。

尤时亨有四子——尤襄、尤褒、尤袁、尤袤，古代排行是伯、仲、叔、季，由尤袤小字季长可知他是小儿子。尤袤绍兴十八年（1148）进士登科，二十多岁中进士还是比较年轻的，但其实他还可能更早中第，因为他是在父亲绍兴十四年（1144）去世守孝三年后才去考试的，这也可侧面窥见尤袤的才华。尤袤对自己的才学也是很自信的，1161 年他在《大暑留召伯埭》诗里说自己“我非褦襶儿”，“褦襶（音 nàidài）”是无锡吴语方言词，指不能做事而笨的人。

《绍兴十八年同年小录》说“第三甲第三十七人尤袤，字延之，小名盘郎，小字季良。年二十二，二月十四日生。外氏耿。永感下第百九。兄弟四人”。可见尤袤是此年的三甲进士，母亲姓耿，兄弟四人。“永感下”指此时尤袤已父母俱亡，他在考试前进行了履历登记。父母俱存，要写“具庆下”；母亡父在，写“严侍下”；父亡母在，写“慈侍下”。此年许家子弟、尤袤表弟许璹和他是同年进士。

两宋举行过 118 榜科举，各种科目登第共约 11 万人。完整保留名单的仅两榜，其一就是《绍兴十八年同年小录》，其中保留了尤袤资料，算是幸运。

关于尤袤得中进士，无锡民间多传说。清末无锡名人薛福成《庸庵笔记·轶闻·鬼神默护吉壤》说无锡城水门之一吴塘门旁有吴塘山，濒临太湖，两峰夹峙，是形胜之地。宋代风水书《赖公钤记》“吴塘东，吴塘西，玉兔对金鸡，代代出紫衣”说祖上葬在这里，后人可代代出贵官。尤时亨去世后就葬在吴塘，尤袤在此守墓三年。后世无锡民间钦慕尤袤的清德硕学、才华丰采，就传说他成为名臣是因为父亲葬在吴塘的贵穴。《庸庵笔记》还记录了尤袤纯孝守墓的民间传说。相传尤时亨下葬，尤袤结庐于墓侧守丧。一个晚上，尤袤望见神灯无数，有金甲神拥一贵人从空中经过，贵神忽问附近有何人葬此，金甲神回答是无锡尤时亨。贵神诧异此地将发福三百年，谁敢葬此？速告雷部，明日轰之。尤袤恳求贵神留情，只要能保存父墓，情愿以己身代父遭雷轰。贵神为之所动，说尤氏家族虽然也累世修德，但福德还不足享用这一吉穴，姑且念尤袤忠孝感天，允许其父用这一贵穴。无锡民间传说自此以后尤氏家族弟子都世代从科甲入仕，功名不替。其实此前尤辉已有功名，石塘传说无非侧面体现对尤袤才华名声和尤氏家族功名辈出的肯定。尤袤很年轻就中进士，与地域文化、家学渊源的影响及自己颖慧且好学上进都大有关系。

尤袤小时候跟从叔祖尤辉学习只是家学传承，他正规的学习是在县学、州学、太学完成的，所学的是宋代科举应试课程如经术、诗赋、论策等。当时的无锡县学始建于北宋嘉祐二年（1057），次年开始招生。因为重视神童科，崇宁年间又于县学置小学，十岁以上童子都可入县学读书。尤袤约于绍兴十三年（1143）来到京城临安入太学。南宋太学课程是以五经为教本。学生一般选习一经，也兼习诗、词、赋、策。尤袤因家学渊源，读经应该很出色，辞赋也很出色，文献记载他以词赋在太学冠魁多士，可见他的诗词赋特别突出，冠南宫（学宫）成为太学第一。

南宋绍兴八年（1138）以行在为名定都临安府，绍兴十三年（1143）在岳飞故宅（今杭州庆春路）设置太学，共700名学生，上舍生30人，内舍生100人，外舍生570人。从时间上看尤袤有可能就是此时因为学业优秀被地方推荐来到太学读书，成为南宋太学最早的学生，这是他的幸运，不过第二年他的父亲就去世了，他只能回乡守丧三年，离开京城失去在太学读书的机会，很可惜。

南宋太学沿袭北宋王安石在熙宁四年（1071）所创的三舍法，太学生分为外舍、内舍、上舍三等，共学习五年。上舍生学习两年后考试，考试行、艺并重，分为三等：上等可推荐进中书省授官；中等免去礼部试，身份同进士；下等可免乡试，直接参加进士考试。尤袤在1148年刚出丧期就能参加科举，有可能就是因为他的太学生身份。

尤袤在太学成绩第一，又在二十多岁就中进士，主要原因是他平生嗜书好学，博极群书，有“尤书橱”之称。他的祖父、父亲有儒学、经学学术底蕴，叔祖尤辉善治《礼》《乐》两经，尤袤小时得到尤辉教诲。中国文化自古重礼乐，礼与乐不可分，学者一般《礼》《乐》兼治。尤袤后来职业（礼部）和著述多与《礼》《乐》相关，可见家学渊源，可推测他考进士科目选了《礼》《乐》。

从尤袤的成才，可清晰知晓四大诗人代表的南宋江南文化家族依靠地域文化、家学学术传承教诲培养子弟的典型范例。

一说尤袤家宅在无锡县城内束带河边，应该是家族为了教育离开远离城区的许舍山来到城区，尤家还在西水关梁溪畔建有园林别墅“乐溪居”，也许就是尤叔保所建，有万卷楼、二友斋、畅阁、来朱亭等，从尤袤的诗看还种了梅花和海棠。万卷楼就是尤家藏书楼，藏书约三万卷，有许多尤袤和家人的手抄本校者，不少是珍本和善本，曾和陆游家的双清楼一样被认为是南宋藏书最丰富的地方。尤袤晚年闲居乐溪居以读书、抄书为乐，成为藏书家，其中很多是祖辈、父辈的积累。尤的藏书包括经、史、子、集、稗官小说、释典、道藏、杂艺、谱录等。他读书多，是他诗歌超逸的根本。

延之我爱不我弃：也是理学家

南宋理学盛行，四大诗人中杨万里是理学家，写理趣诗较为人所知，其实尤袤也是理学家，可惜他现存的诗太少，不能像杨诗充分体现理学痕迹。杨万里有文《答袁机仲寄示易解书》提到，写信向学者尤袤、朱熹等请教《周易》。朱熹应该觉得他的书不合意，含糊回答。杨万里茫然不敢再问。但尤袤不是这样，杨万里说以《屯卦》《蒙卦》和八卦卦象问尤袤，尤袤从学善《易》的喻樗，对《易》造诣不浅，认真回答并指出意见。杨万里也虚心接受吸纳意见进行修改，还感慨“延之我爱不我弃”，说尤袤不会不理自己，还教诲自己。可见杨尤的理学、易学交流之快乐。

杨万里有《和尤延之“见戏触藩”之韵以寄之》诗是与尤袤唱和讨论卦象的，“触藩”语出《易经·大壮卦·上六》的羝羊触藩，指公羊用角撞篱笆被缠住进退不得，比喻困境。尤诗虽然不见，但杨诗最后引申出“子房莫笑身三尺，会看功成自择留”，子房是张良，精通道家学说，不恋权位，功成身退，随仙人赤松子云游四海，道出对人生进退的深刻理解。易学和史学都是人生智慧。

高宗绍兴十八年（1148）进士榜，虽然没有像史上的两次科举龙虎榜——中唐贞元八年（792）和北宋嘉祐二年（1057）的进士考试被誉为千古一榜，但也涌现了很多人才。贞元八年榜助力了以韩愈为中心的古文运动和儒学复兴，嘉祐二年榜也对北宋的政治文化产生巨大影响，此年考官是欧阳修和梅尧臣，考生列入《宋史》的24人，24人中成为宰执级别的9人，文学上有“唐宋八大家”中的苏轼、苏辙、曾巩，学术上有洛学创始者程颢、关学开创者张载、蜀学二苏兄弟。绍兴十八年戊辰科这一榜的状元是山阴（今绍兴）王佐，而中第的331人中日后最著名是第五甲第九十名、赐同进士出身、倒数第54名的朱熹。尤袤与这位同年也多有来往和诗歌酬唱，他家有来朱亭就因朱熹得名。

一说尤袤本来已为状元，但因为得罪秦桧，降为三甲第三十七名。这和陆游因得罪秦桧被罢黜落榜故事很相似，有一定可能性，因为尤袤的老师喻樗就与秦桧政见不合，后来秦桧下台才重新出仕，尤袤也是主张抗金。此外尤袤的状元可能是他在太学以辞赋魁多士的夸张说法，就像陆游曾在锁厅试中得第一也被说成状元。总体来说，南宋人多名额少，中进士很难，尤袤在二十多岁中进士虽然是三甲也已经很出色，杨万里、陆游都曾多次落第。由朱熹故事也可知进士名次并不决定一切。尤袤后来多有文化成就且为高官，是他才学高远的绝好证明。

尤袤学识广博，除了家学渊源、家中藏书多外，也与他在家乡、太学从学交游经历有关，学问得到进益。尤袤是玉泉先生喻樗的弟子，是龟山先生杨时的再传弟子，是杨时道南一派血脉的嫡系学术传承者，是程门三传弟子。他在经学方面长于《易》《礼》，与当时一时理学诸贤都有深交，不过他的理学践行多而著述少。

尤袤自幼跟随习《礼》的叔祖尤辉学习，入仕后又任礼部侍郎、尚书等，对礼仪很有见解，曾参与商议高宗庙号、配享、宋金使节等丧礼、吉礼问题等，有学问且能学以致用。可惜他的《周礼辨义》等著作也散佚了。所以影响远不如同年朱熹、学生陆九渊等人。不过尤袤也在后世被明东林学派列入历代学人系列，是实至名归的理学家。

杨时从北宋末政和元年（1111）到南宋初建炎二年（1128）寓居常州，在当时属于常州的无锡创立东林书院，讲学授徒十七年，载道东南，将儒学理学在江南发扬光大。此间严州（今浙江桐庐、建德）喻樗登杨门拜师。喻樗（？—1177），号玉泉。建炎三年（1129）进士。为人性直好议论，南宋四大名臣的赵鼎很激赏他的学识见解。喻樗追随赵鼎，为秘书省正字兼史官校勘，力主抗金，反对议和，被秦桧打压贬谪，一度致仕家居。秦桧死后才复出，起为工部员外郎。孝宗即位，用为提举浙东常平等职。以治绩著称，可见也是学问好又能做事的实干派。

喻樗善《易经》，善于识鉴人才。他曾看好北宋最后一个状元、徽宗宣和六年（1124）状元、杭州人沈晦（沈括从侄）和南宋绍兴二年（1132）状元、杭州人张九成会中进士，两人果然都中进士。张九成和他都是杨时弟子。喻樗少年时就从学杨时，独得其学问奥秘。著述有《易义》《玉泉讲解语孟大学》《四书性理窟》《玉泉语录》等。喻樗不但学问极佳，也以人品学问为一时师表，天下称之，这都对尤袤有很深影响。

杨时在1128年回闽地家乡隐居不出，逝于1135年。尤袤生在1127年，不及问学杨时是憾事，不过尤袤也是继承二程正道。

尤袤绍兴十八年中进士后，到绍兴三十一年（1161）前后为泰兴令，此间经历正史失记，应该和他受到秦桧打击有关，可能在沉潜读书。因为喻樗也是于绍兴十五年致仕，绍兴二十五年起复，十年闲居著述、讲学授徒。这期间尤袤可能问学喻樗，他1161年写的《大暑留召伯埭》“平生山林下，散发颇箕踞”说自己此前都隐居山林未出仕，也是侧证。而尤袤任泰兴令后，到乾道四年（1168）赴江阴学官任，《宋史》说他“需次七年，为读书计”，需次指官吏授职后按资历依次补缺即候官，南宋官少所以候官是常态。此间也有从学乾道年间闲居无锡的喻樗的可能。从早年仕迹也可看出尤袤不汲汲于仕进、潜心学术的性情。

尤袤还曾从学交游过喻樗弟子和女婿、绍兴五年（1135）状元汪应辰，两人在师友之间。一说喻樗有二女，因他善于识人都嫁状元，另一女嫁绍兴二十四年（1154）状元、著名爱国词人张孝祥，也就是杨万里、范成大同时高中而陆游被罢黜的那一榜状元。此说不全准确，张孝祥岳父是桐乡文人时檄。宋代重视家学传承，对子女教育很重视，也重视择婿，当时流行“榜下捉婿”就是从新科进士中选女婿，也重视很早就选好人当学生培养。喻樗早年任玉山县尉时就看中了聪颖童子汪应辰。

汪应辰（1118—1176），信州玉山（今属江西）人。他出身低微，但幼时就性情凝重、聪颖异常，五岁就知晓读书，十岁能诗，作对子应声而成，不但敏捷且语出惊人，多识奇字。喻樗惜才，以女儿嫁之，还悉心培养。汪应辰还从学杨时的另一个弟子、南宋绍兴二年（1132）状元、理学家张九成。汪应辰十八岁中进士第一，殿试时宋高宗因为北宋仁宗天圣八年（1030）状元王拱辰的年纪生平和汪相似，以为瑞兆，赐名应辰，希望他能为新兴的南宋王朝带来盛世，宰相赵鼎为汪取字圣锡，圣人皇帝给予之意。后汪应辰上疏主张抗金，忤逆了秦桧，被贬建州（今福建建瓯）通判，偏僻之地蓬蒿满径，一室萧然，饮粥不继，人不堪其忧，汪应辰却处之裕如，修身讲学。秦桧死后起复，官至吏部尚书兼翰林学士并侍读。晚年以端明殿学士知平江府（今江苏苏州），谥文定。尤袤和汪应辰都是少年中第、经历磨砺终成大器的典型例子。

乾道五年（1169）汪应辰有推荐尤袤的《荐尤袤札子》赞许任江阴军学教授的尤袤学问博通完备，文辞华美，议论文能写得详细明晰，而且世务圆通，可惜长久等候在下等官僚。又说此前有官员都举荐过尤袤，他的才能是公论认可的，不只是自己的一己之见。汪应辰还说尤袤可惜其貌不扬，性情又“静退”恬淡谦逊、不竞名利，所以1148年中进士后二十年了还没为时而用。汪应辰说不能以貌取人，静退之士更应被荐引。举荐成功，尤袤被召入京为国子监主簿，终于脱离了长期在地方为小官的境遇。

汪应辰的状元文字难能可贵地刻画了生动的尤袤画像，如其貌不扬、性情静退。"静退"出自《韩非子 · 主道》的"人主之道，静退以为宝"，指性情沉默静退，介然自守。

朱熹（1130—1200）是汪应辰的从表侄，也是杨时的三传弟子，所以他和进士同年尤袤学脉相近、交谊匪浅，尤袤大他三岁，朱熹称他"年兄"。

朱熹小名沋郎，小字季延，字元晦、仲晦，号晦庵，晚称晦翁，又称紫阳先生、考亭先生。谥号一个"文"可谓极高赞誉，所以又称朱文公，世称朱子。原籍江南东路徽州府婺源县（今属江西），生于南剑州尤溪（今属福建）。南宋理学闽学派学者、诗人、儒学集大成者。

无锡民间故老传说，尤袤家乐溪居园林有来朱亭，朱尤曾在此一起讲道，后人还画了两人图像在墙壁上。虽然世间朱熹行踪多玄虚，朱尤在无锡讲道事迹没正史佐证，但两人书信来往频繁是实。虽然尤袤文集已失传没留下他给朱的信，幸而《朱熹集》中尚存写给尤袤的12封信如《答尤延之袤》《答尤尚书袤》等，内容涉及日常生活、政事讨论、学术交流。如朱熹根据司马光《资治通鉴》编修《通鉴纲目》时和尤讨论过《资治通鉴》对西汉学者扬雄的评价，两人意见不同却能心平气和讨论的态度很好地体现了宋代文人学术攻错的豁达风采、和谐氛围，也可见两人性情，尤袤更宽容温和，而朱熹虽然执着儒家根本但能听取尤袤意见，可见他对尤袤学问也是认同尊敬的。朱尤还常谈论当时人著述，两人曾谈论理学湖湘学派学者、与朱熹吕祖谦合称东南三贤的张栻的《南轩集》，还谈到事关师门学术传承的《二程文集》《龟山集》的编刻，尤袤建议将程门诸人事迹都附后，而且突出杨时等人的践行作为，都得到朱熹赞同。

朱尤还多诗歌唱和，尤袤的诗多不可知，但由朱熹诗可知酬唱大貌。如朱熹有唱和尤袤的庐山组诗《奉同尤延之提举庐山杂咏十四篇》，其一《白鹿洞书院》说："昔人读书地，町疃白鹿场。……亦有皇华使，肯来登此堂。问俗良恳恻，怀贤增慨慷。雅歌有馀韵，绝学何能忘？"庐山白鹿洞书院与长沙岳麓书院、登封嵩阳书院、商丘应天书院并称宋代四大书院。淳熙六年（1179）朱熹知南康军（治所在今江西九江），重建白鹿洞书院，所以白鹿洞书院又和另三位理学家吕祖谦的金华丽泽书院、张栻的岳麓书院和陆九渊的象山书院合称南宋四大书院。尤袤来庐山应该是淳熙八年（1181）为江南西路转运使兼知隆兴（今江西南昌）府。朱熹在诗里对尤袤作为"皇华使"即朝廷使者来到白鹿洞书院，瞻仰儒学的雅歌余韵还有缅怀儒学先贤表达了赞赏。此年朱熹就曾邀乾道八年（1172）中进士、尤袤的门生陆九渊到白鹿洞书院讲学。

尤袤的《送晦庵南归》"二年摩手抚疮痍，恩与庐山五老齐。合侍玉皇香案侧，却持华节大江西。鼎新白鹿诸生学，筑就长虹万丈堤。待哺饥民偏恋德，老翁犹作小儿啼"应该也是淳熙八年（1181）朱熹离开江西，尤袤写诗送别他，除了赞赏他两年任上的利民作为，说他抚平民生疮痍、施恩百姓的功绩如同庐山五老峰那么高，所以百姓不忍他离去，连老翁都像小孩子一般哭泣。诗中还特别赞美朱熹"鼎新"理学建白鹿洞书院。

朱尤除了在理学上多共同见解，因为理学也讲求经世致用，所以他们在从政上也多共同努力。朱熹知南康州时曾研求救荒政策，下五等户的租税在五斗以下的全部免除，尤袤很赞成，还在各州推行这个政策，使得荒年中百姓没有流亡饿死的。

尤袤和理学东南三贤的另两位开创婺学的吕祖谦、湖湘学派集大成者张栻也都交好。吕祖谦（1137—1181），字伯恭，郡望东莱郡，婺州（今浙江金华）人。南宋理学家、文学家，东莱吕氏吕夷简六世孙。隆兴元年（1163）进士。因病去世时才四十五岁。宋末配享孔庙。吕祖谦主张学以致用，创立“婺学”反对空谈心性，为浙东学派先声。吕祖谦英年早逝后，尤袤撰祭文回忆两人交游情谊“史馆从游，恍若梦寐。……遗墨未干，遽隔生死”，史馆从游指两人乾道七年（1171）同在秘书省。尤袤虽是二程子弟，但并不排斥其他派系的理学。他看重吕祖谦，说他独探理学之秘开辟学术新风“濂溪河南，其道未坠。公生百年，独探其秘。……斯文是赖，绝学有继”，由此可见尤袤的包容。他还为吕祖谦的《吕氏家塾读诗记》作序，感慨吕关于六经都有论著但未及出版，还说吕祖谦的学问应该于世、于读书人、于学问有补益。体现了他和吕祖谦共通的经世致用情怀，此外也可见尤袤的忠厚性情。

张栻（1133—1180），字敬夫、钦夫，号南轩，世称南轩先生，汉州绵竹（今四川绵竹）人。父亲是中兴名相张浚。张栻从师湖湘学派创立者五峰先生胡宏（也曾从学杨时），潜心理学。孝宗乾道年主管岳麓书院，经营三年，奠定湖湘学派，成为一代学宗。宋末从祀孔庙。杨万里为尤袤写的《益斋藏书目序》说自己与尤袤相知就因为张栻。当时尤袤从大宗正丞成为秘书丞，张栻觉得是实至名归，说尤是“此真秘书矣”。杨万里于是知道尤袤的贤德，愿意与他交往。《宋史》也提到尤袤的三次升迁都因为人品学识出众而众望所归。尤袤淡泊名利，不争不抢，多年沉寂沉潜后，他的学识人品渐渐为人所知，他的“靖退”在“人争求之”中特立独行。很幸运此时秦桧下台，当政的上官都是贤臣。侍从官因为尤袤恭敬谦虚举荐他。大宗正司空缺了一个副职，很多人争着求取这个位置，乾道四年的枢密使是陈俊卿，特别重视以用人为己任，奖廉退，抑奔竞，所以会说“应该给不求官的人”，于是授予尤袤。乾道五年为相的抗金名将虞允文因修史的事访问三馆，也问群僚谁适合为秘书丞，大家都回答尤袤。于是尤袤成为秘书丞。所以张栻说尤袤是真秘书丞。

虞允文（1110—1174），隆州仁寿（今四川眉山）人。绍兴二十四年进士，与杨万里、范成大为同年。曾在绍兴三十年（1160）使金，回国极言战备。金兵入侵，临危督战，取得采石大捷。收复陕西多处州郡。反对和议，但多被打击。孝宗乾道二年（1162）任参知政事兼知枢密院事。又复出为四川宣抚使。乾道五年（1169）为右丞相兼枢密使。乾道八年（1172）拜左丞相兼枢密使。再次为四川宣抚使，不幸病卒，谥忠肃。他出将入相二十年，忠勤不倦，正史评价他战伐之奇、妙算之策、忠烈义勇为南宋第一。他也能举荐贤能，推荐的胡铨、周必大都是名臣。四大诗人也大多受过他的推荐。

陈俊卿（1113—1186）是南宋前期名相，兴化军莆田（今福建）人。高宗绍兴八年进士。曾因不攀附秦桧被置闲职。秦桧死后，孝宗即位，迁中书舍人。曾任吏部侍郎同修国史、尚书右仆射、同中书门下平章事兼枢密使。喜欢引荐贤者，尤其是有才能而淡泊名利者，尤袤之外，他也引荐过杨范陆三人。

日后张栻去世，吕祖谦撰祭文，尤袤觉得吕的意思是对的但词语不够温润，朱熹也有同感就写信给吕询问，吕回信说尤袤说得极是，只是自己当时太过伤感，词意难免迫切。由此都可见尤袤与理学东南三贤的交情之厚，以及他耿直而温厚的性情。

陆九渊则是尤袤知贡举、吕祖谦当考官的乾道八年登进士第的，是他们的门生。陆九渊（1139—1193），字子静，抚州金溪（今江西）人，世称存斋先生，因讲学于象山书院（今江西贵溪西南）被称为象山先生、陆象山。又与明代王守仁（阳明）同为陆王心学。陆九渊年轻时力主恢复大计，因此被贬谪，还乡讲学。光宗时复起知荆门军，创修军城，巩固边防，有政绩。他主张“宇宙便是吾心，吾心即是宇宙”“六经皆我注脚”，与朱熹齐名，两人学术多有论争但又是诤友，曾有著名的鹅湖之会。陆九渊考进士时，尤袤和吕祖谦看到他写《易》的文章都击节叹赏，又读《天地之性人为贵论》更是叹赏，看到策论，也觉得文采和论点意境都高远。吕祖谦嘱咐尤袤说这个考生的卷子如此超群绝伦有学问，一定是江西陆九渊的文字，这个人才一定不可失去，于是陆九渊中进士。陆九渊一直很敬重尤袤，到淳熙十六年（1189）尤袤权礼部侍郎兼权中书舍人兼直学士院，陆九渊有《与尤延之书》以“退然耆儒”尊称老师，出自《礼记·檀弓下》的“退然”赞美老师谦卑、恬退，“耆儒”指博学德高的老儒学。陆九渊更赞美老师的才能成就“当人之难，晋掌奉常；处事之变，独裁大典。……越自寿皇种椿重华，圣上揽图丹极，而西掖北门，高文大册，允属椽笔”，极赞尤袤在高宗庙号、配享、宋金使节等国家礼制大事上的一力担当、巨大贡献。

尤袤与杨万里、陈亮、周必大等有理学背景的文学家也多交谊交流。尤袤晚年因病归乡后，还没有建藏书楼遂初堂，住在束带河尤氏家族大第园林“乐溪居”。此地行数十步就可以出西关，到达西郊的梁溪，尤家人沿溪畔造花圃，左侧种梅花，右侧种海棠，各有数百株。乐溪居的背后有高山，登楼眺望最能得湖山胜概美景，所以楼名题为乐溪，意为梁溪中得智者乐水之乐，尤袤也自号“乐溪”。

乐溪居内楼阁很多，有万卷楼、畅阁、来朱亭、二友斋等。来朱亭与朱熹有关。二友斋的“二友”是纪念与尤袤论道谈诗文的陈亮、杨万里。

杨万里是尤袤至交，也是理学家。他们曾在秘书省为同事，多交游，在诗歌创作、理论和理学方面多有共同语言，交情转深，唱和讨论，成为知交。尤袤有写给杨万里的《送提举杨大监解组西归》三首，其一说“征辕已动不容攀，回首棠阴蔽芾间。为郡不知歌舞乐，忧民赢得鬓毛斑。……从此相思隔烟水，梦魂飞不到螺山”。杨淳熙四年（1177）出知常州，到淳熙六年（1179）任满，离常州返里。此间尤袤居家或为江南东路提举常平，两人多来往唱和。此时尤袤送别老友老同事时不忘赞美杨为家乡常州和百姓做的功绩，“棠阴蔽芾”典出西周召伯甘棠下听讼，后国人思慕其功绩，《诗经》歌颂召伯的《甘棠》有“蔽芾甘棠”语，可引申来赞美有德化的地方长官。尤袤还说同为理学家的杨万里在常州为官时不好声色，只为忧国忧民白了头发。最后叹息杨要回家乡，这里以螺山指代杨的家乡江西吉安，说再也不能像这两年一样在“二友亭”谈理说诗了。

尤袤晚年还去看望杨万里。杨万里《谢尤延之提举郎中自山间惠访长句》“淮南使者郎官星，瑞光夜烛荆溪清。平生庞公不入城，令我折却屐齿迎。交游云散别如雨，同舍诸郎半为土。二老还将两鬓霜，三更重对孤灯语。向来南宫绫锦堆，南窗北窗桃李开。先生诵诗舌起雷，一字不似人间来。剡藤染出梅花赋，句似梅花花似句。几年金钥秘银钩，玉匙不施恐飞去。秋风呼酒荷边亭，主人自醉客自醒。侬能痛饮渠不饮，饮与不饮俱忘形。鬓今如霜心如水，功名一念扶不起。侬归螺山渠惠山，来岁相思二千里”写了尤去拜访自己的情形。“淮南”指尤袤淳熙初年任淮南东路（今淮扬一带）提举常平，“荆溪”代指常州，指尤袤任江南东路提举常平，“郎官”应指尤袤淳熙九年（1182）以后入朝为吏部郎官、右司郎中、左司郎中、中书舍人。还回忆了乾道年间两人在秘书省的交往，说旧日交游云散，当年同舍的诸位郎君一半都逝世，幸而我们两位老人还都在，虽然两鬓霜白，但能重新于三更天在孤灯下面对面谈话，已是幸运。诗里还谈到当年尚书省、礼部（因进士考试多在礼部举行，又专指六部中的礼部为南宫）人才云集如绫锦堆，南窗北窗桃李开的美景令人沉醉，尤袤诵诗“舌起雷”声音洪亮，每一字都像仙人之句，纸（剡藤）写出梅花赋，诗赋之句如梅花般清逸动人。最后深情地说自己归老螺山，而尤袤隐居家乡惠山，这一别，就隔了二千里，所以格外珍惜今天的相聚。诗中足见两人的深交真情。

南宋乾道、淳熙间理学振作，但忌惮的人称它为道学，都诋毁它。朱熹成为主要靶子，淳熙九年身为江西提刑的朱熹弹劾知台州唐仲友和官妓严蕊交往，被唐的姻亲丞相王淮忌恨。王淮授意他人弹劾道学欺世盗名，要禁道学。尤袤直学士院时，上谏说道学本是好名词，原指老子创立的有关道的学说，近年却有人借用此名诋毁士人，临财不苟得是廉介，安贫守分是恬退，择言顾行是践行，行己有耻是名节，却都被诋毁者看成装模作样的道学。也是理学家、重视修身名节的尤袤愤然指出，贤人君子一旦被冠以道学的污名，就会被世人误解轻视，他忧心忡忡地呼吁“此岂盛世所宜有”说这难道是如今的人文盛世应有的现象吗？他说看人要名副其实、听言其行才能得到真的人才。孝宗回复说道学是个好名字，只是担心假托为奸、真伪相乱。人品口碑都很好的尤袤的言论还是很有用的，孝宗有所醒悟了。可惜尤袤去世几年后，韩侂胄专权，禁锢道学，贤德士夫都饱受其祸。有人想起尤袤的担忧，都说他的话是“知言”很有见识的话，佩服他的远见。就像有人出于公心举荐了尤袤一样，尤袤一生也积极举荐了很多理学人才，如上表举荐还是布衣的朱熹弟子蔡元定和朱熹一起同侍经筵。尤袤的举荐，都是出于对儒学的真心信仰，认为儒学有益于经世，能使得国家稳定、人心向善。

天到台州分外难：善吏词臣

尤袤的亲友袁说友（1140—1204），字起岩，号东塘居士，原籍福建，寓居湖州。隆兴元年（1163）进士。官至参知政事。为人耿介。他为尤袤写的祭文写到尤一生为国为民的高洁节操“公之清节，不以利疚。事或过举，赖以正救。以下劘上，凛然东台，至再至三，抗奏弗回”，特别提到他在“东台（泰州）”的作为。接着赞美尤袤的史笔文韵之高，为国家起草了无数重要公文“公之摛文，兼丽典诰。纶掖代言，玉堂敷号。史廷直笔，帝幄横经。黼黻王度，儒臣至荣”。还提到尤袤的藏书和书画金石收藏“群书万卷，山藏海积，公博极之，章句胪析。茧纸旧闻，千载散佚，公爱玩之，宝于金玉”。最后总结感慨“呜呼哀哉！以公之节，足以镇俗；以公之文，足以华国”，说尤袤的名节可抑制庸俗世风，他的史笔文采可以荣耀国家，他的功德很有典范意义。

来看尤袤的“凛然东台”的行为，他为了百姓利益不惜以下犯上规劝上官。尤袤中进士后多年沉寂，直到绍兴三十一年（1161）才成为泰兴县令，只在此地一年，初为官员，却做了很大的利民之举，践行了政治理想。

泰兴在长江之北。南渡后淮南东路包括扬州、海州、泰州等州，泰兴是宋金前线，百姓生活艰苦不安定。尤袤本着儒家民本思想，到泰兴后进行了民情考察，体察百姓疾苦。百姓纷纷向他诉苦，说邵伯镇设立安顿处所，是为金国使臣经过置办的，使臣从未停留，白白祸害了百姓。还有转运使运送禾秸，要一捆运费几十金。这两个弊端存在很久了。尤袤为民着想，很快消除了这两个令百姓引为心腹大患的痼疾。

尤袤除了为民请命革除苛捐弊政，还率领军民整修城廓。尤袤作为抗金派，对和议一直持保留态度。他此时的《易帅守》“维扬五易帅，山阳四易守。我来七八月，月月常奔走。帑藏忧煎熬，官民困驰骤。世态竞趋新，人情羞诣旧”说扬州（维扬）、商洛（山阳）抗金前线的帅守经常变换，对抗金不利。虽然这是敏感之事，但关系百姓生死存亡，平时温和的尤袤直言不讳，表达了无限隐忧。“如其数移易，是使政纷糅。彼席不得温，设施亦何有。淮南重雕瘵，十室空八九。况复苦将迎，不忍更回首。尝闻古为治，必假岁月久。安得如弈棋，易置翻覆手”，说将领经常改变，席不得温，措施政令也随之改变，朝令夕改，很是混乱，对防守、军心都不利。尤袤说此时淮南一地元气大伤满目疮痍，十室九空，需要休养生息，安定民心，古人治国就是靠时间久，怎么能像下棋一样，派遣官员如翻云覆雨手。

正因如此，尤袤冒着和上官意见不合的压力，修复了泰兴城墙。泰兴的邵伯镇古称邵伯埭（召伯埭），因东晋政治家、军事家谢安镇广陵时于此筑埭而得名，是为了抵御北方入侵，民思其德，比于西周召公，名之召伯堰。所以泰兴原本有外城，但经历多次战争毁坏得很厉害。尤袤很有远见，觉得当时南宋朝廷上下都盲目乐观信任和议，于是抢时间修好固筑了城墙。“以下劘上”指尤袤以微官身份警告上官，但被认为是杞人忧天，他位卑言微，只能尽力而为，只来得及修复了泰州外城。

不久之后的十月，金主完颜亮背叛盟约，大举南侵，偷袭攻下了淮南的扬州、真州（今江苏仪征）等城池，官员士人百姓都望风而逃，唯独尤袤却坚守不去，泰兴因为修好了外城得以保全。金兵退去，留下受尽蹂躏的淮南，百姓死伤枕藉，流离失所。尤袤感慨无限，借一个流离无依的淮民口吻写了一首《淮民谣》：

“……流离重流离，忍冻复忍饥。谁谓天地宽，一身无所依。淮南丧乱后，安集亦未久。死者积如麻，生者能几口。荒村日西斜，破屋两三家。抚摩力不给，将奈此扰何。”全诗长达四十句，朴素直接，以第一视角真实描述了淮南百姓的悲惨生活，苍凉悲悯，有《离骚》和杜甫诗风,充分体现了尤袤“哀民生之多艰”的为国为民心态。钱锺书《宋诗选注》说《淮民谣》为民请命，是尤袤现存诗作的压卷之作。

尤袤修城之举，在战事中保全一方百姓无数性命和家庭，可谓功德无量。所以袁说友用“凛然东台”来赞赏尤袤的行为和风骨。后来尤袤因公事又回到泰兴，官员百姓都团团下拜说他是再生父母，还为他建了生祠。

低调实干的尤袤于乾道七年（1171）升迁为秘书丞，仕途前景一片大好。但不久他就因为和一些大臣共同反对孝宗任用外戚张说进入枢密所为执政，带着三馆人员上书劝谏，得罪了皇帝，受影响离开京城，担任地方官，为台州（治所在临海）知州。

台州前任知州是赵汝愚。宋代大多数丞相都是进士出身，赵汝愚是唯一一个得了状元而且成为丞相的宗室子弟。赵汝愚（1140—1196），字子直，祖上在南宋初迁居崇德（今浙江桐乡），是宋太宗赵光义八世孙。乾道二年（1166）状元。尤袤与他有交往,《赵子直帅蜀得须字》就是写给赵的。台州近海，城南、东、西三面都临海、江、湖，北面是山，秋天洪水来的话，满城百姓只能依靠城墙为生命线，所以闭修城墙的政事是郡守首务。赵汝愚来台州后修整城墙，增开城门，增设月城，还为城墙增添御敌机能，使得修缮后的台州城不但防洪水还能防敌袭，深得民心。可惜赵汝愚督修郡城城墙才完成了十分之三就离开了，走前嘱咐继任的友人一定要完成。这个朋友就是尤袤。

尤袤在淳熙二年（1175）来到台州，他视察城墙前面修筑的部分，觉得建造得太匆忙粗糙，便重新加高加厚。第二年台州遇上大水，新修的城墙正面对抗激流冲击，经受了考验，没被淹没。

尤袤在台州还有其他体察百姓之苦的安民之举。台州五个县，有人丁没田产的交两年人丁税，一共一万三千户，尤袤免除了他们的税。

尤袤虽然早年仕途不顺，起步晚，波折多，但他一路行来低调扎实，性情又谦和温良，人缘好，积累了丰富的基层和朝中从政经验，反而使他的仕途比较稳健。但和四大诗人中的其他三人一样，仕途中的考验和波折仍时时存在，反对张说事件也可见他虽然温和但也是有原则的。已有过泰兴的为官经验，尤袤在台州有更多作为，他一心为民，多施惠政，却不免遭人嫉妒。

有人在朝中诋毁尤袤，孝宗不免疑心，就让人去台州私下查访。结果，去暗访的人却发现尤袤在民间的口碑很好，只好抄了尤袤写台州东湖的诗《东湖（又名台州）》四首回京回复。

尤袤在台州常写文化自然名胜，如他写了《台州郡斋杂咏十二首》，郡斋指郡守起居之处，他在此吟咏了台州 12 处名胜。写参云亭的“昔贤已跨鹤，故迹余参云。旧德慨云远，干霄气仍存……”是怀念前代贤人。写乐山堂的“草堂有遗基，榛莽岁月久。我来始经葺……所以名乐山，欲企仁者寿”是写自己作为郡守重新修葺古草堂取“仁者乐山”之意名为乐山祝福仁者多寿。写清平阁的“举世溷浊中，谁当清见底。崎岖太行道，谁贵平如坻……视水知此理”是借水的“清平”写人间道理。再如《霞起堂》《双岩堂》《驻目亭》都写台州山海高远缥缈风光特色，“霞起”就来自赤城山上赤石屏列如城、望之如霞传说,《玉霄亭》“青山围郡城，东望独空远。苍茫溟海近，相像蓬莱浅。朝光上遗堞，云气接虚巘。羡门与安期，鸾鹤若在眼”也写台州群山围绕、东邻沧海,一如仙境的面貌。再如《匿峰亭》“山亭在山背，不见山巍巍。但见四面风，辐凑朝宗之。深藏固甚智，自牧甘处卑。一谦受四益，是以能不危”借山亭建在背风处避开山风凛冽的建筑技巧来比喻深藏不露、谦卑的人生智慧，很有道家的意趣，大概是因为受了台州本土盛行的道家思想影响，也很能体现尤袤自己的性情。《凝思堂》“失脚坠尘网，牒诉装吾怀。公庭了官事，时来坐幽斋。天风肃泠泠，山鸟鸣喈喈。我思在何许，独对苍然崖”写自己“久在樊笼里，复得返自然”的厌倦官场心态。尤袤也仍时时秉承儒家爱国爱民情怀，如《节爱堂》“谁怜穷山民，糠籺不自赡。纷纷死沟壑，往往困征敛。夫惟节与爱，是谓仁且俭。揭兹圣人言，聊用自针砭”是哀怜悲悯贫困山民因为征收的赋税太重而糟糠不继、死于沟壑，是激励他为民减税的动力，他接着说“节爱”就是仁德而节俭，说要时刻以儒家圣贤的思想来针砭自我。《君子堂》“堂堂文简公，一世夔与皋。君子哉若人，此言圣所褒。遗爱在斯民，谁能荐牲牢。独有坐啸地，清风仰弥高”写了一个谥号“文简”、曾任台州知州的古君子遗址，应该是北宋名臣章得象。夔、皋陶是上古大舜时的贤明大臣，这里比喻章得象。尤袤说虽然如今没有人来祭祀他但他的遗爱在人间，于是自己在此仰慕他高远的清风。日后尤袤的谥号恰也是“文简”，可见他的确是以古贤者的精神激励自己去仿效前贤。

此时在台州和尤袤唱和的，可知的有李庚和林宪。李庚字子长，台州人。高宗绍兴十五年进士。历官多州。有《詅痴符集》，可惜散佚。他有《题尤使君郡圃十二诗》就是与尤袤唱和的,《节爱堂》“使君美无度，力蹈前贤躅。宜尔海云边，十万户蒙福”说尤袤这个知州努力学前贤行为，庆幸台州“海云边”的十万百姓能受到福泽。《凝思斋》提到东晋孙绰写《游天台山赋》，日后尤袤以孙绰的“遂初”自号，也有此时受台州隐逸文化影响的痕迹。

林宪字景思，号雪巢，吴兴（今浙江湖州）人。孝宗乾道间中特科。工诗，后弃官寓居天台，有《雪巢小集》，后散佚。他此时也有与尤袤唱和的《台州郡治十二诗太守尤延之命赋》，《静镇堂》说心灵要静镇如山静止。李庚《静镇堂》也说台州像海外仙境、世外桃源“海邦本淳古，山民亦颛蒙……熙熙樵与牧，蔼蔼春风中”。尤袤的《静镇堂》已散佚，但从林李的同题诗能窥见尤诗面目一二。

东湖也是台州著名景点，在临海古城东，开凿于北宋，原为水军泊船屯兵之所，熙宁四年郡守拓建成湖、辟为园林。尤袤的《东湖》诗有四首，一首“多病多愁老使君，不忧风雨不忧贫。三年不识东湖面，枉与东湖作主人”说自己这个老郡守身体不好、心怀民生忧患，但因为有儒家信仰，所以不为个人清贫、世间风雨担忧。来到台州三年，忙于政务，难得来东湖游玩。

但更打动孝宗的是另外两首：“三日霪霖已渺漫，未晴三日又言干。自来说道天难做，天到台州分外难”“百病疮痍费抚摩，官供仍愧拙催科。自怜鞅掌成何事，赢得霜毛一倍多”。前一首说自己身为父母官，特别担忧天时不好，旱涝都牵动心思。因为尤袤来的那年遭遇大雨洪水，幸好重建了城墙才抵御了洪涝，但他还是在诗里感慨“天到台州分外难”，仍不能放心。后一首说民生多艰，需要免税等惠政来抚慰人心，所以他不忍催税，于是感到自己既愧对朝廷也愧对百姓。“鞅掌”典故出自《诗经·小雅·北山》“或栖迟偃仰，或王事鞅掌”，指小官吏的政务烦劳、忙碌，他说自己来台州三年，不免白发多了一倍。

因为尤袤的诗平淡却感人，言辞真诚恳切，喜欢诗歌的孝宗看了也很感动，觉得他忧国忧民勤于政事，在管理农事民生方面多有善政。尤袤因祸得福，三年还没到期就得到升迁，提升为淮南东路提举常平，又改调任江南东路提举常平。尤袤离别台州时有《别林景思》诗“二年无德及斯民”，自谦二年在台州为官没有德泽惠及此地百姓。

提举常平简称“仓臣”，北宋熙宁初年设置，负责管理常平仓救济、农田水利等事务。尤袤就是要管理一地农事荒政。淳熙五年（1178）他在江东时又恰逢这一带大旱，为了抗灾，尤袤忧心忡忡、苦心孤诣，乘车巡视辖区，核实常平仓的米数并调剂有无来赈济灾民。到淳熙八年（1181）因政绩而升职。尤袤在各地任地方官经历天灾历练锻炼了能力后，淳熙九年再次被召入朝，授吏部郎官员外郎兼太子侍讲，又提升为枢密检正兼左谕德。可见孝宗对他的看重。

此时的尤袤已不是以前的微官，有了较深资历和较高地位，但他的为民之心未改。在朝他仍以直言敢谏著称。淳熙十年（1183）夏天又大旱，封建社会相信天人感应，天灾时往往是君王反省、官员上谏的好机会，尤袤心忧百姓，乘机上书指出“催科峻急而农民怨”等这些年从民间亲身感受到的尖锐民怨，希望朝廷能革除弊端、施行善政，消弭民怨，使天下安定。他指出能有效防备水灾旱灾的只有常平仓、义仓等措施。

淳熙十四年（1187），尤袤被任命为太子左谕德，太常少卿。他由于在礼制和人事方面的出众才能和多年贡献，深受孝宗的信任，升迁为权礼部侍郎兼同修国史侍讲，又被任命兼权中书舍人和直学士院之职。面对帝王的看重，性情静退的尤袤不感骄傲反而战战兢兢，觉得自己不能胜任，一度力辞还推荐友人陆游来代替自己，没得到孝宗许可。因为孝宗此时已想要退位，需要留几个稳健可靠的臣子给儿子。耿直敢言的杨万里和看似温和实则也耿介直言的尤袤都被他选中。

光宗于淳熙十六年（1189）即位，高宗赵构已于1187年去世。换了新皇，尤袤仍不改诤臣直言规劝国君过失的臣子本色，曾再三劝谏年轻的君主，要他谨初戒始，孜孜兴念，说天下万事如果一开始没做好则后来不可挽救。可惜性情不稳的光宗不是孝宗，他即位后就因滥用亲信让尤袤很担心，尤袤曾借唐太宗不偏私旧人的历史劝诫光宗，但一番忠信却没有像当年他的《东湖》诗打动孝宗一样让光宗感动。绍熙元年（1190），尤袤被认为是周必大的党羽，又一次因直言劝谏离开京城，知婺州（今浙江金华），后改太平州（今安徽当涂）。后来又被想起他的好处的光宗召回朝中任给事中兼侍讲。尤袤也是很执着的人，他依然要求光宗澄神寡欲、虚己任贤，时时谏阻。光宗很依赖尤袤，也取消了一些近臣的升迁，但他不能完全听从尤袤的建议，一次尤袤的上谏惹得脾气喜怒无常的光宗大怒，把奏章都撕了。尤袤对光宗很失望，多次请求致仕归乡。

尤袤为了表露隐逸心迹，将早年就向往的东晋孙绰《遂初赋》里的“遂初”之意明确为自己的号。光宗书写了“遂初”二字赐给尤袤以示敬重，但又不愿他离开，还升迁尤袤为礼部尚书兼侍读。面对日益多舛的国事，不堪繁重的事务，一个情绪不稳定、反复无常的病态皇帝，尤袤失望忧虑日深，积忧成疾，终于因为病重求得退休。不久在家乡病逝，终年七十岁。他没有活到一些后世记载说的七十六岁，可叹可悯。终年的操劳和忧虑缩短了他的寿命，他的一生几乎为国家君王工作到最后，践行了他作为儒者、作为杨时再传弟子的最初理想和本心，也算无愧。

因为光宗经常托病不去看孝宗也不理朝政，尤袤生前还有遗奏劝光宗以孝事孝宗，以勤政利于百姓，还要明察邪佞、爱护善类，可谓鞠躬尽瘁。他去世后不久，孝宗也去世，光宗因为不主持葬礼终于导致退位，然后是宁宗即位。尤袤这位忠直良臣的去世也算一个象征，代表中兴一代的渐渐远去。所以尤袤去世后很多友人有很多感慨，陆游有《尤延之尚书哀词》，周必大有祭文，楼钥有制词和哀词。

回顾尤袤的仕途，他早年虽因为不附和秦桧及潜心学术而官途停顿，但也积淀了学术和能力，所以他能借因缘际会得到较好发展，一路走得很踏实且众望所归。他虽然性情耿介但待人温和宽容，虽然因为进言国事几度较长时间离开朝堂在外任官，但才能处事为人信服，所以又屡屡被召回朝廷，受过孝宗“如卿才识，近世罕有”“尤袤甚好”的亲口高度评价。《宋史》对他也多称许，尤其是兴农事民生、恪守礼法、弘扬理学等方面。尤袤的谥号是文简，文指有德行博闻强记，简的意思是有德行而能持久，平和而无瑕疵，可谓深得尤袤人生要义。

作为宋代士人和儒家学者、理学家，对国家的忠爱如血脉流淌于尤袤和他的师友身上。他的很多酬唱诗文都记录了时代的痕迹和抗金北伐的心迹。除了前文提及的，还有《送吴待制帅襄阳二首》是写给去襄阳前线任职的高宗吴皇后侄子吴环的，其二“不妨倒载同民乐，自有轻裘折虏冲。努力功名归报国，莫思山月与林钟”表达了对吴环报国爱民的期待。其一也说“谁谓风流贵公子，甘为辛苦一书生。词源笔下三千牍，武库胸中十万兵。从此君王宽北顾，山南东道得长城”，对吴环能成长为宋金前线的长城、使得君王能宽心不频频北顾表达了热切期待。

尤袤的一些赠友人诗还多写民本思想。如他在江西为官时和上饶诗人李德翁唱和的《次韵德翁苦雨》“十年江国水如淫，怕见三秋雨作霖。可念田家妨卒岁，须烦风伯荡层阴。禾头昨夜忧生耳，木德何时却守心。兀坐书窗诗作祟，寒虫鸣咽伴愁吟”，宋代诗人很多悯农诗，看到烈日干旱或淫雨洪涝都会生出忧心，是设身处地为农民为国家担忧，这首诗也是看到秋雨不断，秋水高涨，很怕田家一年的辛苦丰收会在秋天化为乌有，所以尤袤说希望风伯吹开层层阴雨，让晴天来到。再如尤袤的《正月二十八日夜大雪》“一冬无雪润田畴，渴井泉源冻不流。昨夜忽飞三尺雪，今年须兆十分秋。占时父老应先喜，忍冻饥民莫漫愁。晴色已回春气候，晚风摇绿看来牟”，是因为去年冬天没雪所以担忧接下来的春寒，看到正月夜里忽然下大雪，欣喜大雪虽然迟到也不坏，并期待大雪兆丰年，今年秋天会丰收。还说天下忍冻挨饿的饥民可减少忧愁，他占卜说将会看到百姓拂去愁容露出笑意。如今春天快来了，期待看到晚风吹动绿色麦浪的盛景。“来牟”是大小麦子的统称。《甲午春前得雪》（三首）写于淳熙元年（1174）甲午年，也说春前得雪，对农业有利。其一说“微阳欲动梅惊萼，余润才沾麦放苗。天意未能违物意，漫留残白占山腰”，其二写“一饱自今真可望，更看南亩麦齐腰”，其三写“皎月冰壶千顷夜，冷烟茅屋几家朝。梅枝堆亚难寻萼，萱草侵凌不辨苗。”但另一首《雪》心情却有些不同“睡觉不知雪，但惊窗户明。飞花厚一尺，和月照三更。草木浅深白，丘塍高下平。饥民莫咨怨，第一念边兵”，也写一梦醒来大雪满地，诗人有喜有忧，忧的是饥民又添无衣之苦，尤其是边地的兵士不知道衣食充足否？

诗瘦如山瘦：被低估的诗文高手

尤袤是诗文兼备的高手，少年时就以词赋包括诗歌和古文、骈文闻名家乡的县学、州学，后来太学也曾得词赋第一。他走上仕途后，主要的文字贡献是礼制方面的，所以他的四六文很著名，反而掩盖了他的诗名。

如尤袤的墓志铭就很有名，他曾应朱熹之请为朱的叔祖朱弁撰墓铭。朱熹对铭文评论很高，说尤的铭文风格雄健高古，又能委婉道尽传主事迹背后的心迹，虽然写法简约，但一些小事经过点化，传主的面貌神采就能鲜明表现出来。朱熹说自己正襟伏读，不由得在尤袤的文字里魄动神悚，明白爱国爱民思想是从内心生发而不是从外面得到的。朱熹激动赞赏之下说尤袤此文是天下名教的指南，是思想高远文字雅正的典范。说自己家族得到这样的文字，可谓幸甚。

尤袤的文字值得这样的赞美。尤袤是个聪颖温和的人，作为有兼济天下理想的儒者和能洞察世情的理学家，他能敏锐体察到别人的精神灵魂，而且他博览群书，能以细腻幽微文字将感受表达出来。所以尤袤的诗虽然散佚很多，但留下来的也有很多好句。

尤袤能名列四大诗人并非侥幸，他的诗文都得到杨范尤这些当时一流诗人的推崇。如杨万里有《题尤延之右司遂初堂二首其一》称赏他："诗瘦如山瘦，人遐室更遐"，说他的诗如江南山水一般清瘦，人的外表性情都如他的遂初堂一样清远隐逸。

尤袤的诗现今留存太少且没能按时间系统排序。现存《浮远堂二首》应是他现存诗歌中年代较早的，写于乾道四年（1168）他四十五岁在江阴做教授时。浮远堂在君山的望江楼上，面向长江。君山虽不高大，但历史文化积淀深厚，据传战国末春申君黄歇被杀后葬于此山，黄歇是战国四君子之一，因此得名。君山隆起平畴，横枕大江，北眺维扬，南挹姑苏，东望海虞，西眄京口。当时的浮远堂北临长江，所以当尤袤登临眺望北边的淮海地域，不由得有怀古感今之慨："杖藜同上最高峰，却力虽穷兴未穷。领略江山归眼界，尽吞淮海入胸中""我生家住浙江西，不见江山自是痴。浮远堂前今日望，画图待我看潮时"。

尤袤说拄着杖藜上了君山最高峰，游兴未尽，登上这江淮之间的高楼，北望进入眼帘的是数年前为县令的泰兴即淮河之南之地，那里是他心里牵挂的饱受战乱之苦的子民，再向北就是淮海之地，淮海出自《尚书·禹贡》，指淮河以北及海州（今江苏连云港）一带，就是宋金前线。几年前的隆兴和议就以淮河中流为宋金分界，淮海是南宋士人民众心里永恒的痛。而南望就是他的家乡、浙江（钱塘江）西边的江南西路太湖边的无锡。所以尤袤说"领略江山归眼界，尽吞淮海入胸中"，含蓄地表达了爱国之情。

《大暑留召伯埭》和《重登斗野亭二首》是尤袤不同时期写同一地方的诗。斗野亭在扬州江都县东北的邵伯埭，建于北宋熙宁二年（1069）。因为亭子位置在天文上属于北斗星的分野而得名。中国古代的天文地理学说将天象中十二星辰的位置和地上的国州互相对应，称为分野。北宋时诗人苏轼、苏辙、黄庭坚、秦观、张耒等都曾来此作诗怀念东晋名臣谢安。苏辙有《召伯埭上斗野亭》，秦观有《次韵子由召伯埭见别三首》等。

尤袤在 1161 年年初到泰州时曾来过召伯埭。《大暑留召伯埭》"清风不肯来，烈日不肯暮。平生山林下，散发颇箕踞。一官走王事，三伏在道途。我非襬襶儿，亦尔困驰骛。居然恋俎豆，安得免羁馽。区区竟何营，汩汩此飘寓。渊明应笑人，有底不归去"写他在三伏暑热为了公事来到召伯埭，虽心怀百姓之苦，却不由得怀慕陶渊明的归去来兮。此时的诗风还是比较直白的。《重登斗野亭二首》写于尤袤提举淮南东路提举常平的淳熙六年（1179），他重游故地，诗云“野色涵空阔，平芜接渺弥。江淮天设险，星斗地分维。乔木千年意，沧波万古悲。老僧尤好事，见在索题诗”“豪杰旧游处，此亭名亦俱。凄凉谢公堰，浩荡董家湖。陈迹成兴废，遗篇今有无。登临何限恨，搔首独长吁”。

诗的第一首说斗野亭景色野逸空阔，是江淮之地，是宋金前线的天险之地，也是斗星分野的所在，是特别适合登临怀古抒怀的所在，长江之水扬起悲凉之波，令人感慨。诗的第二首写这里是淝水之战东晋决策者谢安的旧游地，也有很多北宋名家来吟咏过，如今此地比较冷清，古迹有兴废，北宋诗人的诗篇也有存有失，所以尤袤在独自登临时发历史感慨。18年弹指之间，重登斗野亭的尤袤在仕途上已比较从容，所以诗的面貌也更成熟蕴藉。

尤袤还有一首《青山寺》是写他家乡无锡景色，也是风格含蓄。一般认为是写无锡的江南十大名刹之一的华藏寺“峥嵘楼阁插天开，门外湖山翠作堆。荡漾烟波迷泽国，空蒙云气认蓬莱。香销龙象辉金碧，雨过麒麟剥翠苔。二十九年三到此，一生知有几回来”，尤袤母亲早逝，父亲也在他二十岁时就去世了，他虽然有很好的师门但没有很有力的门第扶持，叔祖尤辉1158年就去世了，加之尤袤性情内敛，潜心学术，仕途一开始比较低走。不过他见识和才能都出众，后来在泰兴、台州等地都有出色政绩。尤袤初为父母官在靠近前线的泰兴，筑城减税，辛劳奔忙，口碑卓著，这时的他心里还是热望抱负和失望退隐交织的。此后经历隆兴北伐、和议的历史激荡，当他到台州为父母官时，虽然仍勤恳为民，但从诗歌看，受时代氛围影响他此时濡染生发更多隐逸情绪。此后因为他文字和实践能力都很强，又遇到秦桧倒台后比较清正的官场风气，才能得到上官和同事的共同认可，在中年开始稳步升迁。但此时的尤袤仕途虽顺，青年时代因为家庭变故和各种挫折而早在心底萌生的隐逸意识日益壮大。这首在诗集里幸存下来的《青山寺》也让后人窥见了沉稳实干的尤袤心底的消沉虚空。诗里尤袤先写了寺院的巍峨之貌，湖山的优美环境，说寺院香火很盛，和太湖水气烟霭融合，看起来像仙境蓬莱。但饱读诗书、多经世事、有历史慧眼的尤袤没有沉迷这一片虚假的宁静，他觉得寺院的金碧辉煌就像此时宋王朝的表面，底下都是隐患。作为怀着历史隐忧的智者，尤袤认为风雨飘摇，再强盛的生命和再宏伟的建筑也要消失败落，所以他在诗里说经历风雨，铜制麒麟也要长出苔藓。诗的最后，尤袤以“二十九年三到此，一生知有几回来”说自己二十九年间三次来到华藏寺，但不知道以后还能不能再来，非常含蓄深沉地表达了个人乃至国家在历史中宛若流沙的深思。作为儒学家、理学家，尤袤这一代士人是抱着知其不可为而为的情绪在为国作为，但作为史学家、诗人的他仍不能不感到生在衰乱之世、皇帝日益昏聩的无尽忧患。

淳熙十四年（1187），深受孝宗信任的尤袤为太常少卿，升迁为权礼部侍郎兼同修国吏侍讲，又被任命兼权中书舍人和直学士院之职，在宋朝最清贵、令读书人羡慕的位置上停留。而且此时日后令人头疼的光宗还未登基。于是，就在淳熙十三年（1186）至十五年（1188）前后，尤袤在京城里朝中有一段与友人结诗社唱和的短暂平静时光。诗社成员有杨万里、陆游、林景思、沈虞卿、王顺伯等人，他们常在西湖及一些杭州名园唱和雅集。如杨万里有《上巳同沈虞卿尤延之王顺伯林景思游湖上得十绝句呈同社》十首，写了他和尤袤等社友在三月三上巳节的公余闲暇时光游西湖的诗意友情“鹄袍林里过芳辰，闻道春来不识春。及至识春春已老，于中更老是诗人”。鹄袍指白袍，古代还没功名的应试士子所着服装，这里应该是指这些贵官显宦脱下官服穿上书生素服，一身轻松来到自然中领略诗意。他们都是老友，所以杨万里开玩笑说晚春春已老，诗人更已老。

在尤袤的诗友中，林宪（景思）是尤袤知台州时与他结识、有唱和的。尤袤离别台州时有《别林景思》“二年无德及斯民，独喜从游得此君。囊乏一钱穷到骨，胸蟠千古气凌云。论交却恨相逢晚，别袂真成不忍分。后夜相思眇空阔，尺书应许雁知闻”，说自己在台州收获之一是和林宪交游。林宪穷但有才气骨气。两人论交多共同处只恨相见太晚，不忍分离。淳熙九年（1182），尤袤在经历各地为官后回到临安为朝官，和林宪重逢，有《寄林景思》“临海睽离七度春，都城相见话悲辛。苍颜白发浑非旧，短句长篇却有神。一第蹉跎真可叹，半生奔走坐长贫。老怀先自难为别，相识如君更几人”，提及两人一别七年，如今在京城相见，都已苍颜白发不复当年风貌，尤其是半生奔走蹉跎的林宪，不过好在两人的诗却更下笔如有神了。“相识如君更几人”道出了深深的知己之感。林宪和范成大、杨万里都认识。

沈虞卿也是此时诗社成员。沈揆，字虞卿、愚卿，一说秀州嘉兴人，杨万里诗里说他是华亭（今上海）人。绍兴三十年（1160）进士。累官知嘉兴，人称儒者之政。淳熙六年（1179）知台州，和尤袤同事过，和尤袤、林宪结识，林宪有《使君沈虞卿宗丞命赋郡圃罗汉树其树叶如杨梅》就是写给沈揆的。后多历官,官至礼部侍郎。有《野堂集》，已佚。沈虞卿和范成大、杨万里也认识，他曾在苏州为官，此时隐居苏州的范成大有《虎丘新复古石井泉，太守沈虞卿舍人劝农过之》，杨万里也有《送沈虞卿秘监修撰将漕江东》二首。杨万里还有《给事葛楚辅侍郎余处恭二詹事招储禁同寮沈虞卿秘监、谕德尤延之右司侍讲何自然少监罗春伯大著二宫教及予泛舟西湖步登孤山五言》，说自己和尤袤、沈揆等同僚诗友泛舟西湖、徒步登孤山，诗里的“群仙此小憩，呼酒领一欣。”写出了这些清贵文人的飘飘如仙率意诗意。杨万里还有《沈虞卿秘监招游西湖》也是写与沈虞卿等人游西湖。

淳熙十三年（1186）暮春寒食节杨万里有写给陆游的《寒食雨中同舍约游天竺得十六绝句呈陆务观》，一说这是杨陆交往第一次被记录在诗中，此时他们都已过六十岁。仕途不自由，宦迹多错过，人生相见不易，唱和雅集更难。杨、陆、尤三大诗人此时和沈揆、莫叔光、沈瀛等人常在临安相游唱和，留下四大诗人其三聚首交流的难得时光。杨万里还有写与陆游西湖小集的《再和云龙歌留陆务观西湖小集且督战云》，也说“作意相寻偏不值，不知今年是何岁”，的确日后杨陆特别是杨陆尤三人诗人聚会的机会几乎没有了，很遗憾。

杨万里《上巳日予与沈虞卿尤延之莫仲谦招陆务观沈子寿小集张氏北园赏海棠务观持酒酹花予走笔赋长句》里提及的三月三上巳节和沈揆、尤袤等人的赏花雅集大概也在此年，也有陆游共同参与。莫仲谦就是莫叔光，越州人，绍熙元年（1190）官中书舍人，是杨尤同事、陆游同乡，陆游日后有《莫仲谦挽词》。沈子寿就是沈瀛，字子寿，号竹斋，吴兴（今浙江湖州）人。绍兴三十年（1160）进士，沈揆同年。善词，有《竹斋词》《沈子寿文集》各一卷，已佚。张氏北园就是当时临安名园之一、诗人张镃的桂隐园，见吴自牧《梦粱录》卷十九《园囿》“杭州苑囿，俯瞰西湖，高挹两峰，亭馆台榭，藏歌贮舞，四时之景不同，而乐亦无穷矣”。从杨万里的诗里看，就在名园的春光里，陆游对花饮酒，杨万里走笔赋诗“伟哉诗人桑苎翁，持杯酹酒浇艳丛。坐看玉颊添醉晕，为渠一醉何须问”，桑苎翁是中唐诗人陆羽的号，陆游借之自指，杨万里笔下的饮酒赏花“伟哉诗人”陆游画像，可谓此时三位诗人京城朝官诗歌雅集的典型意象，他们的诗记录了中兴时期的诗歌雅兴、文化盛景。

陆游与尤袤有很多唱和，可惜尤诗不存。陆游有《尤延之侍郎屡求作遂初堂诗，诗未成，延之去国，因以奉送》提及大约 1190 年前后尤袤向他求诗，可见尤袤对陆游的认可。到了陆游晚年，宁宗庆元二年（1196），七十二岁的陆游在故乡山阴闲居多年，梦见和范成大、尤袤、李知几唱和的当年盛况，醒来不胜迷惘，据梦中所见所得补写，就是这首《六月二十四日夜分，梦范至能、李知几、尤延之同集江亭。诸公请予赋诗，记江湖之乐，诗成而觉，忘数字而已》"露箬霜筠织短篷，飘然来往淡烟中。偶经菱市寻溪友，却拣苹汀下钓筒。白菡萏香初过雨，红蜻蜓弱不禁风。吴中近事君知否？团扇家家画放翁"。在陆游梦境中，梦回淳熙年间诗歌雅集的盛况。梦里诗人化身家族祖先陆龟蒙，驾着用竹箬编成短篷的小舟，在淡烟缭绕的江湖中飘然来往。诗人很率性，乘小舟特意前往寻访友人但没访得溪友，就索性坐下来垂钓。"溪友"用东晋山阴王徽之雪夜思念在剡溪的友人戴安道于是驾舟前往访问，却过而不见，乘兴而来兴尽而返的典故。陆游在诗的最后说，诸公吴中（江南）近来之事你们知道吗？回到现实，曲折含蓄透露了陆游此时在家乡闲居多年后不知国事的沉郁苦闷。范成大、尤袤已于 1193 年去世，自己和杨万里业已垂垂老矣。四大诗人只余其二，陆游说自己虽然此时名声很大，"团扇家家画放翁"，但这并不是一直自我怀疑"此身合是诗人未"的诗人心中所求，中兴时代越来越远，国事不可问，只留下梦境中的绚丽和现实中的郁闷悲凉。

诗社里还有王顺伯。王厚之（1131—1204），字顺伯、厚伯，号复斋，原籍临川（今属江西）人，王安石家族后辈，迁越州诸暨（今属浙江）。乾道二年（1166）进士。淳熙十五年（1188）为秘书郎，所以此时与杨万里、尤袤相交。他好金石收藏，与兴趣相近的尤袤尤其交厚。

尤袤的好友、同事楼钥应该也与尤袤有诗歌来往的，可惜散失。楼钥（1137—1213），字大防，号攻媿（古同“愧”）主人。明州鄞县（今浙江宁波）人。隆兴元年（1163）进士。历官翰林学士、吏部尚书兼翰林侍讲、资政殿学士、起居郎兼中书舍人等，官至参知政事。他居官持正有守，学问赅博，文章淹雅，和尤袤、杨万里等一样是南宋中期著名文臣。南宋四大爱国名臣、杨万里老师胡铨称赞楼钥是“翰林才”。理学家真德秀赞其是嘉定年间“一代文宗”。楼钥为人直谏无忌，光宗说过“楼舍人朕亦惮之”。

诗人词家陈造与尤袤也有唱和交往。陈造（1133—1203），字唐卿，自号江湖长翁，高邮人，人称“淮南夫子”，也许是尤袤在淮南为官时结交的。陈造问学闳深，艺文优赡，以词赋闻名艺苑。尤袤很喜欢他的骚词、杂著，爱之手不释卷，说“吾自是得师矣”，可见尤袤的谦逊和学古人今人不拘一格。范成大和陆游也很赞赏陈造，范成大说他如果遇到欧阳修和苏轼，盛名不会在秦观之下。陆游赞美陈造能居今行古，卓然杰立于颓波之外。可见四大诗人的诗歌观很相似，都“不薄今人爱古人，清词丽句必为邻”，而且对宋诗中兴很关切。

尤袤等四大诗人和江西诗派诗人的关系也值得关注，四大诗人都从江西诗风中脱出，但仍与江西诗风、江西诗人保持密切关系，并非针锋相对。尤袤与江西诗人赵蕃、李德翁、徐斯远、韩淲等都来往，他们结识、交流诗歌可能开始于淳熙八年左右尤袤在江西任职期间。

赵蕃（1143—1229），字昌父，号章泉，居信州（州治在今江西上饶玉山），诗人、学者、理学家。他的《赠尤检正四首》“多书如邺侯，读书如张巡”以唐代名相、藏书家李泌和爱读书的名臣张巡比拟尤袤，还有“季秋过庐陵，客有示新录。尤杨两诗翁，间以严州陆。澧兰与沅茝，顿觉无芬馥”说自己读到诗歌新集，是尤杨陆（陆游任官严州）三位诗坛前辈的，耳目一新，“澧（醴）兰”指香草嘉卉，出自屈原《九歌》，赵蕃说三诗翁的诗比嘉卉更满口芬芳。可见尤杨陆诗名远播，也可见江西诗人和学晚唐的四大诗人的互相交流。

尤袤存诗里有多首与李德翁的唱和。《别李德翁》可见两人交情。还有《德翁有诗再用前韵》三首，诗的最后一句分别是“定应催促要新诗”“独立无憀自咏诗”“报答春光只有诗”也可见两人唱和。

在当代诗人中，尤袤和杨万里的交往唱和是最值得注意的。四大诗人中，尤袤与杨万里交谊最深。尤其两人通过诗歌唱和相互促进,形成四大诗人共同面貌。尤袤赠杨的诗虽然多散佚,但《诚斋集》里仍保留了不少杨赠尤的诗。

杨万里是乾道年间在朝和尤袤结识结交成为知交的。后来两人又多被外放，阅历和诗艺都有各自的发展，其间两人也通过会晤和书信来往进行诗歌、理学交流。

淳熙六年（1179），杨万里知常州期满，带着见证他诗歌变法的《荆溪集》离开尤袤家乡常州。一说尤袤留存的诗残句“归装见说浑无物,添得新诗数百篇”就是赞美杨的《荆溪集》有几百首新诗,“新”指杨扬弃江西诗风开始学晚唐诗风，这也是两人的共同追求。这说法可靠,是因为尤袤有一首感谢杨万里（廷秀）送自己诗集《西归集》《朝天集》的《蒙杨廷秀送西归、朝天二集赠以七言》口气相似:“西归累岁却朝天,添得囊中六百篇。垂棘连城三倍价,夜光明月十分圆。竞夸凤沼诗仙样，当有鸡林贾客传。我似岑参与高适，姓名得入少陵编。”

诗其一说杨万里又有六百首新诗在诗囊中，诗歌很珍贵如连城璧和夜光珠。诗其二还将杨万里比作诗仙李白和有商人将其诗传到国外（鸡林）的白居易，还说自己被杨写入诗中，就像唐朝诗人岑参和高适被杜甫写入诗歌是无上荣耀。由此可见尤杨的知交深情。这个说法还有杨万里的唱和诗《朝天集偶送西归、朝天二集与尤延之，蒙惠七言》可以佐证，这首诗说“梁溪归自镜湖天，笔卷湖光入大篇。倾出锦囊和雨湿，炯如柘弹走盘圆。许分句法何曾付，自笑芜辞敢浪传。两集不须求序引，只将妙语冠陈编”，从中可见两人在诗歌写作、诗风改变过程的交流，见证了四大诗人对中晚唐诗风的学习，他们追求柘弹走盘般圆润自然的表达，以对抗江西诗风末流造作生硬的弊端。

尤袤虽然留存诗歌很少，但他和杨万里对引入晚唐诗风的共同努力还是很清晰可见的。他少年时已濡染吴地文化诗风多学南朝辞赋，后来在台州为官又沉浸当地越地文化诗风圈多学东晋南朝诗人如王羲之、孙绰的山水隐逸诗风。到了淳熙五年（1178），尤袤任江东提举常平，官署设在安徽池州（又名贵池），这于他又是一个契机，就像此时前后杨万里来到常州得悟新诗意一样。池州在南朝萧梁时是著名文学家昭明太子萧统的封邑。尤袤一次游览池州的昭明太子庙，见宏丽的文选阁里却没有《文选》，很是遗憾。淳熙八年（1181）他在池阳郡斋刻印了唐李善注的《文选》，陈列在昭明庙。尤刻本是当时最完整的文选刊本，有益于《文选》传播。《文选》由萧统主持编纂，选录先秦至梁初800年间130位作者的各体诗文，是我国现存最早的一部诗文总集。尤袤的诗文一直很受《文选》南朝诗文蕴藉秀美风格的影响，四大诗人所学的中晚唐诗风也源自东晋南朝诗歌。

尤袤在淳熙九年（1182）再次入朝。此时他和杨万里唱和尤多。杨的《尤延之检正直庐窗前红木犀一小株盛开，戏呈》就是此时写的：“水沉国里御风归，粟玉肌虏不肯肥。元是金华学仙子，新将柿叶染秋衣。不应装束追时好，无乃清癯悔昨非。为妒尤郎得尤物，故将七字恼芳菲。”直庐指朝中侍臣值宿之处。诗里说尤袤官舍窗前的一小株丹桂盛开，清瘦孤傲，“不应装束追时好”就像一位不肯追求时髦（时好）的女性，这是赞美尤袤的人与诗都清瘦脱俗。

杨万里的《新寒戏简尤延之检正》“木犀香杀张园了，雪嗅金挼欠两翁”也应写于此时，诗中还提及张园诗社。《早朝紫宸殿贺雪呈尤延之二首》大概也写于此时。杨万里1185年还有《二月望日递宿南宫，和尤延之右司〈郎署疏竹〉之韵》是与尤袤关于疏竹的唱和之作：“此君见我眼犹青，笑我吟髭雪点成。忆昔与君同舍日，听渠将雨作秋声……”写的就是礼部（南宫）的竹子。说自己和尤袤值宿南宫，尤袤见证自己这些年的创作尝试，称许（青眼）自己的诗，也笑自己因为苦吟髭须都染白了。他回忆当年和尤袤同舍时，就常听雨打在这片竹子的声音，回忆里全是两人多年诗歌交流的珍贵记忆。

此时尤杨两人交往很多，如《九日即事呈尤延之》《九月十日同尤延之观净慈新殿》写了两人在九月九日重阳节和次日十日都一起游玩唱和，第二天他们去的就是杨万里写下著名荷花诗《晓出净慈寺送林子方》“映日荷花别样红”的净慈寺去看新建好的大殿，可见他们此时雅集唱和非常密切。

可惜四大诗人包括尤杨宦途不自由，人生难得聚首。他们生平大部分时间也只能书信来往。杨万里有《新凉五言呈尤延之》是他写了五言诗《新凉》寄给尤袤说夏天将去秋天将来以示思念，接着还有一首《尤延之和予〈新凉〉五言，末章有“早归山林”之句，复和谢焉》是后续，说尤袤为《新凉》诗写了和诗，诗末提到“早归山林”一起隐居的约定，杨万里又有诗唱和尤袤“……平生还山约，终食能忘此。可怜各异县，千里复三倍。它日寄相思，百书那写意。从今可相疏，却叹日为岁”，说两人一在吴地一在江西，虽然相隔几千里，但即使时空相隔遥远、时日漫漫，情感也不会淡漠隔膜，依然关系密切、情怀投合。杨尤的关系是四大诗人成为一体的重要基础。

一次杨万里乘船先过苏州再过无锡，本来想见见两位老友，但世情难料一个也没有见着，于是写了《五更过无锡县，寄怀范参政尤侍郎》“苏州欲见石湖老，到得苏州发更了。锡山欲见尤梁溪，过却锡山元不知。起来灵岩在何许，回首惠山亦何处。又生万事不可期，怏然却向常州去”，说自己半夜乘舟错过了苏州灵岩和锡山惠山，也错过见老友石湖老（范）和尤梁溪。不过杨万里是胸襟开阔的理学家，诗最后虽然慨叹万事不可预期，但还是说“怏然却向常州去”，以东晋王徽之乘舟夜访好友戴安道“乘兴而来，兴尽而返”不见戴而返的典故宽慰自己，豁达是四大诗人的共同特点。

杨万里还有一首《雪后陪使客游惠山寄怀尤延之》也写与尤袤不能见面的遗憾，诗中说“已到姑苏未到常，惠山孤秀蔚苍苍。一峰飞下如奔马，万木深围古道场。锡谷中空都是乳，玉泉致远久犹香。眠云跂石梁溪叟，恨杀风烟隔草堂”写在大雪后去游惠山，自己很想念“眠云跂石”的隐士梁溪叟尤袤，可惜不能同游惠山。

再如尤袤晚年在家乡建藏书楼，还在楼里收藏高宗（光尧）写的书法，杨万里虽不能亲至，仍写了《跋尤延之左司所藏光尧御书歌》诗说“太史结庐伴鸥鹭，锡山山下荆溪渡。红光紫气上烛天，个是深藏宝书处”，太史指尤袤，说他在锡山（无锡）结庐做隐士，“结庐伴鸥鹭”即隐居，还建有藏书室。杨万里的《横林望见惠山，寄怀尤延之三首》也是思念赞誉尤袤，也提及尤袤的遂初堂藏书楼：“平生玉树伴蒹葭，晚岁春兰隔菊花。咫尺遂初堂下水，寄诗犹自怨人遐。”“惠山一别十年强，雪后精神老更苍。白玉屏风三万丈，半天遮断太湖光。”“惠山孤绝未为孤，下有诗仙伴却渠。占断惠山妨底事，无端更占洞庭湖。”三首其一以玉树蒹葭（蒹遐）、春兰秋菊比喻自己和尤袤，南朝《世说新语·容止》篇有典故“蒹葭倚玉树”，指两个品貌极不相称的人在一起，这里是杨万里自谦蒹葭以“玉树”赞誉尤袤。“春兰秋菊”出自战国爱国诗人屈原《九歌·礼魂》的“春兰兮秋菊，长无绝兮终古”，暗喻两人的分别及对两人友情、诗歌共同理想的祝愿。“咫尺遂初堂下水，寄诗犹自怨人遐”说借书信传递诗歌表达思念之情，遂初堂下的流水也许可以送来尤的新诗，可惜两人还是太远（遐）。诗其二说分别十年，愿尤袤精神更矍铄。诗其三的惠山“诗仙”也指在无锡惠山建读书藏书楼的尤袤，“孤绝”指惠山是清幽僻静的所在，也是指居于此的尤袤是清远的诗仙。

因为书信来往唱和频繁及时，尤杨两人虽然大部分时间分隔两地，但对对方的诗歌进展、特点都了如指掌。杨万里一生有九部诗集，从两人唱和来看，尤袤至少及时阅读过杨的《荆溪集》《西归集》《朝天集》《江西道院集》，这使得他们的诗歌有了相通处。尤杨的诗看似外貌大为不同，就像两人的性情，一个豪迈跳脱，一个内敛自然，但骨子里很像，就像他们都是坚定耿介的人，他们的诗也都是脱出江西诗风但不失理趣，都学东晋晚唐山水隐逸诗而追求骨格清瘦却面目圆润的富于韵味诗风。

因此杨万里对尤袤的诗非常推崇，常赞赏他的清瘦诗风。比如这首《寄中洲茶与尤延之延之有诗再寄黄檗茶》：“诗人可笑信虚名，击节茶芽意不轻。尔许中洲真后辈，与君顾渚敢连衡。山中寄去无多子，天上归来太瘦生。更送玉尘浇锡水，为搜孔思搅周情。”爱茶如命的杨给尤寄去了家乡江西吉水附近宜丰的著名禅茶黄檗中洲茶，说这种茶是茶中的后起之秀，不如尤袤家乡的顾渚紫笋茶，但从山中寄去带着自己的情谊，希望尤袤喜欢。“太瘦生”就是指尤袤，可见尤袤人如其诗相貌清瘦。孔思周情出自唐代李汉为《韩愈集》写的《韩昌黎集序》，指古圣贤周公、孔子的思想感情，是古代儒学人士的思想情操楷模、典范，也是尤杨的共同思想学术基础。杨万里说诗茶都通人情世故，统摄于学术理学之下。杨万里的《题尤延之右司遂初堂二首·其一》也说尤袤人如其诗都瘦削清远：“诗瘦山如瘦，人遐室更遐。荒林庾信宅，古木谢敷家。医国君臣药，逃名子母瓜。只愁归未得，绿却白鸥沙。”这首诗大约写于淳熙九年（1182）尤袤为右司郎中后。杨万里说尤袤的人和诗都如他爱写的山水清瘦、追求凛然风致，他此时的读书处“遂初堂（就是后来无锡遂初堂的雏形）”也是自有清远之韵，就像南北朝诗人庾信、东晋会稽佛道大师谢敷的旧居，自带书卷气，是宦隐者的心灵安息处。

杨万里的另一首唱和诗《延之寄诗觅道院集遣骑送呈和韵谢之》是说尤袤写了诗寄给他，他也将自己的新诗集《江西道院集》派人飞骑送给尤袤，还写了和诗感谢老友：“与君鬓发总星星，诗句输君老更成。别去多时频梦见，夜来一雨又秋生。故人金石情犹在，赠我琼琚雪似清。谁把尤杨语同日，不教李杜独齐名。”淳熙十五年（1188）杨万里直言触怒孝宗，出知江西筠州。《江西道院集》是他在筠州期间所作诗歌。杨万里在诗中说两人年纪渐长鬓发渐白，还自谦自己的诗不如尤袤老成圆熟。还说自己别离后常梦见和京城诗友唱和雅集的情景，大家的情谊都如金石般坚固。还说尤的赠诗是“赠我琼琚雪似清”，“琼琚”原意是美好的玉佩，这里用得很巧妙，一则引用《诗经·卫风·木瓜》“投我以木瓜，报之以琼琚”比喻自己和尤的诗歌唱和，二则琼琚也可比喻为美好的诗文，三则琼琚还可以比喻为白雪。所以这一句诗暗用典故造成多重意蕴，但如果不理解为典故也通俗易懂，赞美尤诗如玉石、白雪一般清雅。由尤杨诗歌特别能窥见南宋四大诗人的诗歌特色，就是活用典故，圆润自然，不显生硬，是脱胎于江西诗派而更上一层。所以杨万里最后要说“谁把尤杨语同日，不教李杜独齐名”，说总有一天会有人把我们两个比作唐代大诗人“李杜”，由此可见尤杨的感情，也体现杨万里的自信。

杨万里的《和尤延之见戏触藩之韵以寄之》还说尤诗有“圆”的特色，“欬唾清圜谈者诎，诗章精悍古人羞”。由此可知，杨万里是很懂尤袤诗的人，他敏锐指出尤诗体现了中晚唐诗风的“瘦”“清”“圆”即外柔内刚，清雅自然，因为这也是他自己的诗歌特色。

杨万里一直非常推重尤袤的诗，他曾赞赏尤的残篇断句“胸中襞积千般事，到得相逢一语无”，这两句诗是写两位友人“别久不成悲”，特别能体现尤袤的诗如其人，看似貌不惊人，平淡自然到如家常语，但实际古雅典则，“襞积”出自《汉书》，指衣服的褶裥，也引申来比喻重叠堆积之貌，说心里堆积了很多事想要和对方倾诉，结果见了面却一句都说不出口。大约就是唐人宋之问说的“近乡情更怯”。这两句诗也许就是他们两人的唱和。

宋末的方回也非常喜欢尤袤的诗，他曾看到尤袤诗未被火烧毁前的大貌，所以在《跋遂初尤先生尚书诗》里称赞尤袤、范成大诗的共同特色是骚雅而自然“中兴以来，言诗必曰尤杨范陆。诚斋时出奇峭，放翁善为悲壮，公（尤袤）与石湖（范成大），冠冕佩玉，度骚媲雅。盖皆胸中贮万卷书，今古流动，是惟无出，出则自然”。这个评价很到位，说尤、范诗风就像《礼记·玉藻》说的“古之君子必佩玉”和《诗经·秦风·小戎》的“言念君子，温其如玉”，如冠冕佩玉的古君子，“度骚媲雅”指效仿《离骚》、媲美《诗经》，都是读书很多却不死读书而融会贯通，发而为诗，就能儒雅而自然，这才是诗的最高境界。这就是南宋四大诗人融通江西和晚唐诗风的成就。

尤袤诗的“冠冕佩玉，度骚媲雅”和他是南宋著名词臣，以典丽四六骈文见长，多学《文选》，文字引经据典，典雅端严，曾得到孝宗青睐有关。不过他心底也永远有一个《大暑留召伯埭》自许的“平生山林下，散发颇箕踞”的遂初隐士的灵魂，他的诗在温雅平和的外表下有散漫舒展、自在自由的内心世界，所以格外耐人寻味。

正因如此，尤袤的诗虽然大多失传，与知交陆游、杨万里成千上万的诗不可同日而语，《四库全书总目提要》却说尤袤《梁溪遗稿》二卷的残编断简尚足与杨、陆、范抗衡。《提要》还说尤袤的诗是残膏剩馥（前人留下的文学遗产），因为稀少所以更值得珍惜。

身践当年遂初赋：隐者和藏书、目录、版本学家

陆游的《尤延之侍郎屡求作遂初堂诗诗未成延之去国因以奉送》里说仕途顺遂且深受皇帝信任的尤袤一直有山林、遂初之愿，所以他终于离开朝廷是“身践当年遂初赋”，是真的完成平生之愿，想隐逸做学问的理想是尤袤心里始终存在并表现于诗文中的。

尤袤天性淡泊，虽然出身于科举世家，早负才名让他背负光耀家族的压力，而南宋初期待中兴的社会氛围、家族长辈的言传身教、老师喻樗的爱国思想和理学教诲也让他奠定了为国为民的内在信念，但父母早亡的心灵创伤、早年中进士后的挫折也使他很早就有了退隐做学问的心思，还一度践行多年。直到秦桧死后他重新有了仕途机会，一展被压抑的未遂壮志，但即使在这个时候，他也是心中隐含退隐之念的，就像他在《大暑留召伯埭》诗里说的“……平生山林下，散发颇箕踞。……我非褦襶儿，亦尔困驰骛。居然恋俎豆，安得免羁馽。区区竟何营，汩汩此飘寓。渊明应笑人，有底不归去”，说自己此前一直隐居林下，是个散漫、不惯拘束、不拘礼节的人，“散发”出自《后汉书·袁闳传》，指解冠隐居，“箕踞”出自《庄子·至乐》，指两脚张开两膝微曲地坐着形状像簸箕，是一种不拘礼节、散漫不羁的坐法。尤袤还说自己不是愚笨无能之人，但做了官困于奔竞不是自己的本意，“驰骛”出自《屈原·离骚》，指奔走竞争，“俎豆”出自《论语·卫灵公》，引申为官位利禄，“羁馽”出自《庄子·马蹄》，引申为被羁绊，都是叹息自己困于官场被束缚了自由。他还自嘲为了区区泰兴令，大热天在路上奔走“汩汩此飘寓”，“汩汩”出自王羲之《用笔赋》，是沉沦之意。所以诗最后“渊明应笑人，有底不归去”说自己应该被陶渊明嘲笑，到底是归去还是不归去呢？虽然此时还是孝宗登基、北伐主战派兴起、中兴氛围上升之际，尤袤

还是在为国为民思想之下隐含了颇多退隐的个人之思。这从未改变过，而且随着时间推移越来越深化加重。

1175年左右尤袤在台州与当地隐逸诗人的唱和交往中接触了东晋孙绰在浙东之地写的《遂初赋》，从此他心里的隐逸之梦有了确切的名字：遂初即遂其初愿，完成初心。淳熙九年（1182）杨万里有《题尤延之右司遂初堂二首其一》，可见尤袤此时已有遂初堂，当然未必是实有空间，很可能只是一个虚拟堂名。尤袤久已厌倦仕途奔波，一直渴望“返初服”，这个词源自屈原《楚辞·离骚》“进不入以离尤兮，退将复修吾初服”，也就是“遂初”的意思。尤袤至迟在淳熙十五年（1188）自号为遂初，时年六十五岁。此后他更自号木石老逸民，木石出自《孟子·尽心上》的“舜之居深山之中，与木石居，与鹿豕游”，隐逸之思始终未改。

就像陆游的诗里说尤袤是“年年说归”，无时无刻不忘。尤袤有诗《己亥元日》写于1179年春节，说“余龄有几仍多幸，占得山林一味闲”，也是言及遂初之心。

尤袤在江西为官时写有《游合皂山》，合皂山即阁皂山，三国道学家葛玄在此采药炼丹布道行医，西汉丁令威也在此山修真得道，唐代为天下第三十三福地，宋朝时合皂山和尤袤家乡附近的茅山、贵溪龙虎山合称为道教三大传箓圣地，尤袤的诗“春山灵草百花香，谁识仙家日月长。满院莓苔绿阴匝，棋声何处隔宫墙”道出了他受道家思想影响，对隐逸脱俗人生的向往。他游家乡宜兴的庚桑洞即道教圣地张公洞的《张公洞》也说：“平生丘壑念，蚤岁泉石癖。岂不思三山，所恨无六翮。……寄语山中人，重来倘相识。”“泉石”出自《梁书·徐摛传》，指山水，尤袤说蚤（早）岁就有归去山林丘壑之念，想做山中人。

杨、陆与尤袤的唱和诗也都提及他的归隐之思。如杨万里的《题尤延之右司遂初堂二首其一》最后说“只愁归未得，绿却白鸥沙”，《尤延之和予〈新凉〉五言，末章有“早归山林”之句，复和谢焉》中说“平生还山约，终食能忘此”，《和尤延之见戏触藩之韵以寄之》最后一句也说“会看功成自择留”。

陆游和尤的唱和诗虽然没有杨的多，不过陆游的《六月二十四日夜分，梦范至能、李知几、尤延之同集江亭》也写到尤袤，提及江湖之乐即官场庙堂外的乐趣。尤其这首《尤延之侍郎屡求作遂初堂诗诗未成延之去国因以奉送》更是道出很多内涵：“印何累累绶若若，只堪人看公何乐？忽然捩柁开布帆，慰满平生一丘壑。遂初筑堂今几时，年年说归真得归。异书名刻堆满屋，欠伸欲起遭书围。舍之出游公岂误，绿发朱颜已非故。请将勋业付诸郎，身践当年遂初赋。”陆游说尤袤此时已是官位高、功勋重，别人会羡慕这些但尤袤自己并不感到真的愉悦，这时他急流勇退并终于被皇帝允许，就像“捩柁开布帆”，就是行船拨转船舵并打开布帆，进入人生的自如境界，可见回归山林的人生转向带给他无限慰藉。尤袤在诗里建遂初堂很早了，在家里建遂初堂也有几年了，他年年都说自己要回乡，也多次让我为遂初堂写诗，我觉得给他这么一位大诗人写诗要特别慎重所以诗迟迟未成，不料突然听说皇帝终于允许他离开朝廷回乡隐居，我赶紧写了这首诗，为他终于一了平生山林之愿感到欣慰。“舍之”暗用了《论语·述而》“子谓颜渊曰‘用之则行，舍之则藏’”，意为被任用就施展抱负，不被任用就藏身自好。陆游借“用行舍藏”表达了认同尤袤无论进退都心系国家的信念。最后，陆游还说“请将勋业付诸郎，身践当年遂初赋”，说尤袤一生功业已经完满，不如让子弟来继续为国效力，他自己可以践行少年时代的遂初之心了，可见陆游也是尤袤的知音。

尤袤晚年在乡，虽然时间不长没能像范杨陆一样长期隐居家乡，但也为自己营造了心中理想的可休可憩的园林，安放自己的学术理想和诗意灵魂。山水人文鼎盛的无锡历代多著名园林。抗金英雄、四名臣之一的李纲北宋末在梁溪畔建了梁溪居，从他的《梁溪八咏》小序可知有中隐堂、心远亭、濯缨亭等体现隐逸情怀的建筑。李纲终不能完全抛开国事优游林下，不久又回到抗金前线，最后他的北伐理想与朝廷的苟安政策不合，被罢官贬谪，忧愤而死。李纲善诗文，《梁溪先生文集》《梁溪词》里有很多爱国诗篇。尤袤晚年受家乡前贤园林影响，继续经营梁溪的乐溪，在此多种梅花和海棠等。

尤袤留存不多的诗词里写梅花等清雅嘉卉的不少，很多都是乐溪园林的花卉。他有《瑞鹧鸪 · 咏落梅》《瑞鹧鸪 · 梅棠》两首词。诗则更多。《入春半月未有梅花》也许写于乐溪园林，说几次杖藜探枝、流连东阁，只见“枯树扶疏水满池，攀翻未见玉团枝”，梅花种在池畔，疏枝倒影，清雅幽绝。《梅花》“冷艳天然白，寒香分外清。……园林多少树，见尔眼偏明”，说园中种了白梅冷艳清冽，无论园林里多少花，见到它就眼前一亮。还在园里种了蜡梅，《次韵渭叟蜡梅》“浑金璞玉争多少，要与江梅作近亲”说蜡梅宛如金镶玉，和园林的江梅一般风骨端严。《落梅》“清溪西畔小桥东，落月纷纷水映红”写溪桥畔的红梅。《海棠盛开》“两株芳蕊傍池阴……定自格高难着句，不应工部总无心”写池畔的盛开海棠，说海棠虽艳丽但格调也高，杜甫不写海棠不是因为不喜欢海棠，只是觉得难写吧。尤袤觉得梅花、海棠都格调高雅才种在庭院。他还有一首《玉簪花一名鹭鸶》“一种幽花迥出尘，孤高耻逐艳阳辰。瑶枝巧插青鸾扇，玉蕊斜攲白鹭巾。难与松筠争岁晚，也同葵藿趁时新。西风昨夜惊庭绿，满院清香恼杀人”写脱俗幽雅、开了满庭院清香的玉簪花，也赞美了幽花“孤高”不追逐艳阳春的风骨。尤袤的园林体现了他的清雅审美趣味理想。

今无锡惠山的万卷楼

也是为了实现心中理想，除了老宅中的“万卷楼”，尤袤还在无锡人文荟萃的所在惠山下建一藏书楼，这就是“遂初堂”的外化和实物化，宋光宗还亲自书写匾额赐之。尤袤还在这里建了读书处“锡麓书堂”，在此读书并教诲弟子，仿佛回到在县学、州学、太学读书的少年时光。

今无锡惠山已没有遂初堂，但“天下第二泉”侧还存建筑“锡麓书堂”，不过是后来修复的。明清时这里是尤袤的“尤文简公祠”，祭祀尤袤的启蒙老师、族祖文献公尤辉和文简公尤袤。旁边还有从梁溪移来，也是重建的“万卷楼”，楼旁有清人书写的对联“依然锡麓书堂，南渡文章，上跨萧杨范陆；允矣龟山道咏，东林弦诵，同源濂洛关闽”，看似没有提及尤袤，实则说的都是他，说他是与萧杨范陆四大诗人齐名的南渡文章大家，也是龟山先生杨时在东林书院的再传弟子，他和张载、朱熹都交好，联通理学的濂洛关闽诸派。

陆游在诗里写了遂初堂藏书楼的面貌，也想象了尤袤晚年归乡后的日常生活状况“异书名刻堆满屋，欠伸欲起遭书围”，说他的藏书室满是少见的珍本、有名的刻本，尤袤沉湎其中，坐久了伸腰发现自己被书围住。陆游写得生动,也许是亲眼见过。爱书人被书围困、被山水围住，不同于被官位事物围住，是一种真自由真幸福，陆游是真知尤袤。尤袤由于光宗的阻拦得以很晚才退隐家乡，他人生最后的归乡隐居时间很短,但他终于能如杨万里、陆游等人祝愿的那样,得遂初愿，在家乡建一个文化桃花源“遂初堂”，他也在其中获得生命各方面的完满，可谓真正的“遂初”。

尤袤一生爱书，早年就有“尤书橱”之称。他于书是嗜好既笃，网罗又求完备。凡是他没见过没读过的书，都要想尽方法去寻找，拿到后不但要读，还要做笔记，如果是借来的还要亲手抄录收藏。杨万里曾提到尤袤持久不懈地努力抄书，每次退朝后都要闭门谢客去抄书,每天手抄多少字都有计划,自己抄不过来还让子女抄写,几个女儿也能抄书。一说尤袤一生抄录图书达三千余卷，可谓卷轴浩渺，毅力可感。由于尤袤长期担任国史馆编修、侍读等公职，有机会借阅朝廷三馆秘阁书籍，能更多地抄录到一些一般人难以见到的书。

最后尤袤有藏书三万余卷,多有善本、珍本,被推崇为当时第一,如南宋末陈振孙《直斋书录解题》就称遂初堂藏书为近世之冠。

杨万里曾为尤袤写《益斋书目序》，说他与尤袤秉烛夜语，问其闲居何为,尤袤说“吾所抄书今若干卷,将汇而目之。饥读之,以当肉;寒读之，以当裘；孤寂而读之，以当友朋；幽忧而读之，以当金石琴瑟也！”这汇而目之的就是《遂初堂书目》一卷（也称《益斋书目》）。著录了 3200 多种书籍，分经、史、子、集四部，还有稗官小说、佛典道藏、杂艺乐曲、谱录类书等小类，体现了尤袤博览群书、不拘一格的阅读趣味和学术取向，这些也都成为尤袤诗自然博大的来源。

《遂初堂书目》和北宋官修的《崇文总目》、南宋晁公武私家藏书书目《郡斋读书志》等同为较早的宋人重要目录书，也和《郡斋读书志》《直斋书录解题》合称宋代三大私人藏书书目。《遂初堂书目》开书目著录版本的先河，尤袤在50多部书名前加注了版本。尤袤也成为最早的版本目录学家。

尤袤在藏书时重古而不轻今，重视收藏本朝书籍，约占他所收藏史籍总数的三分之一。他也注重史部书收集，收了900多部书，还注意当代史，有本朝杂史、本朝故事、本朝杂传等类目。他收藏的北宋《国史》，九朝具备，北宋《实录》不仅齐全且有多种版本，体现了儒学学者在乱世中对历史传承的坚守。当代人的诗文集他也重视，如杨万里的多种诗集他都珍惜收藏，是他及时记录学习当代诗歌发展的体现。他还乐于刻书传播学术，如经他刻印的《文选》世称精本，流传至今。

只可惜尤袤数量庞大的万卷楼藏书和他自己所著诗文在他逝世后因宅第乐溪居不慎失火，都付之一炬。尤袤的书虽然没有了，但意义仍存在，不但存在于《遂初堂书目》，而且他通过藏书进行了有效的家族学术传承。尤袤藏书的一大特色是手抄本，他让子女一起抄书，过程中也使子女濡染和传承了学术。

尤袤的儿孙多中进士，而不是像很多官宦子弟都以荫补，可见学术传承的重要性。长子尤棐，字与忱，号五湖，禀资极慧，而倦于诵读，大概是较多继承父亲的淡泊性子。孝宗时以父荫入仕，官至兵部侍郎、端明殿大学士。能诗，有《湖上命酒作》等。次子尤概，字与平，淳熙二年（1175）的进士，累官太常博士，著有《绿云寮诗草》，已佚。存诗《夏日观农》，由“老农谓予言，此中情难数”可见他深受父亲民本悯农思想的影响。长孙尤焴（1190—1272），字伯晦，号木石，是学祖父的号“木石老逸民”。嘉定元年（1208）十九岁中进士，可见其聪慧。曾为淮西帅，以儒者守边，恩威兼施，累进礼部尚书，拜端明殿大学士，提举秘书省提纲史事。与祖父为官轨迹有交集，为一时名臣。卒谥庄定。与理学家、名臣魏了翁等交游。存诗《被命出镇淮西至任》“臣心耿耿依三殿”“披衣秉烛终宵坐”可见为国为民之心，《西湖置酒短歌》“眼前妙景供妙咏，钧天吹下乘长风。……濡首狂歌无限情，一齐付与云山外”也可见其家风影响、诗学渊源。

尤焴为尤袤的弟子蒋重珍（1183—1236）写过《宋故刑部侍郎蒋公圹志》，蒋是宁宗嘉定十六年（1223）状元，是无锡第一个状元。官至集英殿修撰、安吉州知府。尤袤幼年赞许过的蒋堦是蒋重珍的高祖。

蒋重珍为人正直，谥号忠文。他有写尤袤老藏书楼的《乐溪居万卷楼三首》，如“小艇溪边月，来寻万卷楼。遂初读书处，鹤去白云留”就写他后来乘舟来梁溪寻迹乐溪居的万卷楼，是尤袤（遂初）当时的读书处也是他从学的地方，如今已人去楼空，宛如鹤飞走了只留下白云。“剩有溪山树，书楼迹已陈。故人不可见，绕树一悲吟”也说万卷楼早就烧掉，如今只剩下溪流山色树木，书楼也搬到别处。恩师已不可见，只能发出悲吟。再如“万壑注清流，孤烟起暮愁。龙山半溪落，雁影过书楼”。九龙山（惠山）这里，有大雁影子掠过新的藏书楼，宛如历史的影子掠过。

有一本名为《全唐诗话》的6卷著作，以前都署尤袤之名。因为尤袤爱唐诗，所以这个说法很被认可。但其实此书初时没有写著者姓名，明人因为书前自序有“咸淳辛未重阳日遂初堂书”一语，认为是尤袤所撰。后来也有人怀疑，尤袤卒于绍熙四年（1193），到咸淳辛未（1271）时间跨度太大。清初苏州尤氏的尤侗认为著者是遂初堂的继承者、尤袤之孙尤焴。《四库全书总目》则认为应该是南宋末的权臣贾似道，贾有遂初堂，他让清客廖莹中写了这本书，后人厌恶贾似道，就改成名声很好的尤袤为作者。

故人金石情犹在：金石书画鉴藏家

南宋后期的诗坛领袖刘克庄在尤袤去世后写的挽诗《挽史馆资政木石尤公》里说："历代名书画，中原古鼎彝。不教萧翼看，常怕米颠知……"指出尤袤在金石书画收藏鉴赏方面的成就。萧翼，唐朝人，是南朝梁元帝的曾孙。他精于书画，据说为唐太宗窃取了王羲之的《兰亭序》真迹。米颠，指北宋四大书法家、画家米芾，文天祥《周苍崖入吾山作图诗赠之》诗就说"三生石上结因缘，袍笏横斜学米颠"。刘克庄是以两人来比拟尤袤在金石书画上的造诣。

尤袤去世后，生前交游的南宋政治、学术（理学）、文学等领域的名家都有哀辞、祭文、制词，就像善于辞赋的词臣尤袤生前多为他人写作这些文字一样。尤袤人缘很好，诗人和理学家陆游、杨万里、周必大、朱熹、吕祖谦、陆九渊、楼钥、陈傅良等人都有诗文赞美尤袤的人品、学识、收藏、四六文，诗只是他的一部分成就。

来看永嘉学派学者、名臣陈傅良的《挽尤延之尚书》四首，可谓尤袤一生较完整的概括。陈傅良（1137—1203），学者称止斋先生，温州瑞安人，乾道八年（1172）进士，官至宝谟阁待制、中书舍人兼集英殿修撰。谥文节。挽诗四首之一说"自为师说竟谁宗，每事持平属此翁。有志政须名节是，斯文非独语言工。要令举世人材出，合在前朝行辈中。安得长年留把柁，后来各与一帆风"，说尤袤性格温厚，处事持平，还说尤袤有政声名望操守，也工于辞赋。还提到尤袤作为前辈对后辈的提携。最后说人生虽然也凭借环境带来的一帆风顺助力，但最需要主体掌舵掌握方向。尤袤的一生一直有坚定的核心。

四首之二说"宿留江湖长子孙，行藏节节耐人看。及为侍从身垂老，欲试平生事转难。书就仅题前太史，功成方记旧甘盘。令人长恨经纶意，历事三朝见一斑"，也是高度评价尤袤的平生成就，以商代辅佐武丁继位的名臣甘盘比拟尤袤，因为他是光宗的辅佐臣子。他身为侍从官堪比古代的"太史"，一生舍弃自己的生活为国鞠躬尽瘁，殚精竭虑，公而忘私，他历事三朝的"行藏"即儒家说的"用舍行藏"即做官和退隐都有意义，经得起琢磨。

四首之三说"向来诸老独岿然，羸不胜衣万事便。灯下细书批敕字，雪边先着趁朝鞭。岂应无故令身健，却止功名与世传。遗奏定留封禅藁，凭谁吹送九重天"也是写尤袤作为侍从官、词臣、史官辛勤操劳的一生，"羸不胜衣"侧证尤袤的清瘦。

四首之四说"壮岁从游两鬓霜，重来函丈各堪伤。那知卒业今无及，极悔论心昨未尝。相约归期须次第，独存病骨更凄凉。他年赖有门生记，托在碑阴永不忘"。这首诗中陈傅良回忆了自己壮年和尤袤交游至今的往事，说自己曾和尤袤一起相约日后致仕，现在却只剩下自己。"函丈"出自《礼记》，指代前辈学者。诗的最后说，尤袤的一生功绩会有门生记录，镌刻在碑上永载历史。

尤袤不但历史通达、诗文典丽，也擅长书法、通音律（琴瑟），还爱藏书，且受宋代自北宋欧阳修、赵明诚李清照夫妇以来的喜爱金石书画古玩碑刻收藏鉴赏、文字研究风气影响。这些都对他的诗文创作产生了深刻影响。

金石学是出现于汉代、在宋代繁荣发展的一门学问，是指古器物的收藏与研究，因为是以不容易腐朽的铜器和石刻为主，所以以金石为名。"金"主要指上面镌刻古文字和花纹图案的钟鼎等铜器，"石"主要指有文字的石刻碑碣包括实物和拓片，广义上还包括竹简、甲骨、玉器、砖瓦、封泥、兵符、明器等。金石学还由金石器物研究引申涉及文字学、历史、书法绘画、文学、书籍等方面学术，逐渐形成一门博大精深的学问。由于金石不朽，刻字不像刻在竹木、丝帛上一样容易消磨，金石不但用来记录不朽的历史和功绩，也用来制作礼器如钟（金）磬（石）乐器，所以礼、乐一体。金石还可以比喻诗文音调铿锵，文辞优美，如南朝诗人沈约的《伤谢朓》诗说“调与金石谐”。尤袤少时学六经中的《礼》《乐》，成年后在礼部任职，多年管理国家的吉礼丧礼，也记录历史，所以尤袤和他的同僚诗友对钟鼎碑碣代表的金石有兴趣进而进行研究也是顺理成章的。

杨万里在《益斋书目序》引用尤袤说的关于读书解忧的几个比喻里就有“幽忧而读之，以当金石琴瑟”，说如果心底有郁结的怨愤不平，读书可以相当于玩赏金石、欣赏音乐来疏解情绪。也可侧证尤袤的确喜爱鉴赏金石音乐，还以金石琴瑟为生命里很重要的事，所以他才有这个比喻。

至于书画，作为中国古代一直发展的文化艺术形式，到了宋代随着其他相关艺术形式如诗词、音乐、围棋的发展，互相影响，也有了更大发展，无论多样性的书法还是独树一帜的山水画都在魏晋、唐代的繁荣后再一次达到高峰，而经历靖康之乱的洗礼，到了江南的南宋，无论书法还是绘画的重要形式，山水画都有独特的继续发展，成就不同以往的风韵，无论文人雅士的“琴棋书画”四艺还是民间的“焚香、点茶、挂画、插花”四般闲事里都有书画的痕迹，成为南宋雅俗并存文化的重要部分。

尤袤的高祖尤叔保就是著名画家，晚年还富于财富，修建了园林，也许从他开始尤氏家族已收藏鉴赏书籍书画金石，并将喜好与传统传给了子弟们。尤袤应该也是会作画，杨万里有《跋尤延之山水两轴二首》：“水际芦青荷叶黄，霜前木落蓼花香。渔舟去尽天将夕，雪色飞来鹭一行”“水漱琼沙冰已澌，野凫半起半犹迟。千竿修竹一江碧，只欠梅花三两枝”，不知是说尤袤画的山水还是他收藏的画，如果是，可见尤袤画的是典型的南宋山水花鸟小景。第一幅是设色山水，主体近景画了霜降前的水边秋色，芦苇尚且青青，荷叶已枯黄，萧萧木叶下，蓼花红红白白开放，黄昏时分水上的渔舟已归航远去，成为远景，不过又飞来白鹭一行进入画面，构图虚实兼得，韵味动静得宜。第二幅可能是水墨山水花鸟，也写水边情景，近景写了初春冰雪渐消，野鸭也知春江水暖，远景是一抹静静江流，竹林茂密，只可惜少了岁寒三友中的梅花与竹子为伴。两幅山水都是典型的江南山水。虽未见画，通过杨万里的妙笔，似乎可见山水清雅静谧之貌。如果这画是尤袤所作，可见他的诗画风格如一，做到诗中有画，画中有诗。尤袤还有一首写家乡无锡华藏寺云海亭的《题云海亭》诗“亭前山色绕危栏，亭下波涛直浸山。波上渔舟亭上客，相看浑在画图间”，最后一句很有意趣，说亭下太湖渔舟上的钓叟抬头看山上亭子，觉得如画，而亭子里的诗人低头看湖上小舟，也如画，“相看浑在画图间”说明尤袤是有画家和诗人取景眼光的。四大诗人其实都有这才能，范成大的田园诗、杨陆的山水诗都如画，或如工笔写真或如动态写照。

尤袤还存《题米元晖潇湘图二首》，是六言诗，就是为北宋画家、二米父子中的儿子小米米元晖（米友仁）《潇湘图》作的题画诗，诗末尤袤题“淳熙辛丑仲夏，梁溪尤袤观于秋浦”，可见这两首诗写于淳熙八年五月尤袤在池州。诗其一说“万里江天杳霭，一村烟树微茫。只欠孤篷听雨，恍如身在潇湘”，前两句写米元晖写的典型水墨“米家山水”，特别适合写江南富于诗意的朦胧山水，后两句则因为绘画神妙令人神往之，将自己代入画里孤舟上的人，可以江上听雨，产生一种身在画中感。第二首“淡淡晴山横雾，茫茫远水平沙。安得绿蓑青笠，往来泛宅浮家”也是这样，前两句写“米家山水”水墨写就的平远江南山水，令人生出隐逸之思，所以说自己如果能像画中渔翁在江上自在漂浮，才是人生向往。尤袤的题画诗真的是诗中有画，画中有诗。

南宋的四大书法家和四大诗人有重合，一说四大书法家是张即之、陆游、范成大、朱熹，还有一种说法是张即之、陆游、尤袤、朱熹，还有一种说法是张即之换了宋高宗。尤袤就曾收藏高宗的书法，宋高宗退位后，宋孝宗上尊号为“光尧寿圣太上皇帝”，杨万里有《跋尤延之左司所藏光尧御书歌》提及此事。

尤袤善书，书法四大家之一的朱熹就很佩服他的书法见解，多次引用他的见解，还在《跋尤延之论字法后》说“尤延之论古人笔法来处，如周太史奠世系，真使人无间言”，赞赏尤袤谈起古人的笔法来历，就像周朝史官太史儋排列帝王世系般严谨，真的让人说不出反对非议的话。

尤袤在当时以博雅好古善精鉴著称。他曾为与他齐名的收藏家友人王厚之、汪逵珍藏的数种《兰亭序》刻本作题跋，留下鉴定意见，也留下重要墨宝。汪逵（1141—1206），字仲路，玉山（今江西玉山）人。就是尤袤老师、状元汪应辰的次子，仕至吏部尚书、端明殿学士。他善书法，常为其父代笔。家有集古堂收藏书画金石。

陆九渊提及向王厚之求观王所藏的《兰亭序》，一字迹较丰润另一字迹较秀削，尤袤认为瘦的是真定武本，王厚之认为肥的是。陆九渊认为尤王二公都好古博雅，辨别古刻本真伪的能力都值得被后人推崇。尤袤还曾作《定武兰亭跋》。后来元初的大书法家赵孟頫也说《兰亭序》刻本很多，当年的王厚之、尤袤诸公都精于鉴识的，于墨色、纸色、肥瘦秾纤之间争论不休。难怪朱熹要感慨“不独议礼如聚讼”，说不只对三礼《周礼》《仪礼》《礼记》的阐说众说纷纭，争论不休，莫衷一是，对关系千古第一行书、关于越地文化命脉的《兰亭序》的讨论也是。

元代浙江庆元人、学者袁桷认为“自淳熙后图籍考订之富，惟霅溪向氏（水）、锡山尤延之（袤）、诸暨王厚伯（厚之）三人”。南宋淳熙（1174—1189）是孝宗的第三个也是最后一个年号，即中兴时期的余光，此时战争远去，和平日久，士人爱国热情无所宣泄，多寄托于文化复兴方面，为弥补北宋末靖康之乱中的文化浩劫和损失，也是爱国的一种表现。此时书籍金石书画收藏研究尤其热，即“图籍考订”，图籍指文籍图书，除了书籍还包括宋代兴盛的书画金石。这也是当时士夫厌倦学术空疏、追求实学的一种表现。南宋后期书画金石研究最著名的，除了北宋名相向敏中后人、在湖州的向水之外，就是无锡尤袤和诸暨王厚之。

名臣周必大也说当时朝廷官员喜欢收藏金石碑刻且博闻多识的，就是沈揆、尤袤、王厚之三人，都是临安社友的成员。周必大说经常询问请教他们。这三人再加上汪逵，就是南宋中期收藏鉴赏书法经典《兰亭序》的四大名家。

前文已提及的王厚之，也是诗人，可惜诗也散失，只存《香山刻石》诗。他也出身文化世家，曾高祖是王安石弟王安礼，家族收藏有基础。王厚之也是金石学家、理学家和藏书家，性格忠悫内出，刚直不阿，与尤袤投合，而他尤长于碑碣之学，修古好学，精思博考，也与尤袤相契，两人都以博古知名。

杨万里 1188 年写的《跋王顺伯所藏欧公集古录序真迹》就提及尤袤和王厚之、沈揆的金石缘分“遂初欣遇两诗伯，临川先生一禅客。三人情好元不疏，只是相逢逢不得”。遂初指尤袤，临川先生指原籍

尤袤书法《跋欧阳修〈集古录跋〉》（台北故宫博物院藏）

临川的王厚之（顺伯），禅客指沈揆，两人都是临安诗社的诗人（诗伯）。这次是王收藏了北宋金石大家欧阳修《集古录序》真迹，就邀请同好尤袤、沈揆等人共欣赏。杨万里诗里写了尤、沈、王等人争论探讨的有趣情景“渠有贞观碑，侬有永和词。真赝争到底，未说妍与蚩。……皇朝爱碑首欧阳，集古万卷六一堂。……临川无端汲古手，席卷欧家都奄有。……尤家沈家喙如铁，未放临川第一勋。不知临川何许得尤物，集古序篇出真笔。遂初心妒口不言，君看跋语犹怅然”，说三人平时争论金石真假不休，“喙如铁”也就是坚持自己的观点，沈有唐代碑记，王有东晋兰亭帖，这次“汲古手”王厚之得到宋朝爱碑第一人欧阳修的《集古录序》，沈、尤只能羡慕怅然王得到这个宝物。

来看尤袤写的《跋欧阳修〈集古录跋〉》：“此卷有米襄阳（米芾）题，尤可宝玩。杨统碑跋，叹其名之磨灭，盖公偶未考尔。统以建宁元年（168）三月癸丑卒，而跋以为五月，当由笔误。淳熙十五年（1188）季冬廿三日。锡山尤袤观。”他的这个考据很严谨，口气又谦和，足见他的学识和胸襟。

绍熙二年（1191）暮春尤袤应渔社主人李结（字次山，1124—约1191）之请作《西塞渔社图卷跋》，行草，学北宋书法四大家中的苏轼、米芾而超逸出之。

《西塞渔社图》卷后云集了淳熙十二年（1185）范成大跋、绍熙二年（1191）尤袤跋，还有金石学家洪迈、词臣周必大的跋，集齐四大诗人中两人的书法，可谓难得。

楼钥也是尤袤的金石之友，他有写给尤的《题尤延之给事所藏葛仙翁徙居图》诗，描绘了尤袤所藏《葛仙翁徙居图》画中情景。

尤袤的存诗里还可见他与画家吴环的交往。前文提及《送吴待制帅襄阳》二首是写给去襄阳前线任职的高宗吴皇后侄子吴环的，即吴琚的弟弟。吴琚，孝宗淳熙末1189年前后在世。曾去金国为使者，金人重其信义，世称“吴七郡王”。高宗、吴皇后都善书法，吴琚是书法家，吴环更工画竹。

第三章

四大诗人之秀者：诚斋野客杨万里

[illegible]

[illegible]

[illegible]

[illegible]一切[illegible]

[illegible]

[illegible]國來朝[illegible]

[illegible]

[illegible]事業[illegible]

[illegible]

[illegible]

第三章

四大诗人之秀者：诚斋野客杨万里

不听陈言只听天：诚斋体创立者

杨万里（1127—1206），字廷秀，号诚斋、诚斋野客。说他是四大诗人之秀者，不只因为他的字是廷秀，廷秀（庭秀）指他是家族的玉树芝兰，正对应他的名万里，出自《东观汉记·班超传》的“封侯万里”，意为建功立业远大志向。“秀”还指杨万里是四大诗人里、南宋诗坛上不同寻常的出色颖秀者，创造了追求创新、达到自得的诗学精神和诗体“诚斋体”。四大诗人中的陆游就曾心悦诚服地指出自己的诗不如杨，“文章有定价，议论有至公。我不如诚斋，此评天下同。王子江西秀，诗有诚斋风……人言诚斋诗，浩然与俱东，字字若长城，梯冲何由攻？我望已畏之，谨避不欲逢……（《谢王子林判院惠诗编》）”，诗里借一个也来自江西的年轻诗人王子林的诗，提到当时天下人的公论都说自己不如杨万里。陆游又说王子林是“江西秀”——江西出色诗人，因为他的诗有杨万里风。接着陆游还说杨诗广大壮阔、正大豪迈如长城难以逾越，自己要避其锋芒。这个评价也许有陆游的客气谦逊，但杨万里在当时的诗名的确高于四大诗人中另三位，当得起四大诗人之“秀”。

杨万里（宝谟阁直学士）像，清乾隆修《浙江余姚杨氏宗谱》

“秀”不但表现为杨万里一生一共写过二万多首诗，和陆游一样都是古代诗史上写诗最多的诗人之一，虽然他删削了大量少作，但还是有九部诗集、4200首诗留传下来，仍能成为存诗最多的诗人之一，仅次于存诗9000多首的陆游。“秀”还体现为杨万里在南宋被誉为一代诗宗。同时名臣诗人周必大在《跋杨廷秀赠族人复字道卿诗》里称杨万里“执诗坛之牛耳”，是诗坛盟主。诗人姜特立也在《谢杨诚斋惠长句》里指出“今日诗坛谁是主？诚斋诗律正施行”说杨的诗风流行一时，成为当时诗坛主流，姜的另两首诗《和杨诚斋题梅山诗卷》“洋洋海内服诗声”“授钺君当坐将坛”也说杨万里是海内人都认可的诗坛祭酒。诗人项安世《又用韵酬潘杨二首》也说“四海诚斋独霸诗”。他的诗坛地位还可以从范成大去世前一定要让杨万里为自己诗集作序看出来，还有他还为陆游诗集作过跋，有《跋陆务观剑南诗稿二首》。

杨诗之所以能在南宋诗坛超逸颖秀，是因为他有开宗立派的意识，他在《跋徐恭仲省干近诗三首 · 其一》中说“传宗传派我替羞，作家各自一风流”,可见他不但像前贤杜甫一样“转益多师是汝师(《戏为六绝句》)”，能不拘一格地学习诗歌史的优秀遗产，更不愿被前辈的成就所限制只是作为宗派中的一个传承者，立志要超过前辈，就像他说的“笔下何知有前辈（《迓使客夜归四首之一》)”，所以他不满足做江西诗派的一员，而是有意识地创立属于南宋属于自己的新诗风，不局限于北宋大诗人、江西诗派宗师黄庭坚、陈师道的樊篱，甚至要超越南朝（中晚唐）诗风鼻祖陶渊明、谢灵运的诗。南宋末的诗论家严羽就认为杨万里能自创风格成就流传千古的“杨诚斋体”，陆游没有“陆放翁体”，这一点就是杨更胜一筹。

杨万里是江西人，早年学北宋以来盛行的宋代独特诗风江西诗风，不过他和南宋很多诗人都渐渐悟到江西诗的流弊，于是开始学习北宋大诗人中王安石、陈师道比较游离独立于江西诗风之外的诗风，更进一步上溯继承了南朝陶渊明、谢灵运开创的隐逸山水抒情诗风，就像他在诗中说的“黄（黄庭坚）陈（陈师道）篱下休安脚，陶（陶渊明）谢（谢灵运）行前更出头（《跋徐恭仲省干近诗三首·其一》)”，融通唐宋，上溯东晋南朝，开创活泼灵动、不拘绳墨的“诚斋体”，扭转江西诗派的不良习气如议论多抒情少、用典多不好懂等弊端。

当然杨万里成就的诗风独树一帜，也因为他是个清节励世的士夫官员学者。他能“以道德风节照映一世（南宋黄昇《中兴以来绝妙词选》）”，爱国为民，清廉有风骨，有民族气节，谥号“文节”。杨万里是皇帝很敬重但又不能真正喜爱的那种直臣，孝宗曾在他亲身参与平乱之后赞许他有“仁者之勇”，而南宋末学者罗大经《鹤林玉露》说孝宗认为他“直不中律”，忠直不顺从世俗规则，光宗也说他“有性气”，任性使气，杨万里本人不觉得两位皇帝的评价是贬义，反而很自豪，有《自赞》自行褒美说“禹曰也有性气，舜云直不中律。自有二圣玉音，不用千秋史笔”，说孝宗（用大舜代称）说我很有脾气，光宗（大禹）说我刚直不谙俗，有两位圣人的亲口嘉许，胜过史官赞美。杨万里的性情被认为是“刚而褊”，“褊”指急躁狭隘，也就是有原则，可见他刚直不阿且不识时务，这应该和他是理学家有关，有内在强悍个性内核，也有外在坚定处世原则。后世对他这方面评价极高，如王夫之也说杨万里等文臣铮铮表见，即表现坚贞刚强。

杨万里作为有抱负的士人官员、有思想的学者思想家，关注时政，尤其关怀民族灾难和民间疾苦，满腔忧国忧民之思，诗歌也要求有为而作。不过由于他是理学家，他的诗还更多关注自然天地及体现的哲理，并在其中展现自己率性真诚的性情，就像他的《又自赞》“江风索我吟，山月唤我饮。醉倒落花前，天地为衾枕”，说自己与清风明月闲适风景融汇一体。他是坚定的儒者但不是皓首穷经、不通世事的儒生，他是理学家但不空谈玄理、不务实际，他在世间万事包括自然景物、社会生活中寻找真意，但由于个人关注点和趣味的关系，他多写自然景物，所以一直有人认为他的诗内容题材相对较琐屑，说他作诗多展现个人情趣，没能像陆游写出时代风貌。这其实只是偏见。

所以南宋以来对杨万里评价悬殊，他的名声有很大起伏，很多人评论他的诗不及四大诗人中的另两位如陆游的抗敌激情诗、范成大的田园悯农诗主题突出且令人印象深刻，爱国之情也不如范成大和陆游的深沉激越，对世间万事缺乏深厚感情，诗的思想性不高。南宋之后，杨万里和“诚斋体”名声渐渐不如范陆。

陆游的诗歌成就也许大于杨万里，但的确杨诗的创造性更强。清人吴之振等编的《宋诗钞》评论杨诗具有个人强烈特点和独特魅力“见者无不大笑。呜呼，不笑不足以为诚斋之诗”，诗歌显现的洒脱自在不是故作戏谑、低俗浅薄，而是一种深思内省后的返璞归真，是胸襟透脱宽广更是思想的超脱深厚，诗里的为人处世体悟、历史镜鉴感慨都得“味外之味”，出入雅俗，灵动不羁。

四大诗人中，历来对陆杨二人诗学成就高低的争论最多。相对而言，杨万里多写景物，更爱自然萌动，陆游多写社会现实生活，更善于写人文流荡。这两者并无高下，只是各具特色，就是杨万里说的“作家各自一风流”。钱锺书的《宋诗选注》曾比较两人诗，认为不分轩轾（高下）“诚斋放翁，正当以此轩轾之。人所曾言，我善言之，放翁之与古为新也；人所未言，我能言之，诚斋之化生为熟也。放翁善写景，而诚斋擅写生。放翁如图画之工笔；诚斋则如摄影之快镜，兔起鹘落，鸢飞鱼跃，稍纵即逝而及其未逝，转瞬即改而当其未改，眼明手捷，踵矢蹑风，此诚斋之所独也”。说陆游的诗意诗境是锦上添花，把别人讲过的意思讲得更完善美好，与古为新。杨万里则专门讲前人没说过的，是化生为熟。如果将他们的诗比成作画，陆游像工笔作画，杨万里则像摄影快拍能敏锐捕捉到那些稍纵即逝、世人一般不能注意到更不能写出来的诗意。钱锺书说从诗意、表达的独创新颖方面看，陆不如杨。杨万里《下横山滩头望金华山四首之二》“山思江情不负伊，雨姿晴态总成奇。闭门觅句非诗法，只是征行自有诗”就说山水晴雨多奇景异趣，闭门不出酝酿诗意不是写诗正途，出门远行看尽天地山水才能有灵感触发写出好诗。

钱锺书的说法是准确的，但民间百姓没有钱的敏锐深刻，他们更爱陆游的化古为新。所以钱锺书感慨“放翁万首，传诵人间，而诚斋诸集孤行天壤数百年，几乎索解人不得”，说陆诗因为其完美、诗意容易被理解得到千古传诵，而杨诗因为比较生新几百年来知音较少。最后钱锺书还引用陆游诗《明日复理梦中意作》的名句“诗到无人爱处工”，说陆游也说诗要天然自在，太过雕琢是不对的，所以诗并不是要每人都喜爱、太过迎合大众口味。这也许就是陆游认为自己“我不如诚斋”的理由。在钱锺书等很多前辈学者眼中，陆游那些过于工巧、适合拿来做春联的对仗诗句不是陆游最好的诗，就是失了自然。《红楼梦》里黛玉也说初学诗的香菱喜欢的陆游诗“重帘不卷留香久，古砚微凹聚墨多”太浅近不要学这个。杨万里的诗就胜在更自然更新异。

关于杨万里的争论还在于他和江西诗派的关系。四大诗人杨万里和陆游都曾经历中年诗风发生突变。陆游的诗风变化是后人发现的，指出他经历南郑（今汉中）抗金前线军营生活受激发领悟了阔大的诗风诗境。杨万里的诗风变化是他自己觉悟的，他说在常州为官时所作《荆溪集》一变以前深受江西诗派影响的诗风，转而多写自然山水，趋向灵动的晚唐诗风。其实也不必过于对立江西诗风和晚唐诗风，认为它们是割裂的，不如认为它们是互相依存的，随着时代变化互相转变的。钱锺书说陆游老师、江西诗人曾几的七绝《三衢道中》“梅子黄时日日晴，小溪泛尽却山行。绿阴不减来时路，添得黄鹂四五声”活泼不费力，已经做了杨万里的先声。杨万里提倡的写诗“活法”也源自诗人吕本中。杨万里还曾为江西诗派总集作序说“激扬江西人物之美，鼓动骚人国风之盛”，可见他并不对立江西诗风和源自《诗经》《离骚》的南朝中晚唐诗风。杨万里身后还曾被看成江西诗派后期的传人与领袖，如刘克庄在为曾几和杨万里诗选写的序《茶山诚斋诗选序》就说如果将宋代江西诗学比作禅学，黄庭坚是初祖，吕本中、曾几是南北二宗，杨万里诚斋出现稍迟，是临济德山。另一位南宋诗人王迈《山中读诚斋诗》“江西社里陈黄远，直下推渠作社魁”也说北宋江西诗派的陈师道、黄庭坚渐远，如今都推杨万里为魁首。所以，有人过于贬低江西诗派，强调杨万里中年时焚少作将早年写的江西体旧作付之一炬，说他兴晚唐诗风是抹杀江西诗风，这是不准确的。杨万里是融通江西和晚唐诗的集大成者，影响深广，不愧为南宋诗坛盟主。

诗者矫天下之具：走出江西的庐陵人

杨万里在四大诗人中家世相对比较一般。范陆尤家族都是官宦文化望族，但杨万里家族之前没有出过进士与官员，所以他的家世只散见于《诚斋集》和胡铨、周必大诸人记录中。

杨万里自己认为刚直清廉、被称为“关西孔子”的东汉名臣经学家杨震是杨氏始祖，不过只是精神上受其影响而已。杨万里是南宋吉州吉水（今江西吉安吉水）人，常自称“庐陵杨万里”，庐陵郡是吉安古称。今吉水有他的墓地遗址。吉水杨氏历代多出人才英烈，南宋初的抗金英雄杨邦乂就是此地人（祖籍无锡），建炎三年（1129）金兵攻克建康（今江苏南京），守臣率部投降，邦乂坚决不屈，血书“宁作赵氏鬼，不为他邦臣”拒降，被金主惨无人道地剖腹取心。后南宋追赠谥号“忠襄”。杨邦乂是杨万里的族叔祖，杨万里为他写过《宋故赠中大夫徽猷阁待制谥忠襄杨公行状》。杨邦乂与北宋四大诗人、名臣欧阳修（谥号文忠），还有南宋四大名臣胡铨（谥号忠简）、南宋词臣之冠周必大（谥号文忠）、宋末名臣文天祥（谥号忠烈）被誉为“庐陵五忠”，又和杨万里（谥号文节）合称“庐陵五忠一节”。岳飞手下大将、战死于河南小商河的抗金英雄杨再兴一说是杨邦乂义子。杨万里生长在庐陵，有刚烈不阿的个性和强烈爱国情怀是自然而然之事。

杨万里父亲杨芾（1096—1164），字文卿，号南溪居士。杨万里后有《晚步南溪弄水》“吾庐在南溪，溪北北山半。山空谁肯邻，影静鹤为伴”提及家乡的南溪。南宋四名臣的胡铨后应杨万里之请为杨芾写的《杨君文卿墓志铭》里说杨芾精通《易经》，还爱好藏书，常忍着饥寒省钱买书，积十年得到数千卷藏书，他指着书对儿子杨万里说：“是圣贤之心具焉，汝盍懋之！”懋就是勤奋努力，杨芾说这些儒家经书是圣贤思想的存在，你要刻苦钻研。幼年生活虽清贫，但在父亲濡染下，少年杨万里勤奋研读儒家经典，融会贯通，小有成就。正如他五十岁写的《夜雨》诗回忆的“忆年十四五，读书松下斋。寒夜耿难晓，孤吟悄无侪。虫语一灯寂，鬼啼万山哀。雨声正如此，壮心滴不灰”。寒窗虽苦，青云之志已生。

杨万里八岁丧母。父亲后来续娶罗氏。杨万里对继母很孝敬，在父亲 1164 年去世后继续“禄养（以官俸养亲）”继母，很多人都不知罗是继母。淳熙九年（1182）继母去世，杨万里离任服丧，前后共赡养继母近三十年。可见其人品。

杨芾在杨万里十岁左右就开始为儿子寻找名师，进行科举准备。十四岁到二十七岁间杨万里拜了很多有学识贤德之士为师。特别是他十七岁时拜南宋初重要诗人、吉州王庭珪为师。

王庭珪（1079—1171），号泸溪先生。靖康之变后诗歌多写忧国忧民情怀。他与名臣胡铨交好。绍兴八年（1138）胡铨得罪秦桧被贬，王庭珪有多首诗送别胡，送别诗如“当日奸谀皆胆落，平生忠义只心知”就极能体现胆识勇气，因此也得祸被贬。他的诗也是江西诗风，如也是赞美胡铨的“痴儿不了公家事，男子要为天下奇”就学黄庭坚的“痴儿了却公家事”。胡铨评价王庭珪是有感于怀，必有诗文发之，这和杨万里后来写作风格很像。杨万里也有《泸溪先生文集序》说老师诗如其人，率直刚正，他还评价老师的诗学杜甫，雄刚浑大。王庭珪一生多隐居乡里，著述作诗，教授弟子，为庐陵诗坛盟主几十年，他的刚正性情、爱国情怀和诗歌特色都对杨万里有很大影响。王庭珪的《次韵杨廷秀求近诗》就是与杨万里唱和讨论学诗感悟“闻说学诗如学仙，怪来诗思渺无边。自怜犹裹痴人骨，岂意妄得麻姑鞭。曾似千军初入阵，清于三峡夜流泉。只今老钝无新语，枫落吴江恐误传”，说学诗如学仙就强调多探山水自然自得仙缘。而说杨诗似“千军入阵”仍是江西诗风，而“清于流泉”则近晚唐诗风。王庭珪对杨后来的扭转诗风也有潜在影响。

杨万里受家庭影响，也爱好藏书，虽然不如四大诗人中的陆尤家族的基础。四大诗人多博学，都和出身藏书家族有关，而藏书风气又与时代文化爱好有关，这些对他们的诗写作都有大帮助。方回《跋遂初尤先生尚书诗》说范陆也包括四大诗人“皆胸中贮万卷书，今古流动，是惟无出，出则自然”，说他们读古今万卷书，自然流露化为诗意，是诗歌重要基础。杨万里在《寄题邵武张汉杰运干万卷楼》里说“愿身化作蠹书鱼”，说自己爱书所以愿意做一条书里吃书为生的蠹虫，蠹虫似鱼所以被称为“蠹书鱼”，著名理学家邵雍就有《蠹书鱼》诗说“形状类于鱼，其心好蠹书。居常游箧笥，未始在江湖”说这鱼只活在书柜书橱里。杨万里因为研究兴趣多收藏《易》学典籍。他后来还担任秘书少监，管理国家图书，多见善本孤本，也对他写诗、《易》学著作有助。

四大诗人参加科举，运气都不算特别好。尤袤虽然较早中进士第但被降到三甲进士，陆游曾两次落第第三次是直接罢黜，两人科举都受阻于秦桧。范的父亲早年曾为范规划想让他走献赋免解试的路子，后来范成大赴漕试和陆游参加锁厅试都是比较容易的针对官宦子弟的考试。杨万里因为家里没有人入仕过，一路科举格外艰难，他绍兴二十年（1150）春参加乡试中举，次年夏他从江西不远千里来到京城参加礼部试，黯然落第。他不气馁，回乡拜宣和二年（1120）中宏词科的庐陵名士刘才邵为师。绍兴二十四年（1154）春，他终于进士得中，中丙科即三甲。南宋孝宗时改进士第一、二甲为进士及第，第三、四甲为进士出身，第五甲为同进士出身。尤袤因秦桧作祟也只中三甲。陆游赐进士出身，由他此时写的《谢赐出身启》“明廷锡对，晨趋甲帐之严；亲札疏恩，暮拜丙科之宠”可知他的功名也相当于三甲进士。1154年同时参加考试的还有范陆两人，结果范杨中第而陆落第。不管仕途如何，四大诗人开始一起登上历史舞台。

年轻才子中进士后除了一甲一般都是先外放为州县微官。尤袤初官为泰兴县令、江阴学官，范成大为徽州司户参军，杨万里也于绍兴二十六年（1156）授赣州司户参军，宋代司户参军是各州掌户籍、赋税、仓库交纳等事的属官，虽烦琐辛劳但也能锻炼能力。在赣州任上，父亲带杨万里去拜谒了被贬谪江西南安的绍兴二年（1132）状元、理学家张九成。张九成（1092—1159），生长于海宁盐官（今属浙江），因主张抗金被秦桧忌恨，加以谤讪朝政罪名多次贬谪。幸好此年秦桧亡故。张九成也是杨时弟子。

秦桧死后，南宋四大名臣、杨万里的吉安老乡胡铨（1102—1180）也从极偏远的贬地海南被量移到衡州，途经赣州，两人有会晤。胡铨是建炎二年（1128）进士，官至兵部侍郎、资政殿学士。量移指官吏因罪远谪边地，遇恩赦酌情调迁离京城较近的地区。杨万里此时深受张九成、胡铨力主抗金的爱国精神影响，也受到秦桧死去消息的鼓舞。清朝江西临川名臣李纮比较胡铨和杨万里“封事（臣子奏事）则胡忠简惊人，诗盟则杨诚斋独主”，其实杨万里的政务也很出色。

到绍兴二十九年（1159）杨万里调任永州零陵县丞。抗金名将、主战派领袖、理学家、名臣张浚（1097—1164）已在绍兴二十六年（1156）第二次被贬往永州居住，闭门谢客。杨万里对张浚仰慕很久，三次前往拜见，可惜未得见面。杨万里坚持以书信力陈诚心，又让此前文字结交的张浚之子也是理学家的南轩先生张栻（1133—1180）介绍，才得以被接见。张浚对杨万里说北宋末徽宗元符年间的大官，腰中挂金印、身上穿紫袍的很多，却只有敢于对抗权相章惇专权的谏官邹浩（志完）、陈瓘（莹中）两人的姓名可与日月争光。邹浩也是杨时友人。他还对杨万里这个后辈勉励以儒家的“正心诚意”之学。正心诚意典出《礼记·大学》的“欲正其心者，先诚其意”。杨万里将张浚的教诲牢记于心，终身不忘，还将读书之室命名为“诚斋”，以明心志。此时胡铨也谪居衡州，两地不远，杨万里又请胡铨为此遇合写了《诚斋记》一文。杨万里有《跋张魏公答忠简胡公书十二纸》说自己“一日而并得二师”，得到两位良师。爱国名臣张浚、胡铨的儒学理学志向学问成为他终身效法的典范楷模。前贤的教诲是出身清寒的杨万里成就学问文采、刚毅狷介操守的重要基础，是他得之和名门之后陆范尤并列四大诗人的重要原因。张浚去世后杨万里有《故少师张魏公挽词三章》，其三的“读易堂边路，曾闻赤舄声。心从画前到，身在易中行。忧国何缘寿，思亲岂欲生。不应永州月，犹傍雨窗明”深情追思在永州向张浚学《易》往事。赤舄指古天子、诸侯所穿的赤色重底的鞋，这里指代位列公卿的张浚。

绍兴三十一年（1161）因金兵又有南侵意图，朝廷放宽了对张浚居住地的限制。后宋金战争开始，张浚被起用。虞允文主持的采石之战得胜，金帝完颜亮身死。到绍兴三十二年（1162），高宗赵构逊位，养子孝宗即位。孝宗锐意恢复，起用张浚为枢密使，后又升任右相。张浚官复原职，杨万里写了贺词。他还前往看望进士同年、状元、爱国名臣张孝祥（1132—1170）。

隆兴初年南宋朝中风气大变。孝宗与胡铨谈论当代诗人，胡铨推荐的人就有杨万里，给孝宗留下印象。隆兴元年（1163）秋杨万里赴调回到临安。赴调指官员前往吏部听候迁调，他升迁为临安府教授。一说杨万里此前应试了绍兴三十二年的贤良制举，写了很多策问。制举指朝廷在三年一次的科举常科外为选拔才能非同寻常者而设置的特科，随时设科，名目很多如贤良方正科、直言极谏科、博学宏词科等。宋代特科由大臣引荐然后皇帝直接考试，宋代许多名臣都应过特科。策问是应对以经义、政事设问求答来试士的特科。由此可见杨万里的政治志向和才能。

此时胡铨代理兵部侍郎，张浚当政，朝中北伐思想正盛，正是杨万里发挥才能的好时机，他也得到为朝官的机会。但不久杨万里就听说父亲生病。1164 年正月杨万里回到家乡，八月父亲病故，他在家守丧三年。此间是南宋前期经历隆兴北伐、和议时代起落剧变的时期，杨万里本可有大作为，可惜错过。1164 年他的老师张浚也去世。

不过在乡日子于杨万里也是一种沉潜滋养。后世才有的庐陵五忠，包括与他情为师友的胡铨，谥号里都有一个“忠”字，而“五忠”里的北宋文坛领袖欧阳修和南宋文坛领袖周必大谥号都是“文忠”，杨万里谥号“文节”，都有一个“文”，“忠”“文”正好概括这些宋代江西文采焕发、忠勇节义之士的特点。这两字是杨万里少年时濡染的，也是他对自己未来期许的，日后他是杨邦乂、胡铨这样的爱国名臣，也是欧阳修、周必大这样的文坛盟主。

杨万里常在诗文中追思推崇北宋文豪欧阳修，认为欧阳修“传斯文之骨气”，在他的《问本朝欧苏二公文章》策问中就确定欧阳修、苏轼的北宋文坛领袖地位。他还指出仁宗时欧阳修主文坛，神宗时欧阳修弟子苏轼主文坛，哲宗时苏轼弟子黄庭坚主文坛，可见欧阳修对北宋诗坛文坛的影响。欧阳修、苏轼、黄庭坚、王安石是北宋文坛四大家、四大诗人，欧阳修和黄庭坚都是江西人。杨万里树立这样的诗歌史观也是对自己有所期许。他成为四大诗人、南宋诗坛领袖不是纯偶然的。

杨万里在论诗的《诚斋诗话》中记录了欧阳修主持礼部省试时看到一个考生写的一个典故，博学通识的他好奇自己居然不知道这个典故，遇到这个考生苏轼就问他，苏轼说典故在《三国志》注里，不过是自己根据文意推断的。欧阳修并不因为苏轼杜撰典故而生气，反而认为苏轼可谓善读书、善用书。可见杨万里赞同欧阳修对用典、创新的宽容态度，他也是重读书而不死读书。

杨万里诗里写同乡前辈师长，也常将他们和欧阳修相比。他赞美师长胡铨的《见澹庵胡先生舍人》就说“澹翁家近醉翁家，二老风流莫等差”，说澹翁（胡铨）家和醉翁（欧阳修）家很近，“忠”“文”也没差别。他评价老师王庭珪和友人周必大也是比拟为唐宋八大家中的北宋大家、江西人欧阳修和曾巩。

《宋史》记载“（杨）万里为人刚而褊。孝宗始爱其才，以问周必大，必大无善语，由此不见用”，说杨万里性格刚直急躁，宋孝宗看重他的才华，但询问了周必大后周评价不高所以就不得重用杨。《两朝纲目备要》也提到周杨是同乡但言论不合，周必大当政为相后，杨万里不能同朝为官。于是一直有说周杨两人交恶的。实则周杨虽然性格差异很大，但一个“文忠”一个“文节”，都忧国爱民，忠信有操守，他们也许有意见的不合，但作为正直的官员和士人，守护相望共同的政治理想，在对方的政治低谷时也从未暗箭伤人。

周杨是绍兴二十年（1150）相识的，绍兴二十一年（1151）周杨参加礼部考试，此年周必大高中而杨万里落第。所以此后两人的仕途拉开距离。周必大次年进士高中，绍兴二十七年（1157）又举博学宏词科，杨万里1154年中进士。不过两人关系仍不错。《宋人轶事汇编》提及为相主政的周必大向孝宗举荐杨万里，太上皇高宗八十岁要上尊号，词臣杨万里、尤袤各写一本。孝宗说杨的文用典太多不好懂，不如尤文温润。周必大又想让杨当读册官，孝宗又说杨万里是江西人，口音不清，只让他当奉册官。

淳熙二年（1175）周必大做敷文阁待制和侍读到期离任，还写了《举杨万里自代状》举荐杨代替自己，称赞杨万里居家孝谨，从事廉方，富于艺文，邃于经术。淳熙十六年孝宗退位光宗即位，周必大因谗言被外放到潭州。当时杨万里在筠州，消息不灵，他十分担心周,得到尤袤信告知事情后,马上给周写信安慰友人。《江西通志》《鹤林玉露》也写到周必大晚年致仕后，杨万里不久也回乡，两人继续诗歌来往。周必大不是嫉贤妒能的人，杨万里性情耿介更不是能隐藏怨恨和周交往的人。这些说法都有道理。

杨周的交往唱和之作很多，如周必大的《次韵杨廷秀》二首写两人一起赏花，还有《杨廷秀秘监万花川谷中洛花甚富，乃用野人韵为鱼儿牡丹赋诗，光荣多矣，恶语叙谢》也写两人赏牡丹后唱和。杨万里的《题益公天香堂》“呼酒先招野客看，不醉花前为谁醉”写自己（野客）去周必大天香堂赏牡丹。周必大的《中秋招王才臣赏梅花廷秀待制有诗次韵》“梅花雪片偏宜桂，手执新诗心已醉”也写自己与杨万里一起赏梅唱和，很欣赏杨的诗。周必大《杨廷秀送牛尾貍侑以长句次韵》写杨万里赠他美味的牛尾貍和诗，于是写诗唱和感谢“公诗如貂不烦削,我续狗尾句空着”说自己的诗是狗尾续貂，十分谦逊。杨万里的《和石湖居士范至能与周子充夜游石湖松江诗韵》写周必大（字子充）去范成大（字至能）石湖别业游览，与之唱和“不知浩浩洪流后，曾有兹游奇特来。古人今人烟一抹，谁煎麟角续弦绝。一生句里万斛愁，只白秋来千丈发”，借用苏轼“兹游奇绝冠平生”诗说“此游奇特”，而三位诗人隔空唱和也值得珍惜。

周必大的《乙卯冬杨廷秀访平园即事》写杨万里来他的园林平

园游赏，《上巳访杨廷秀，赏牡丹于御书匾榜之斋。其东园仅一亩，为术者九，名曰三三径，意象绝新》写去杨万里的东园赏牡丹，还说杨万里有光宗赐字的“诚斋”，比唐玄宗赐镜湖给贺知章更荣耀，“杨监全胜贺监家，赐湖岂比赐书华”说南宋的杨秘书监家比唐代的贺监家强，还说东园虽然小但很有意趣，多赞美。他的《次韵杨廷秀待制二首·其二》“明年大作南溪社，会访拾遗花柳村”说杨万里回乡后举行南溪诗社雅集，自己也想参与，还以杜甫（拾遗）比喻杨万里。

周必大的《万安韦邦彦字俊臣携王民瞻、杨廷秀、谢昌国绝句相过，次韵勉之》写诗人韦邦彦拿着杨万里等三位诗人的诗来请教唱和，“韦郎勉力追三杰”赞美杨万里等人是“三杰”，可见周必大对杨人品诗艺的赞许推重。他的《奉新宰杨廷秀携诗访别次韵送之》“诚斋诗名牛斗寒，上规大雅非小山”也极赞诚斋诗名像天上星宿。诗意最感人的是周必大晚年的《寄杨廷秀待制》“共作槐忙五十春，交情非复白头新。却思此地初倾盖，旧事重论有几人”，说两人相识五十多年了，相知相交，情谊不是白头如新，回忆当年初见的倾盖如故，虽然旧友多已离世，更见两人知心的可贵。

杨万里之所以始终不得大用，不是周必大不引荐他，而和陆游不得志一样，无非立朝太过刚正，遇事太过敢言，指摘时弊太无顾忌，是性格问题，所以不如性格比较沉稳温和内敛的范成大、尤袤、周必大官运较顺遂。不过他们骨子里都是一样的人，坚定坚忍，共同组成中兴之臣、中兴诗人群像。

杨万里对北宋四大诗人里的江西诗派鼻祖黄庭坚、倾向晚唐诗风的王安石这两位江西前贤也多有倾慕学习。杨万里少年时学诗对黄庭坚主张的“点铁成金”“脱胎换骨”学习较多。江西诗派讲求从书本中找诗意，而他后来打造的“诚斋体”则更倾向于从自然和人世间寻求诗意。姜夔《送朝天续集归诚斋时在金陵》赞许杨万里诗集《朝天续集》的诗是“箭在的中非尔力，风行水上自成文”，说他的诗自然天成，像箭头射中靶子中心不是刻意用力而是靶心自有吸引力，也像风吹过水面自然形成纹理，就是黄庭坚说的“尊前八采句，窗下十年书”。再则黄庭坚的乐观诗意精神也对杨万里有很大影响，如黄诗《王充道送水仙花五十支》的“出门一笑大江横”及《雨中登岳阳楼望君山二首·其一》“未到江南先一笑”都和杨诗很像。杨万里后又学王安石学晚唐诗的七绝，《读诗》“船中活计只诗编，读了唐诗读半山。不是老夫朝不食，半山绝句当朝餐”写他寝食俱废地学习半山居士王安石的绝句。然后他又从王安石转到晚唐诗，转益多师，最终成就诚斋体。

由上可见江西文化、庐陵文化对杨万里的影响，他是一个走出江西的江西人，突破江西诗派樊篱但仍是诗派中人。

东南乃有此人物："立朝多大节"的正心诚意直臣

杨万里是诗人也是官员，作为中兴士大夫他的人生最终目标是北伐复国、富民安邦，为朝官、外官时都不忘这一初心。作为坚定的儒学家，他将儒家理想人格的"诚"作为修身立命的人生准则用自己的生命去践行，成为著名的直臣诤臣。他在面对关系国家百姓利益的关键问题时敢于直书直谏，甚至不惜前途直犯圣颜。罗大经《鹤林玉露》甲编卷一里说杨万里立朝即在朝为官时论议"挺挺"，这个词出自《左传·襄公五年》，意思是很刚直，如他请求老师张浚配享、说朱熹不应该和唐仲友都罢官，还有谈论储君太子监国，都是天下大事。清人纪昀《四库全书总目提要》也说杨万里"立朝多大节"，有关国家的大事都不糊涂，比如乞留张栻、力争吕颐浩，还有他的"灾变应诏诸奏"，这些经历都写入他的诗，所以通过他的诗，几百年后仍可想见他的丰采。"灾变应诏诸奏"是指古代遇到天灾，皇帝都会让臣子上策指出朝政不足，杨万里在此时都很积极，可见其风骨胆识。四大诗人都是敢于直言上谏的忠直之臣，四人个性虽有不同，但骨子里对大是大非的凛然风骨坚贞操守很相似。

四大诗人这些由进士考试进入仕途的南宋官员，除了状元等一甲幸运儿可能会直接进三馆，一般都会经历考核、外放成为低级官员的历练过程，在积累一些从政经验并有一定政绩后，优秀者经推荐会有机会回京进入国子监、秘书省等"玉堂"继续磨砺，日后的宰相执政都要从这些青年中诞生。在此，他们以高超史笔、典雅文字为国家的大事书写辞章，如杨万里、尤袤为高宗八十岁上尊号写文，他们也在繁华京都、幽雅玉堂中交往唱和，见证相助彼此的进步发展。如周必大《次韵杨廷秀待制瑞香花》"禁庭侍史令同宿，宫帽花枝故自栾"就写了自己和杨在玉堂一起值班、用瑞香花插在官帽、互相唱和，这是他们交往的大致面貌，在四大诗人诗集里都有体现。

四大诗人中，杨万里虽没有范尤在朝时间长，但也有不少“玉堂”记忆，留在诗里的也不少。

杨万里一生有多次在朝经历，与外放为官交错存在，都是他生命和诗歌的重要积淀。第一次（算上临安府教授那次，也可以算是第二次）是他在服父丧期满后，被参知政事陈俊卿推荐，乾道三年（1167）被朝廷召为国子监博士，升迁秘书少监。乾道五年（1169）陈俊卿、虞允文拜左右相，都能公心选拔隽才，使得此时成为朝中人才云集时，低调不求仕进的尤袤也是此时被陈、虞发现才华得到升迁。杨万里也得到此二人推荐。到乾道七年（1171）杨万里又转为太常博士，就是他《送钱寺正出守广德军》诗说的“辛卯中书落笔年”。乾道八年升太常丞兼权任吏部右侍郎。次年又转将作少监。1174 年被外放。

杨万里第二次较长时间在朝为官是为继母守丧三年后，此时已是十年后。淳熙十一年（1184）他期满服除，被召入京任尚书右郎，改任吏部员外郎。淳熙十二年（1185）为吏部郎中。孝宗又升其为东宫侍读，意在培养正直的他为太子（后来的光宗）助手，同时选中的还有尤袤。次年杨万里转任枢密院检详，历任尚书省右司郎中、左司郎中，仍兼东宫侍读。1187 年任秘书少监。再次回到 1173 年的仕途点。到淳熙十六年（1189）孝宗禅位光宗，杨万里复直秘阁，又任秘书监。

杨万里在京城的时光里，结识志同道合的友人，在政治和诗文中交流唱和，有值得记录的事迹，都写入诗篇。

南宋时皇城大内在今杭州城南，和宁门是官员们出入地。杨万里有《经和宁门外卖花市见菊》写自己上朝去给太子讲课情景“清晓肩舆过花市”，应写于淳熙十二年左右。《晓入秘书省，过三桥》也写他清晨上朝。

写于1164年的《中书胡舍人玉堂夜直用万里所和汤君雪韵和寄，逆旅再和谢焉》是杨万里较早写“玉堂夜直”即在官署值夜班的诗，不过不是他自己的“玉堂”经历而是与“玉堂夜直”的师友中书舍人胡铨的唱和，写于杨万里初为京官因父病回乡的那个充满遗憾的冬天。“得句却嫌椽笔小”“夜哦妙语锵鸾鹤”可见他与胡铨的诗文交往，也体现了他对胡铨等前辈“玉堂”生涯的向往。多年后，杨万里和四大诗人中的另几位也都成为“玉堂寓直”的“紫微郎”。

杨万里有多首紫薇花诗，如《凝露堂前紫薇花两株每自五月盛开九月乃衰二首》其一说“莫管身非香案吏，也移床对紫薇花”，为什么写紫薇花？是因为它有特殊含义。唐代曾为中书舍人的白居易有《紫薇花》“紫薇花对紫微郎”，紫微郎就代指中书舍人等朝中前途无量清贵词臣职位。陆游也有《紫薇》自叹身世“钟鼓楼前官样花，谁令流落到天涯？少年妄想今除尽，但爱清樽浸晚霞”，用流落天涯的紫薇花自喻自己不能入朝为官。杨万里有多首诗写自己“玉堂寓忠”的朝臣词臣生涯，如《立春日有怀》“玉堂著句转春风，诸老从前亦寓忠。谁为君王供帖子，丁宁绮语不须工”说自己现在也像师长前辈一样成为玉堂直夜的朝臣，为君王、国家辛苦写书文字，节气佳日也要书写喜庆帖子，为国为民语辞朴素就好不需华丽辞藻。再如《东宫讲退，触热入省，倦甚小睡》应写于他任职尚书省兼太子东宫侍读时：“承华下直直几廷，新暑醺人睡不成。到得曲肱贪梦好，无端急雨打荷声。起看翠盖如相戏，乱走明珠却细倾。归路开心最凉处，水风四面一桥横”，说自己从东宫承华殿为太子讲读后来到尚书省，大热天因为疲劳小睡了一会儿，却被“急雨打荷声”惊醒，他笔下官署池塘中的雨中荷叶仍是活泼富有生气，如翠绿伞盖，在雨中摇摆如相互嬉戏，叶上雨滴如明珠流转。可见杨万里虽身在宦途，公务繁忙，却仍有一颗灵动如旧的赤子童心。“曲肱”指弯着胳膊当作枕头，用《论语·述而》“饭疏食饮水，曲肱而枕之，乐亦在其中矣。不义而富且贵，于我如浮云”的典故，表达跳出功利、安于闲逸的思想意境。

杨万里一生多交往，他的4000多首诗中交游诗约1100首，交游对象近500人。除了在家乡吉安组织参与南溪社外，还在他有过宦迹的临安、零陵、常州、金陵等地都组织或参与过雅集、唱和或诗社。他的《大司成颜几圣率同舍招游裴园，泛舟绕孤山赏荷花，晚泊玉壶得十绝句》是1167年他做国子监博士时和同舍（同僚）游西湖并诗歌唱和，《舟中奉怀三馆同舍》也写他怀念秘书省同事唱和往事。

由杨万里的诗里可看到，孝宗淳熙年间后期［约淳熙十一年（1184）至淳熙十六年（1189）］在临安的诗歌唱和中最有特色，临安诗坛交游主要成员还有四大诗人中的尤陆。杨尤关系尤亲密。此时杨万里为秘书监、东宫侍读等职，尤袤为太子侍讲、太常少卿等职，职位有所交叠，因高宗庙号、高庙配享的讨论来往尤其多，性情、诗歌兴趣也相似，所以唱和也多，如杨万里的《早朝紫宸殿贺雪呈尤延之二首》，还有《给事葛楚辅侍郎余处恭二詹事招储禁同寮沈虞卿秘监、谕德尤延之右司侍讲、何自然少监、罗春伯大著二宫教及予泛舟西湖步登孤山五言》“群仙此小憩，呼酒领一欣”、《同尤延之、京仲远玉壶饯客二首之一》“南漪亭上据胡床，不负西湖五月凉。十里水风已无价，水风底里更荷香”都写了杨尤这些当代文宗泛舟西湖诗唱和如仙人般的潇洒诗意，成为南宋诗坛最华美的记忆。《上巳同沈虞卿、尤延之、王顺伯、林景思游湖上得十绝句呈同社》之二“总宜亭子小如拳，著得西湖不见痕。湖上轩牖无不好，何须抵死拣名园”也写他和尤袤等同僚游西湖名园。晚年的《谢尤延之提举郎

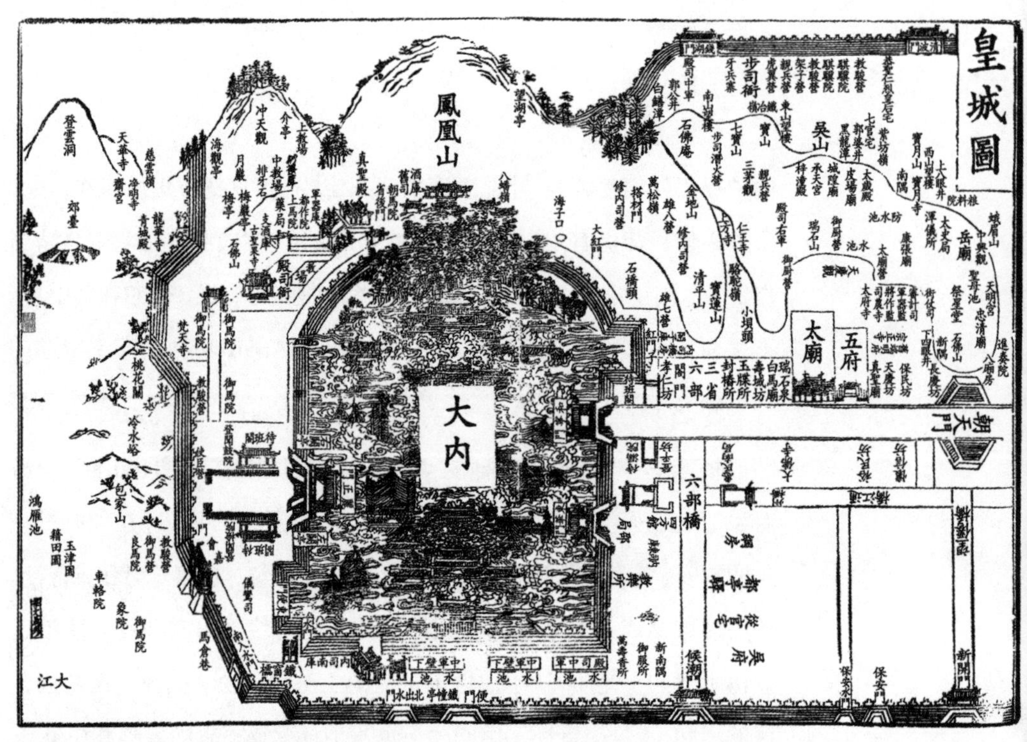

南宋皇城图，是当年尤袤、杨万里等南宋中兴诗人为官与唱和的所在（姜青青复原图）

中自山间惠访长句》也追忆了他和尤袤晚年对昔日京城交游的回想“交游云散别如雨，同舍诸郎半为土。……向来南宫绫锦堆，南窗北窗桃李开”。《上巳日予与沈虞卿尤延之莫仲谦招陆务观沈子寿小集张氏北园赏海棠务观持酒酹花予走笔赋长句》更是杨尤陆三位诗人齐聚临安名园张氏北园赏海棠的写照，诗里“伟哉诗人桑苎翁，持杯酹酒浇艳丛”写了陆游（桑苎翁）饮酒赏花诗兴大发的诗意形态，是四大诗人中兴诗风的典型场景之一。杨万里是懂陆游的，“伟哉诗人”是对陆游“此身合是诗人未”的赞美肯定。

宋末周密《癸辛杂识》引南宋名臣倪思的话“窃见秘书监杨万里，学问文采，固已绝人；乃若刚毅狷介之守，尤为难得！夫其遇事辄发，无所顾忌，虽未尽合中道，原其初心，思有补于国家，至惓惓也！”倪思对杨评价极高，说他的学问文采已超逸群臣，刚毅狷介操守更是难得。他很有正义感、责任感，每有大事都能无所顾忌地表达意见，虽然他的见解未必都合正道，但追索他的初心，都是想对国家有益，恳挚忠诚至极。

杨万里做朝官时，能体国恤民，立朝刚正，遇事敢言。他做地方官时，也能体恤民情、为政清廉。绍兴三十一年（1161）冬的采石之战中，南宋大挫金兵，杨万里对名臣名将虞允文非常崇敬。乾道三年（1167）他到临安后拜见了名臣陈俊卿和虞允文，献上政论《千虑策》，有君道、国势、治原、人才、民政等篇，是他通过读史并加以分析，借古鉴今，总结北宋末以来的历史，针对南宋的内忧外患、国弱民困，提出薄赋敛、节财用的施政理想。《千虑策》得到虞允文赞赏“东南乃有此人物！……当以此人为首”，说江南居然有这样的人物，我要举荐的话当以此人为第一。乾道五年（1169）陈俊卿、虞允文拜左右相，杨万里又上书抒发自己的抗金策略。杨万里一直关注金国军事，提出抗金谋略如下：任将以能；废冗兵，以边地养边民；两淮引民沿江屯田以拒守等，都切合南宋实情，可解决南宋的军事困境，可惜虞允文不久被朝廷排斥最终忧愤而终，杨万里的策略也成为废纸。

杨万里善治《易经》，《易》是研究变易，他试图从中悟得盛衰治乱轨迹，化为拯救国运的现实关切与作为。他的《诚斋易传》体现革新思想和忧患意识，最主要就是“兴天下之大利，为天下之大益”和进君子退小人，主旨就是利国利民。正如他在诗歌上融通江西、晚唐诗风，他也借鉴王安石变法成败提出变法不可过激。乾道六年（1170），杨万里赴任隆兴府奉新（今江西奉新）知县。到任后见百姓苦于赋税，细查后知道是税吏居中盘剥，于是施行了他思考很久的不扰民施政方针，阻止催缴赋税的官吏扰民，并放宽百姓的交税期限和额度，百姓如有逃赋税的只把名字贴在集市中，结果百姓反而自动纳税，县里大治。这实践正好印证了他给朝廷的策论“保国之大计，在结民心；结民心，在薄赋敛；薄赋敛，在节财用”的简政方针。他为爱护百姓，不但禁止税吏骚扰百姓，更是从制度上杜绝官吏贪腐，彰显公平。他在奉新只任职半年，却留下很好的政绩政声。

淳熙十二年（1185）杨万里为吏部郎中，五月因为地震之故应诏上书，论时政十事，多是他长期思考之事，坚决反对放弃两淮、退保长江的误国之策，劝谏孝宗专心备战，更提出“人才（是）最急先务”，还上《（淳熙）荐士录》，举荐朱熹等六十人，可谓思贤若渴。而孝宗看重他忠义刚直，因为太子东宫缺少讲官，就提拔任命他为东宫侍读，体现了要将他培养成未来君主肱股重臣的意图。东宫官僚都为太子得到一个“端人”（正直的人）相庆贺。“端人”典故出自《孟子·离娄下》，意思是用心不邪僻，就是张浚教诲的“正心诚意”。可见杨万里和尤袤的人品都得到同时朝官首肯，孝宗选中他们也是意料之中。杨万里也非常认真对待东宫侍读这份工作，《初夏清晓赴东宫讲堂》《东宫讲退触热入省倦甚小睡》都可见他的勤勉。平时赵惇读书，杨万里都以现实中发生的事联系书本知识对太子进行规劝和告诫，得到太子敬重。赵惇还亲题“诚斋”给杨万里。

可惜，杨万里的耿介性情注定他的仕途不能平静无波，除了孝宗、光宗感慨其直、有性气，友人、丞相周必大说他“有折角之刚”，应该是说他雄辩不服输，朱熹说“杨诚斋廉介清洁，直是少”是说他清廉有节操世间少有，也就是水至清无鱼之意。淳熙十五年（1188），孝宗认同翰林学士洪迈的建议，以吕颐浩等人配飨高宗庙祀。杨万里则力争自己的老师、抗金名相张浚，他还直斥洪迈指鹿为马，这激怒了孝宗，杨万里被外放知筠州（今江西高安）。淳熙十六年（1189）孝宗禅位给太子赵惇（光宗）。作为潜邸旧臣，杨万里被召入京。他经历仕途挫折依然性情不改，连上三札请光宗“一曰勤，二曰俭，三曰断，四曰亲君子，五曰奖直言”（《第三札子》），要勤政俭朴，远奸佞小人，亲近君子，奖励直言进谏。此时杨万里为秘书监，太上皇的《孝宗日历》修成，惯例应由他作序，宰臣却让别人作序，杨万里知道是孝宗耿耿于怀，请求去职，却被光宗挽留。接着《孝宗圣政》本也应由杨万里奉进，但也不顺遂。结果杨万里外放为江东转运副使。

江东任上，杨万里又遭遇考验和失望。绍熙三年（1192）朝廷想在富足的江南诸郡行使铁钱会子，熟识南宋经济的杨万里觉得此事于经济与民生都无益，再次直言上书谏阻，并且不奉诏，再次得罪了宰臣，出为赣州知州。杨万里也对朝廷失望至极，未前往就职，并请求任祠禄官，为秘阁修撰、提举万寿宫，称病回家乡吉水隐居东园。此时尤袤也对国事朝政不满想要退隐，两人可谓同进退。

杨万里任江东转运副使，权总领淮西、江东军马钱粮，任官期满账面结余达万缗。巨额财富在前，杨万里却毫不动心。所以永嘉四灵之一的徐玑有诗《见杨诚斋》“名高身又贵，自住小村深。清得门如水，贫惟带有金”，说杨万里晚年归乡住在南溪旁，清贫度日，家里唯一财富就是朝廷所赐玉带上的金子。

杨万里一生爱国忧民事迹很多，都写入诗篇。他虽没像范成大一样深入金国九死一生，但也曾作为接伴使先后两次入淮，接送金国使者，多次渡过南宋士夫心底的痛淮河中流，来往当时是边境前线的江淮之地，这是南宋许多士人不能有的经历，即使是陆游也没有，这独特的经历使得他的入淮诗和范成大的使金诗一样，有了比同辈诗人爱国诗更深邃厚重的底色。杨万里的入淮诗，看似仍是轻灵闲适的诚斋体，但细味诗境阔大深沉、诗意含蓄蕴藉，多体现其讽喻诗委婉深刻的特点，实则也是他诗歌的高峰。

绍熙元年（1190），前一年年底金朝派使者来南宋祝贺新年，所以此年年初杨万里以焕章阁学士充任接伴金国贺正旦使，受命前往迎接，杨万里在80天接送行程中，写下了约350首诗歌，和范成大的使金北行诗、陆游的陕甘抗金前线诗交相辉映。而且他此后的很多诗歌也都有这个寒冽冬日凄冷风雪江淮记忆的影子。

《初入淮河四绝句》就写于北行途中，“其一”写“船离洪泽岸头沙，人到淮河意不佳。何必桑乾方是远，中流以北即天涯！”“其二”写“刘岳张韩宣国威，赵张二相筑皇基。长淮咫尺分南北，泪湿秋风欲怨谁？”“其三”写“两岸舟船各背驰，波痕交涉亦难为。只余鸥鹭无拘管，北去南来自在飞”“其四”写“中原父老莫空谈，逢着王人诉不堪。却是归鸿不能语，一年一度到江南”都写了杨万里作为爱国者到宋金别界“淮河中流”后“意不佳”的真实感受，他想起南宋初的抗金四大名将刘锜、岳飞、张俊、韩世忠和中兴名相赵鼎、张浚不胜感慨，说人和两岸的船不如江上鸥鹭、天上鸿雁不能自由南北来往，“中原父老莫空谈，逢着王人诉不堪”就是范成大《州桥》的“父老年年等驾回。忍泪失声询使者，几时真有六军来”，而四绝句中含蓄又沉痛的一句是“中流以北即天涯”，道出国土沦丧、河山破碎、南北分隔的现实，令人落泪。此外他的《雪雾晓登金山》也是写此次经历，当诗人作为使者亲身感受宋金前线镇江金山的吞海亭已成为服务金使烹茶的休闲场所时，深感羞耻悲愤：“大江端的替人羞！金山端的替人愁！”《过扬子江二首·其一》也写同样的悲愤，诗的前面大半似乎只是写长江（扬子江）的深厚历史文化，但长江也是战略天险天堑，诗最后的“携瓶自汲江心水，要试煎茶第一功”看似闲适，实则是写汲水为金使烹茶，所以满满都是羞愤和感伤。

杨万里很多诗都深含对历史和现实的忧患和理性思考，如《读罪己诏》是对孝宗因北伐受挫而政策转变的微词忠告，《道逢王元龟阁学》写抗金名臣、张浚友人、建炎二年榜眼王大宝，表达对忠良被贬谪远地、汤思退等投降派得势的悲愤，《故少师张魏公挽词》表达对师长、爱国名臣张浚因北伐失利抱憾而逝的痛惜，《题盱眙军东南第一山》“白沟旧在鸿沟外，易水今移淮水前”也就是“中流以北即天涯”，可能表达上既没有范成大的朴实清晰，也没有陆游的明了痛快，因为“诚斋体”自带的通脱活泼，冲淡了题材的沉郁苍凉，所以很多读者并没有领会他蕴含深处的忧国苦心。再如这首《舟过杨子桥远望》“此日淮壖号北边，旧时南服纪淮壖。平芜尽处浑无壁，远树梢头便是天。今古战场谁胜负，华夷险要岂山川。六朝未可轻嘲谤，王谢诸贤不偶然”似乎只写了江淮形胜、六朝兴亡，其实也是通过与历史对比嘲讽现实，“此日淮壖号北边”说现在淮河之地成了北面边界，就是“中流以北即天涯”，“六朝未可轻嘲谤”意思就是今天的反对北伐者都可以被嘲讽。

杨万里的爱国诗需要细细体味，就像他的题画诗《题刘高士看云图》“谁言咽月餐云客，中有忧时致主心”借画中人物自道，说自己看起来是不食人间烟火不知人间疾苦的隐逸者，心里却满满都是忧虑时世忠于朝廷的爱国心。他晚年的《夜读诗卷》中也说自己的爱国心少人知晓“两窗两横卷，一读一沾襟。只有三更月，知予万古心”。

的确杨万里的很多诗都大胆讥议朝政，只是表达比较含蓄。如他的《早谒景灵宫》写在景灵宫焚香进行皇家祭祖，“百辟焚香官柳影，一鸦飞立殿檐东”就有讽喻之意。孝宗隆兴北伐失利后，和议带来较长时间的休养生息，当久违的和平来临，久战厌兵，君臣多有沉湎逸乐者，西湖上都是皇家御园和权臣的私人园林，普通百姓不能靠近，但很多南宋士人百姓并没有沉迷太平，对现实保持反思，从南渡诗人到中兴诗人，他们的诗中一直有讽喻劝诫的清醒声音，时时提醒皇帝和朝廷不要忘了靖康之难。如林升《题临安邸》就辛辣讽刺又急切告诫热衷在西湖大兴土木、沉醉歌舞升平的权贵们小心重蹈北宋覆辙。杨万里在游乐诗里也不忘讽刺时弊，如《大司成颜几圣率同舍招游裴园，泛舟绕孤山赏荷花，晚泊玉壶得十绝句》其五的“西湖旧属野人家，今属天家不属他”说西湖旧日属于野客林和靖，如今都属皇家，以开玩笑口气说出大胆犯忌话语，和他平时直言上谏相似。再如他写给陆游的《寒食雨中同舍约游天竺，得十六绝句呈陆务观》之十五也说“却将葑草分疆界，葑外垂杨属别人”，将西湖葑草蔓生将湖面分割成两边，比喻成淮河分割的南宋半壁江山和北方沦丧国土缩影。他之所以有这样的感触，和他担任过接送使、多次来往淮河有关，而他对朝廷偏安一隅进行了辛辣的讽刺，更是近似冒犯天威，足见孝宗说他“直不中律”。

范成大的田园诗很著名，其实杨万里也有100多首农家田园诗，而且他是四大诗人中唯一出身农家的，所以关心民间疾苦的悯农情怀也很真切，如《悯农》“稻云不雨不多黄，荞麦空花早着霜。已分忍饥度残岁，更堪岁里闰添长”写农家生活、农村劳作的艰难、苦乐，《雨作抵暮复晴五首》写对风调雨顺、安居乐业的期盼希冀，《晚春行田南原》“吾生十指不拈泥，毛锥便得傲蓑衣”表达对农民的尊重敬意，体现宋代文人共同的重农情怀、农为国本意识。他的写景纪行诗也常写到农事，如《过百家渡四绝句之四》就写道“远草平中见牛背，新秧疏处有人踪”。他的《插秧歌》很有特色，写农人一家四口冒雨辛苦协作劳动的景象“田夫抛秧田妇接，小儿拔秧大儿插。笠是兜鍪蓑是甲，雨从头上湿到胛。唤渠朝餐歇半霎，低头折腰只不答。秧根未牢莳未匝，照管鹅儿与雏鸭”，不但需要一起插秧，还要在秧苗根未牢时提防养的小鹅小鸭伤到秧苗，和范成大《晚春田园杂兴》写小童“编阑鸭阵归”相似，记录了南宋江南已形成成熟套作模式仍需要依靠劳力的农业特色。

杨万里其实也很早就有归隐之念，虽然不像尤袤、范成大那样未出仕就有倦退之心。范尤杨多有关于隐退的唱和，如范成大的《次韵同年杨廷秀使君寄题石湖二首》说杨万里是“公退萧然真吏隐”“半世轻随出岫云，如今归作卧云人”，杨万里写给尤袤的《尤延之和予新凉五言,末章有“早归山林”之句,复和谢焉》说自己和尤袤有“平生还山约，终食能忘此”的约定。

四大诗人不管是早萌退意的还是心底放不下国事不愿隐退的，进入仕途后都是身不由己。如锐意进取的陆游却无奈远离政治中心，作为祠禄官隐居乡间很多年。范成大身体不好屡次辞官才得以奉祠，有了闲居家乡的珍贵十年。尤袤对朝政失望也屡次请辞，但作为光宗潜邸旧僚友皇帝不愿让他走，不过他仍没忍耐到可自然退休的七十岁。杨万里也是光宗潜邸老人而对朝政失望，也被光宗儿子宁宗挽留，1192 年为祠禄官后，到 1199 年过了七十岁才得以致仕，此时他有感恩诗兴奋地诗说“问天乞得个闲身”。尤袤和杨万里常直言上谏却被光宗、宁宗挽留，是因为他们正直而有才干，皇帝虽然不一定喜欢他们但还是很信任依赖他们。如杨万里，他由于长寿活到宁宗朝，此时作为硕果仅存的主战派老臣有很高威望，连朱熹都力主晚年在家的他应该再次出任官职，赞许他敢直言规劝皇帝“只有此老尚可极言”，朝中赵汝愚和韩侂胄两派都想争取他。当然杨万里始终坚守初心，不与赵韩合流。五次辞官弃官被拒后，他终于致仕成功，他曾为了致仕上书说自己虽称 66 岁实际已经七十岁了。

晚年的杨万里，曾与权相韩侂胄（1152—1207）抗衡，并不依附。韩侂胄是北宋名相韩琦的曾孙，高宗皇后吴太皇太后的外甥，还是宁宗皇后韩氏的叔父，他执政后极力网罗四方人才为羽翼。韩侂胄在京城筑南园，还以中书、门下省的高位为诱饵想让文坛领袖、名臣杨万里写一篇《南园记》，却被一向不喜权贵筑园的杨万里断然

朱熹像《历代至圣先贤名人像》
（清宫南薰殿藏本）

赵扩像《历代帝后半身像册》
（台北故宫博物院藏）

拒绝："官可弃，记不可作也。"他还写诗规劝陆游不要屈从韩侂胄，有"不应李杜翻鲸海，更羡夔龙集凤池（《寄陆务观》）"之句。韩侂胄记恨在心，杨万里也因此在家闲置了十五年。但晚年的杨万里仍不忘忧国，因为韩侂胄专权僭越更严重了，他忧愤郁郁成疾。杨的家人不告诉他当时的政治形势以免他担心，但一天他知晓了韩侂胄北伐之事，认为韩专权，轻易动兵对国家个人都无好处，悲愤忧惧，于是不肯进食，兀坐书斋中，书遗言"吾头颅如许，报国无路，惟有孤愤"给妻儿，笔落而逝，和他的师长张浚一样抱恨忧愤而终，享年八十岁。他的遗言和陆游《示儿》诗"王师北定中原日，家祭无忘告乃翁"有相通处。

杨万里夫人罗氏，也是很有格局见识的女子。杨家家风清廉，罗氏夫人生活也简朴，在追求奢华的南宋，作为高官夫人她平日佩戴首饰只是银的，衣服也很朴素。长子杨长孺孝敬她的钱物她也用之不安，一次生了病后就将钱物都捐了。她生育四子三女，都自己哺乳，说不忍心让乳母子女分离。她七十多岁时仍在冬天凌晨起来煮粥给仆人婢女吃。杨长孺劝她不要辛苦，她却说仆人也是父母生的，体现了朴素的民本意识，和杨万里想法相似。杨长孺（1157—1236），原名寿仁，字伯子，号东山。他是以荫补入仕的，绍熙元年（1190）他首次为官赴父亲曾为官的永州零陵任县簿时，六十四岁的杨万里写了《大儿长孺赴零陵簿示以杂言》劝诫他要做个好人好官："好官易得忙不得，好人难做须著力。汝要作好官，令公书考不可钻。借令巧钻得，遗臭千载心为寒。汝要作好人，东家也是横目民。选官无选处，却与天者长青春。老夫今年六十四，大儿壮岁初筮仕。先人门户冷如冰，岂不愿汝取高位。高位莫爱渠，爱了高位失丈夫。老夫老则老，官职不要讨。白头官里捉出来，生愁无面见草莱。老夫不足学，圣贤有前作。譬如著棋著到国手时，国手头上犹更尽有著。"诗里道尽为人父、为官的无限感慨，说好人好官难做但也要努力去做，有点类似苏轼《洗儿》"人皆养子望聪明，我被聪明误一生。惟愿孩儿愚且鲁，无灾无难到公卿"，但也有不同，杨万里主要是希望长子维持家族名声。杨长孺为官和父亲一样体恤百姓清正不阿，曾因忤权贵而罢官，还得到宋宁宗"不要钱，是好官"的赞许，可谓不负父亲的期许。杨万里的二儿子杨次公赴江西安仁做税务官时，杨万里也有诗《送次公子之官安仁监税》"汝仕今差晚，家庭莫恨离。学须官事了，廉忌世人知。争进非身福，临民只母慈。关征岂得已，龙断欲何为"，教诲诫勉儿子要廉洁要爱民。杨次公为知县后，杨万里又有诗《除夕送次公子入京受县》表达欣喜和劝勉"弟兄努力思报国，放我沧浪作钓翁"。杨万里的四儿子杨幼舆任税务官时，杨万里也有《送幼舆子之官澧浦慈利监税二首》教导儿子要爱国爱民，诗其二说"若道厚征为报国，厚民却是负君恩"就很耐人寻味，和他的生平抱负、立朝提议一样都保持思考深度，在爱国（爱君）和爱民间选择后者，体现了他作为宋代士大夫的民生民本思想。

杨万里历经高、孝、光、宁四朝，他的一生，虽然未能等到光复中原的一天，但立朝有大节，践行了张浚“正心诚意”的教诲，也印证了虞允文“东南乃有此人物”的期望，晚年身处庆元党争中却又能超然其外全身而退，他的一生是爱国爱民有为有意义的一生，少有遗憾，算是完满。

闲看儿童捉柳花：诗句自来寻老夫

除了在意“诗者，矫天下之具”即诗的儒学教化功能外，杨万里也在意诗的“钩天下之至情”即诗的诗意审美功能。他用自己擅长的理学观、艺术感造就“诚斋体”。

杨万里的诗一直以来评价两极，就因为他独创的“诚斋体”亦谐亦庄、雅俗并存，和传统唐诗、宋诗都不相同，并不是每个阅读者都能接受。不过“诚斋体”的确是宋诗，是北宋江西诗风和（南朝）晚唐江南山水诗风的融合体，也体现了经学、理学、诗学和艺术的综合，还带着杨万里的独特个人特色，使得厌倦江西诗派诗歌的人们耳目一新。项安世的《题刘都干所藏杨秘监诗卷》赞美他是“雄吞诗界前无古，新创文机独有今”，陆游的《赠谢正之秀才》也说“诚斋老子主诗盟，片言许可天下服”，可见当时诗人对杨万里的推崇。杨万里对诗歌“新”的特点有着极致追求，他与范成大唱和的《和范至能参政寄二绝句》其一说“忽览新诗意豁然”，说突然看到范诗感觉新奇颖异。他写给陆游的《朝天续集和陆务观见贺归馆之韵》“君诗如精金，入手知价重。……破琴聊再行，新笛正三弄。因君发狂言，湖山春已动”也赞美陆诗清新俊逸。杨万里自己的诗也是这样，张镃《喜杨诚斋赴召》说他“朝天续集开新咏”，他自己的《送马庄父游金陵》说“江山拾得风光好，杖屦归来句子新”，还有他的《蜀士月彦和寓张魏公门馆，用予见张钦夫诗韵》“不是胸中别，何缘句子新”，《跋陆务观剑南诗稿》的“尽拾灵均怨句新”也都追求新的诗意。

杨万里一生有《江湖集》《荆溪集》《西归集》《南海集》《朝天集》《江西道院集》《朝天续集》《江东集》《退休集》九部诗集。他的诗集是长子杨长孺在嘉定元年（1208）编定的，排序和范成大的诗歌按宦迹排列相似，是“一官一集”，可对应他的生平。《江湖集》是他的早年诗集在绍兴三十二年（1162）焚千首江西诗风少作后的留存。《荆溪集》是他在常州为官时的变法之诗，《西归集》是他离开朝廷西归回乡的诗，《南海集》是他去广东为官时所作，《朝天集》《朝天续集》是他两次长期在朝中时的诗，《江西道院集》是他被贬谪筠州的诗，《江东集》是他建康为官的诗，《退休集》是他晚年隐居家乡的诗。杨万里诗风多变，未必像他说的“一集一变”，但可分为四个时期，绍兴三十二年前学江西诗派，此后至淳熙五年（1178）是创新探索，1178年后是自我诗风“诚斋体”形成期，绍熙元年（1180）即入淮之后诗风大变迎来诗歌成熟高峰期。

杨万里在常州有《荆溪集》，诚斋体形成是他诗学一大关键。从淳熙四年至淳熙六年在常州两年期间，他作诗492首成为《荆溪集》，荆溪是水名，在常州宜兴境内，因此得名。杨万里在常州受江南风景和以往积累触发而顿悟，年过五十的他诗意大发灵感无限，突破以往，自成诚斋体。

诚斋体的形成固然是诗歌趣味的取舍，与当时的政治压力、朝中朋党之争也不无关系。逼仄的社会背景使得人们厌恶刻板固化的旧有文化模式如雕琢呆板的江西诗风下者，向往自然山水抒情写意诗风，坚持“正心诚意”的真诚情感思想，追求透脱灵动的审美情趣意境，“诚斋体”应运而生，深刻反映了南宋时代风向，也体现了《易》的通变主旨对诗的影响。

到淳熙十四年（1187）杨万里写了《荆溪集序》回忆自叙解读1178年时的诗歌蜕变过程。他说初学江西诸子，又学陈师道的五律，学王安石的七绝，再向晚唐诗人学绝句。但为官很忙，读诉状，理财政，只能亲近公文，有诗意也未能写下来。1178年正月初一，节假日没有公事，写诗时忽有所悟，不再学唐人和北宋王、陈等诗人，文思顺畅不再艰难。此后，每天一过午时，官吏离去，杨万里就戴着面具来到空寂庭院，攀登古城墙，采摘杞子菊花，攀折树木花草，发现自然、人世间“万象毕来，献予诗材”，各种物象意象会纷至沓来成为笔下写诗素材，“涣然未觉作诗之难也”，此前的困惑滞涩消失，不再觉得作诗困难了。杨万里说甚至连做官也觉得不难了。

杨万里诗里能体现诚斋体特色的元素很多，但俯仰皆是带有“小”的意象、各种花卉，还有儿童、小动物，如蝴蝶、蜻蜓等特别引人注目。

杨万里有一首《新柳》就恰好是1178年写的，“柳条百尺拂银塘，且莫深青只浅黄。未必柳条能蘸水，水中柳影引他长”，既自然灵动又余韵深长，说新生柳条长度似乎不足点水，错觉无非水中柳条倒影造成的，很有理趣和画意。再如写于1179年的《稚子弄冰》“稚子金盆脱晓冰，彩丝穿取当银钲。敲成玉磬穿林响，忽作玻璃碎地声”，写儿童冬日玩冰。还有写于常州的《观小儿戏打春牛》“小儿著鞭鞭土牛，学翁打春先打头。黄牛黄蹄白双角，牧童绿蓑笠青箬。今年土脉应雨膏，去年不似今年乐。儿闻年登喜不饥，牛闻年登愁不肥。麦穗即看云作帚，稻米亦复珠盈斗。大田耕尽却耕山，黄牛从此何时闲？”写的是儿童模仿大人鞭打春牛的习俗和对丰收民乐的期待。打春牛是立春前一日迎春劝农习俗，用芦苇或纸张造春牛，父母官杨万里拿着彩鞭击打春牛，然后百姓将春牛打烂。

此后的诚斋体诗都体现江南审美情韵，也体现雅俗共赏的师法自然、写诗活法和烂漫童心。钱锺书《宋诗选注》称赞杨万里“用敏捷灵巧的手法，描写了形形色色从没描写过以及很难描写的景象”。他的4200多首诗包含500多首有关植物的诗，很多写小花野花都是以前诗人们不太写的。杨万里自称“诚斋野客”，他的确喜爱这些野逸朴素有真趣的花草。

除了脍炙人口的《晓出净慈寺送林子方》的西湖荷花和《小池》的“泉眼无声惜细流，树阴照水爱晴柔。小荷才露尖尖角，早有蜻蜓立上头”，杨万里还有《雨足晓立郡圃荷桥》“郡池六月水方生，便有新荷贴水轻”写新荷,《清晓湖上》“荷花笑沐燕支露，将谓无人见晓妆”写晓荷,《荷池小立》“阿谁得似青荷叶,解化清泉作水精”写青荷叶,《秋凉晚步》“绿池落尽红蕖却，荷叶犹开最小钱”写小荷叶,《将至建昌》“绿萍池沼垂杨里,初见芙蕖第一花”写新开芙蓉。荷花的恣意自在面貌很有杨万里风范。

杨万里还有多首写野梅、野菊等野花的诗，如《野蔷薇》“路上山花也则稀……燕脂浓抹野蔷薇”,《野荼蘼》“不识荼蘼恨杀人，野花香里度芳辰”,《晚归遇雨》“溪回谷转愁无路，忽有梅花一两枝”写野梅,《白菊》“白菊初开也自黄，开来开去白如霜。小蜂劣得针来大，不怕清寒嗅冷香”写白菊和小蜂,《三花斛三首·右兰花》“雪径偷开浅碧花，冰根乱吐小红芽。生无桃李春风面，名在山林处士家”写野兰,《腊前月季》“只道花无十日红，此花无日不春风”写月季的“月月红”,《入上饶界，道中野酴醾盛开》“千朵齐开雪面皮，一芽初长紫兰枝。一芽来岁还千朵，谁见开花似雪时”写野酴醾（荼蘼）,《道旁店》“青瓷瓶插紫薇花”写野店野花,《道傍小桃》“独行寻到青苔处，拾得嫣红一片看”写野桃花,《秋山》“小枫一夜偷天酒,却倩孤松掩醉容”写枫树,《过百家渡四绝句》“园花落尽路花开，白白红红各自媒。莫道早行奇绝处，四方八面野香来”写路花野香之奇绝。前人写花多写雍容牡丹、清雅梅花，杨万里笔下的野花最能体现南宋雅俗共赏的诗意美学。

而《初秋行圃》“落日无情最有情，遍催万树暮蝉鸣。听来咫尺无寻处，寻到旁边却不声”、《过百家渡四绝句之三》“疏篱不与花为护，只为蜘蛛作网竿”写蝉与蜘蛛。《鸦》“稚子相看只笑渠，老夫亦复小卢胡。一鸦飞立钩栏角，子细看来还有须”写儿童与乌鸦，“卢胡”是笑的意思，《宿新市徐公店》“儿童急走追黄蝶，飞入菜花无处寻”写儿童、菜花、蝴蝶，《闲居初夏午睡起》“日长睡起无情思，闲看儿童捉柳花”写儿童和柳絮，《桑茶坑道中》“晴明风日雨干时，草满花堤水满溪。童子柳阴眠正着，一牛吃过柳阴西”写童子、柳树和牛，《舟过安仁》“一叶渔船两小童，收篙停棹坐船中”写小舟和小童，《送客归至郡圃残雪销尽》“儿童道是雪犹在，笑指梅花作雪花”写儿童、梅花。尽显自然童心之趣，体现南宋诗歌之趣。

从观察玩味自然物象尤其前人较少注意写到的细微新奇物象意象中发现新异情致，是对世界充满好奇、好学态度的宋人尤其南宋人在诗上的突破，因为唐人包括北宋人的诗已写了太多题材，很难有所创新。杨万里就很擅长这个，他用敏锐的感觉、不拘一格的态度，捕捉或说拾得很多灵感写成充满新意的诗。杨万里《晓经潘葑》诗说“岸柳垂头向人揖，一时唤入诚斋集”就用拟人手法写出了他“捉诗”“拾诗”的过程，诗意纷纷进入他的《诚斋集》。

四大诗人其他成员、杨的诗友也都关注这一变化和过程，时时有所交流并互相影响。如范成大《谢江东漕杨廷秀秘监送〈江东集〉并索近诗二首其一》“……残灯独照江东集……斯文赖有斯人在，会合何时得细论”说自己认真挑灯读杨的《江东集》，很赞赏认同杨诗，希望有机会相聚讨论。杨万里的《偶送〈西归〉〈朝天〉二集与尤延之，蒙惠七言，和韵以谢之》“两集不须求序引，只将妙语冠陈编”是送《西归集》《朝天集》给尤袤，尤写诗表达了对杨诗新变的赞许，杨和诗答谢。四大诗人后继者姜夔还有《送〈朝天续集〉归诚斋，时在金陵》说“处处山川怕见君”，是敬佩杨的捉拾诗意本领太强。

杨万里之所以能做到“万象毕来，献予诗材”“老夫不是寻诗句，诗句自来寻老夫（《晚寒题水仙花并湖山三首》）”，是因为很有艺术感受力和审美能力，钱锺书说“诚斋则如摄影之快镜（《宋诗选注》）”，杨万里曾学郭熙画且擅长画论，所以特别善于在自然中发现别样的美，触物感兴。就像他的《船过灵洲》说“江山惨淡真如画，烟雨空蒙自一奇。病酒春眠不知晓，开门拾得一篇诗”，《舟过谢潭》“好山万皴无人见，都被斜阳拈出来”，《过杨二渡》“春迹无痕可得寻，不将诗眼看春心。莺边杨柳鸥边草，一日青来一日深”都写尽那些无人顾及又美不胜收的人间诗情画意。

处处山川怕见君：悟活法、喜翻案的理学家

杨万里除了是艺术家，还是理学家，他以艺术家的眼光看万物的同时，又以理学家的思路体悟世界，理学带给他透脱的胸襟和活法思路，对他的诗歌新变产生很深影响，尤其是张浚教诲他的“正心诚意”的“真”“诚”境界，是杨诗中出现很多儿童形象还有童心、口语化、雅俗共赏等特色的根本原因。

四大诗人登上诗坛时，的确压力很大，唐人已把好诗好意象都说完，北宋四大诗人以超高天资另辟宋诗风韵，其中黄庭坚创立的江西诗风“无一字无来历”“点石成金”被认为是典型宋诗，但到南宋初的四大诗人都已感觉其下者的弊端与不足。四大诗人都选择了晚唐诗为突破口，但杨万里还想自立特色，选择“拾得”“活法”为自己的武器，苦心孤诣可参见他的《苦吟》“先生苦吟日色晚，老铃来催吃朝饭。小儿诵书呼不来，案头冷却黄齑面”。

“拾得”“活法”特别在意师法自然、得江山之助，四大诗人包括杨万里特别想借此扭转江西诗风的一味学古、学书本。“拾得”就是北宋四大诗人欧阳修与苏轼提倡过，杨万里与陆游进行了更深入的践行。“活法”来自江西诗派吕本中，主旨是要活用诗法而不死执诗法，提倡写诗不要死板板滞要流畅自然。杨万里将“活法”光大，使得诚斋体特别灵动。周必大《次韵杨廷秀待制寄题朱氏涣然书院》“诚斋万事悟活法，诲人有功如利涉”就指出杨诗处处用活法，说理透彻。“活法”在吕本中前苏轼也曾对此有过尝试，用“妙喻”手法，借助对日常生活的丰富真实体验和敏锐的艺术创造力营造了无限诗趣。杨万里也有雅俗共赏的艺术感，用“活法”继续了苏轼的探索，对人生自然进行探求，得到透脱的道理。

杨万里对诗坛前贤的学习是多面通达圆融的。如杨万里写给范

成大的《寄题石湖先生范至能参政石湖精舍》“东坡太白即前身”将范成大比作李白、苏轼，说是自己的学习楷模，写给陆游的《朝天续集和陆务观见贺归馆之韵》“平生怜坡老”也将陆游比作苏轼。他的很多诗提及李白和苏轼，称他们为“谪仙”“坡仙”，《题李子立知县问月台》就说“唤起谪仙同醉吟，一面问月一面斟”，《又跋东坡、太白瀑布诗，示开先序禅师》也提及东坡太白两诗翁的庐山瀑布诗对自己的影响。《游丰湖》是杨万里到惠州西湖时说杭州、颍州、惠州三个西湖都是苏轼到过的“三处西湖一色秋，钱塘颍水及罗浮。东坡原是西湖长，不到罗浮便得休”。《望谢家青山太白墓》“阿朓青山自一村，州民岁岁与招魂。六朝陵墓今安在，只有诗仙月下坟”由李白上溯李白的诗歌偶像、南朝小谢谢朓。

杨万里在前人大家已有无数高妙诗意的压力下，开出“诚斋体”的新境，很了不起。他的诗多用“活法”营造诗外之意，也常用“翻案法”另辟诗中蹊径。“翻案法”也是他学习前人而创的诗法，在《诚斋诗话》中提出并通过诚斋体的创作成功践行。他的“翻案法”还常反用，更是妙趣横生。如他的《晓行望云山》“霁天欲晓未明间，满目奇峰总可观。却有一峰忽然长，方知不动是真山”写云山、真山真幻难辨很有理趣。《入常山界》“一峰忽被云偷去，留得峥嵘半截青”诗意相似。《晚登净远亭》“野鸭成群忽惊起，定知城背有船来”写人间寻常道理。《夏夜追凉》“夜热依然午热同，开门小立月明中。竹深树密虫鸣处，时有微凉不是风”，说清凉不是来自外在的风而是来自内在的心境。《观雪二首·其一》“倩谁细捻成汤饼，换却人间烟火肠”写雪却说能请谁将雪做成热腾腾的美味面条（宋代汤饼指有汤面条），作为人间温暖烟火慰藉人心。

特别有“活法”特色、体现“翻案法”的是杨万里的多首从行旅山水间感悟理趣的七绝。《过松源晨炊漆公店六首之五》“莫言下岭便无难，赚得行人错喜欢。正入万山圈子里，一山放出一山拦”写俗世经验说下山不难是骗人的，亲身体验过才知。《过上湖岭望招贤江南北山》“岭下看山似伏涛，见人上岭旋争豪。一登一陟一回顾，我脚高时他更高”诗意很相似，说人在岭下觉得很寻常，见别人登岭也想试试，结果回头去看走过的山，发现自己虽然已站得很高了前方的山岭却更高，就很像宦途半生的感悟。他还有一首《桂源铺》可当成对前两首诗的解答“万山不许一溪奔，拦得溪声日夜喧。到得前头山脚尽，堂堂溪水出前村”，说群山万岭中的溪流被山阻隔，但溪水终究要流出群山，富于积极诗意，透彻灵动地回答了前诗的迷惘。和叶绍翁《游园不值》“春色满园关不住，一枝红杏出墙来”、辛弃疾《菩萨蛮·书江西造口壁》词“青山遮不住，毕竟东流去”一样都借自然规则，说努力总会有结果。《宿灵鹫禅寺》“初疑夜雨忽朝晴，乃是山泉终夜鸣。流到前溪无半语，在山做得许多声”似乎是写人间常景，又似乎在讽喻世情。《三江小渡》“交情得似山溪渡，不管风波去又来”也是讽喻人情。饱经官场磨砺的杨万里还多借行程写世间和人生哲理，《夜泊曲湾》“顺流一日快舟行，薄暮风涛特地生。不是江神惊客子，劝人早泊莫追程”、《从丁家洲避风行小港出荻港大江三首·其三》“十程拟作一程快，一日翻成十日留”写欲速则不达，《下横山滩头望金华山四首之二》“篙师只管信船流，不作前滩水石谋。却被惊湍旋三转，倒将船尾作船头”也写这个道理，似乎有杨万里宦途感想的夫子自道。还是“正心诚意”行走人生正途的从容自在感受经历最重要，就像《过西坑》“干风无那湿云何？吹不能开只助他。野水落溪生蟹眼，一番过了一番多”，《过五里径三首之二》“野水奔流不小停，知渠何事太忙生。也无一个人催促，自爱争先落涧声”的自在自得。

总之只要你有好奇的诗心、善于发现的慧眼，天地间诗意不尽。

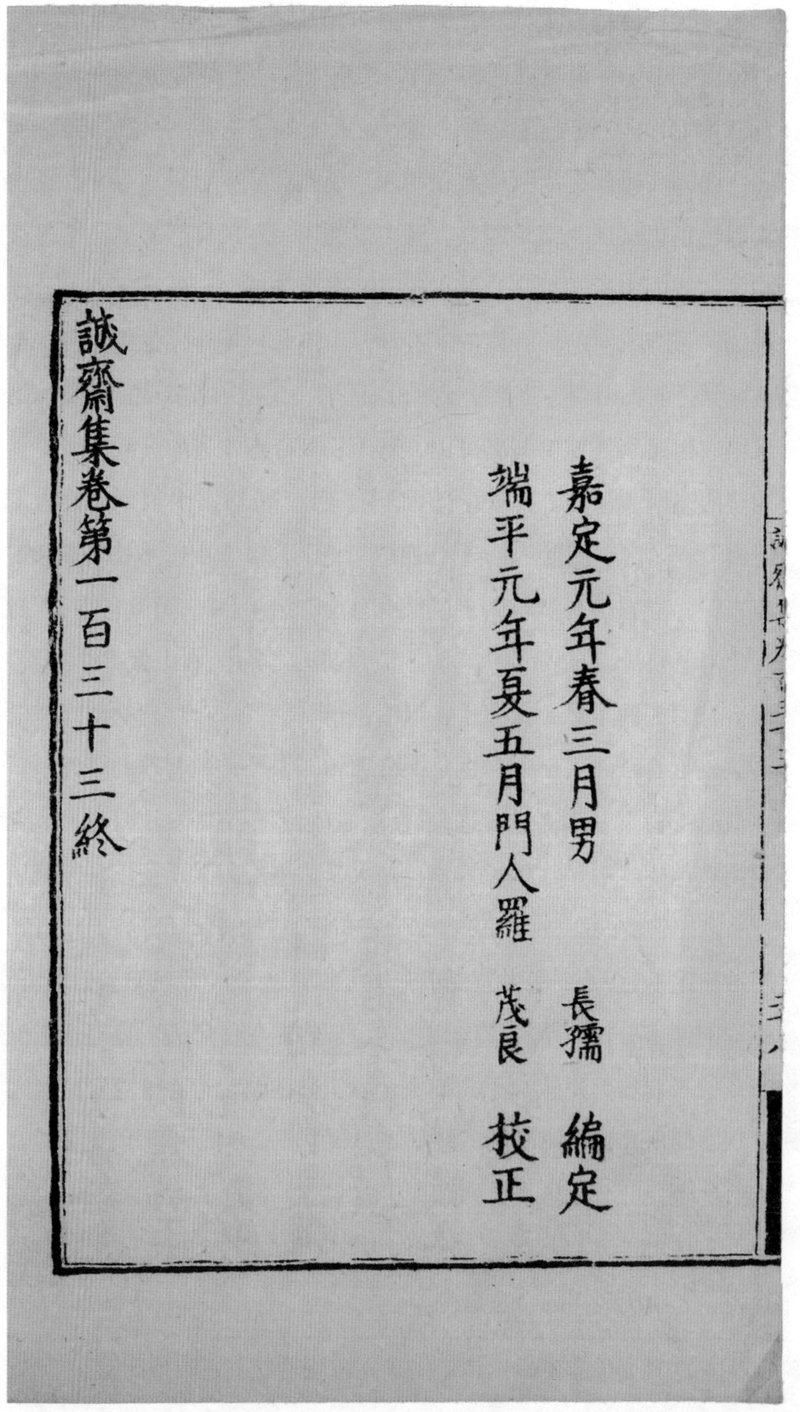

嘉定元年春三月男長孺　編定

端平元年夏五月門人羅茂良　挍正

誠齋集卷第一百三十三終

杨万里《诚斋集》最后由长子杨长孺在嘉定元年（1208）编定

杨万里的《下横山滩头望金华山四首》之二“闭门觅句非诗法，只是征行自有诗”就说像江西诗派末流苦吟造句不是写诗的正途，在人生旅途中诗意自来。“闭门觅句”是江西诗派鼻祖黄庭坚写另一位江西诗派大将陈师道的，“闭门觅句陈无己”说陈师道写诗要苦吟，就像《石林诗话》里说的“陈无己每登临得句，即急归，卧一榻，以被蒙之，谓之吟榻。家人知之，即猫犬皆逐之，婴儿稚子亦皆抱持寄邻家”，他登临山水古迹有了构思就回家卧床蒙被苦吟构思，要求绝对安静，家里人把孩子、宠物都抱走怕影响他。这其实和中晚唐苦吟诗人李贺的骑驴锦囊收纳诗句、贾岛的骑驴推敲诗句相似。陈师道的诗意当然仍来自现实、自然，但杨万里并不赞同这种磨砺雕琢诗句的苦办法、偏狭路子，他觉得“征行自有诗”，行走人世间和自然中，自然悟得诗意、轻松化为诗句才是正途。

姜夔《送朝天续集归诚斋，时在金陵》赞许杨万里《朝天续集》的诗已很成熟，“箭在的中非尔力，风行水上自成文”，箭射中靶子是“唯手熟尔”自然而然，风吹过水面自然形成纹理（诗文之理）。要写出好诗，学习前人和师法自然都不可偏废，江西诗派鼻祖黄庭坚“尊前八采句，窗下十年书”的苦读苦吟，理学大家朱熹“向来枉费推移力，此日中流自在行”的水到渠成，厚积薄发，多思多行，知行合一，灵机触发，才可以由豁然开朗的诗中自在行。

读杨万里的诚斋体诗，能看到诗人的鲜明个性形象，如《夏夜诚斋望月》最后说“玉兔素娥兼老子，三家一样雪髯鬙”，说月中玉兔、嫦娥和赏月的诗人都是一样的白发，真是奇思妙想，让人感到非常亲切真实。再如他的《题彭孝求碧云飞观》“寸云如絮起青原，飞空化作一碧山。天风吹上南斗边，砰然堕在快阁前”写云，也是求新求异、奇思无限，令人想见“诚斋老子”的爽朗面目。

读杨诗，还能体味诚斋体的诗之别味，所谓“映日荷花别样红”，《诚斋诗话》的“诗已尽而味方永，乃善之善也”，还有杨万里为诗人刘应时诗集写的《颐庵诗稿序》说茶味苦尽甘来，比饴糖的初甜后酸要好，诗也是如此，也就是《春菜》诗说的“盐醯（指醋）之外别有味”。范成大《次韵同年杨廷秀使君寄题石湖》赞美杨万里的诗也说“句从月胁天心得，笔与冰瓯雪碗清”，前一句说他诗意新奇，后一句说他的诗味如茶悠长。杨万里还有一首《和李天麟二首·其一》更是说得透彻，“学诗须透脱，信手自孤高。衣钵无千古，丘山只一毛。句中池有草，子外目俱蒿。可口端何似，霜螯略带糟”说学诗讲求透脱即“活法”和信手“捉诗”“拾得”，“衣钵无千古”指要有创新，要有南朝山水创始人谢灵运《登池上楼》“池塘生春草，园柳变鸣禽”的新变意识和捕捉稍纵即逝灵思的能力，最后以饮酒食蟹的美味来比喻超逸独特诗味。

杨万里的诗，有人觉得和李白杜甫比不够阔大，和苏轼黄庭坚比不够高雅，甚至也不如范成大的平和，陆游的华美，尤袤的温润，但他的诗以艺术家的敏锐、理学家的乐观、鲜明的个人特色，凸显了南宋诗歌的化俗为雅，彰显了他活泼率真的真诚赤子之心，诗风谐趣盎然、引人入胜。可以说，他继承发扬融合了理学诗人程颢“仁者浑然与物同体”的仁者之乐、江西宗师黄庭坚“出门一笑大江横”的士夫傲骨，他的诚斋体诗如其人，是南宋诗的奇峰。

第四章

四大诗人之大者：石湖居士范成大

第四章

四大诗人之大者：石湖居士范成大

小范之多才和玉堂摛文：仙翁仲淹后人

为什么说范成大是四大诗人中的大者？比起尤袤的静退之逸，杨万里的锐意求新之秀，范成大的博大沉厚也值得注意。

范成大的宦迹在四大诗人里是比较独特的存在，他仕途早达，也较早奉祠在乡，这就是他没有在孝宗淳熙后期和其他三位诗人一起参与临安诗社的原因。他虽然与其他三位诗人年龄相近，也有因为直言逆耳被外放的经历，但他三次入朝任官，仕途相对较顺利，比起入仕较晚的尤袤算是官声早著，也没有像陆游一样没能进入朝中权力中心，像杨万里一样仕途有大起大落，特别是他的北上使金之行获得孝宗较深的好感和愧疚之心，升迁之路还是比较通达的，即使一度远放广西、西川，也不过是历练。他得到孝宗“卿气宇不群（《宋史》）”的赞赏，自致（凭主观努力）得到“大用”，“入参大政”任参知政事（副相），为资政殿大学士，身为宰辅，是四大诗人里官位最尊崇的。他虽然较早就在孝宗淳熙十年（1183）因身体不好辞官回乡，但光宗听过他任“说书（给皇帝讲课，也就是经筵）”时讲的课，他还在1189年向新登基的光宗上书讲“当世要务”，所以光宗赵惇后来也评价说他很完美，说他凭借文章德行，成为士人的榜样，被孝宗赏识知遇，登上宰执之位，也有当封疆大吏、地方要员的经历，为国家兢兢业业，对天下事能了然于胸，给皇帝讲史很有水平，有大智慧。而且范成大虽然中年后体弱多病，但并不是没有大作为，一直是很有政治智慧的实干家，是封建时代完美的文臣典范。

所以王夫之评价范成大、杨万里这些南宋大臣都能表现出刚强坚贞的品性人格，才能出众，又气质文雅雍容，诗如其人也是气韵舒缓、辞藻优美高雅。就像杨万里在范成大去世后评价他“公风神英迈，意气倾倒，拔新领异之谈，登峰造极之理（《石湖先生大资参政范公文集序》）”，即风采神韵英俊豪迈，志向气概令人倾倒。范成大的“所立”有不凡、阔大之处，足以匹配南宋初中期相对来说政治清明、社会安定的时代。如范成大从乾道八年（1172）到淳熙九年（1182）十年间辗转在桂林、成都、明州（今宁波）、建康（今南京）等地，四任帅守，开府地方，真正参与见证南宋前中期的“中兴之治”气象。

范成大与尤袤相交的记载不多。他和杨万里交往唱和较多且情谊交游亲密，他去世前还留遗言给长子范莘说“今四海文字之友惟江西杨诚斋，与吾好且我知，微斯人畴可以嘱斯事”，说杨万里是他最认可的诗友，和自己交好而且懂自己，只有杨可以担起自己诗集的整理工作。他和陆游虽只是早年短暂同事过，并在四川有较短暂的上下级关系，但共历磨难也算知心之交。晚年在家乡的范成大又成为江南文坛隐然宗主并和姜夔等诗人交往，虽然他在四大诗人中没有像杨万里一样属于核心人员，也没有像杨、尤、陆的唱和交往、诗歌交流一样构成对晚唐诗风的推行，但拜他的官位和美名，他的诗歌影响仍然是较大的，在四川时他的诗一写出，就四方传抄，一时洛阳纸贵。

范成大一生有诗一千九百多首，数量上虽不如陆游的一生作诗过万存诗近万首，也不如杨万里的焚尽少作也仍存诗四千多首，范成大的诗类型很多，除了闻名天下的北行使金诗，他的地理记游诗和四季田园民俗诗也很出色。而且范的诗风虽不如陆游壮丽但也很流丽，诗歌的思想情怀格局较宏大，雅俗兼容并蓄的风格也体现他的阔大眼界襟怀。杨万里称赞范诗中的长篇“奔逸隽伟，穷追太白（《石湖诗序》）”，还说他是“东坡太白即前身（《寄题石湖先生范至能参政石湖精舍二首其二》）”，说他的诗风范格调可比李白杜甫苏轼，还说“今海内诗人不过三四，而公（范）皆过之无不及者（杨万里为范成大诗集作的序）”，就是他《寄题石湖先生范至能参政石湖精舍二首其二》里说的“四海如今几若人”。杨万里还说自己“予于诗岂敢以千里畏人者，而于公独敛衽焉”，说自己在诗歌上从未对其他人服气,但唯独很佩服（敛衽）范成大。还说范的诗是“难者易、偏者兼”，就是因为范成大格局很大，所以写诗举重若轻、诸体兼长。

杨万里说费尽心思、刻意为之，写山水风月，寻章雕句，都是寻常诗人发无聊不平之音，不能局限范成大这样的诗坛大家。说范成大的诗文不是不能工丽，只是不愿只求工丽而已。而且范成大学问渊博，也助益他诗境阔大，他不但辞章方面与尤袤都为当世一流词臣，词也是名家词，书画也出色，书法为南宋四大书法家之一，由很多题画诗可知其善画也善鉴藏,他的谱录、方志如《三录》《二志》也是成就独到，多方面创作和研究均为一代冠冕。

正因如此，同时代的文学家崔敦礼评论范是“包罗百氏，磅礴九流，以辉煌汗漫之作而执耳文盟，以博大高明之资而盱衡（扬眉举目，意为超逸）士类”，在文坛和士林都是大家。诗人叶茵称颂范成大是“千古湖山人物,万年翰墨文章”,词人张镃赞美范成大是“事业文章两足尊，南北东西曾遍历”，昆山逸士龚明之说范成大是“范公文章政事，震耀一世”。的确，范成大既才能出众、政绩丰富，最后成就卓著功名，也淡泊名利，在政治斗争中全身而退，晚年隐逸家园成就身心自在，是传统儒家主张的“达则兼济天下，穷则独善其身”的两全其美典范。《宋史》也说“范成大致书北庭，几于见杀，卒不辱命。俱有古大臣风烈，孔子所谓‘岁寒然后知松柏之后凋’者欤?”足见他伟大人格的楷模意义。宋之后，范和陆也成为四大诗人里影响较大的两人，到清代更有“家剑南而户石湖”之说。

如果只是这样看待范成大人与诗的博大，还是比较空廓浮薄的。可以深入看看范成大才高位重似乎一切都举重若轻之外的另一面。范成大虽出身世家大族，父母都出身名门，但他童年就经历战火。少年时父亲来京城供职，对其也曾有远大前程的期许。可惜范成大十八岁左右突然遭遇重大家庭变故，努力培养他的父亲猝然去世，此前母亲也已去世，本来科举考试会较顺遂的他带着弟妹黯然回到家乡苏州,为父母守丧。他在寺院隐居读书十年,一度心灰意懒,深受佛道思想影响，此后在父亲友人鼓励下才重新参加科考。这样的少年经历使得范成大比在青年时代才遭受科举挫折的尤袤和陆游内心更脆弱易感，就像他那位家世坎坷饱受磨难的家族前辈范仲淹一样，科举入仕后虽然眼界开阔、心胸广博，心底却始终细腻敏感，对民间悲欢疾苦有更为真切的感同身受，感时感世忧国悯农爱民，有慈悲有慧眼,这些又成为范成大人格里更深层次的另一种“博大”,和族祖范仲淹“先天下之忧而忧,后天下之乐而乐”的广大襟怀相通。比如他的名句“纵有千年铁门槛，终须一个土馒头”，是消极也是置之死地而后生、知其不可为而为之的积极。

所以本书称范成大为南宋四大中兴诗人之大者，以概括彰显他的政治声望、文坛影响及忧世爱民情怀。

范成大（1126—1193），原字幼元，字至能（一说致能），号石湖居士，平江吴郡（今江苏苏州）人。

范氏家族本世居苏州，一说是越国名臣、传说晚年隐居江南明哲保身的范蠡的后人，也是北宋名臣范仲淹同族。寓居苏州的范成大同庚好友周必大为范成大写的《资政殿大学士赠银青光禄大夫范公成大神道碑》就说吴郡范氏自范文正公范仲淹从孤童白手起家，在北宋仁宗庆历时为参知政事，过 136 年，他的裔孙范成大又在南宋孝宗淳熙时为参知政事，是一段佳话。虽然范仲淹、范成大的族谱谱牒不通，但郡望相通，都是鸱夷子范蠡的苗裔，都是吴郡吴县人。后来范成大友人楼钥在范致仕归乡时写的《资政殿大学士通议大夫范成大转一官致仕》文中就说范是“胸中之有甲兵，世称小范之多才”。因为范仲淹当年被西夏人敬畏为“小范老子腹中自有数万甲兵”。

明代内阁首辅王鏊也是苏州人，他说宋代时苏州“入参大政”的有两位范公，就是北宋范仲淹、南宋范成大，范仲淹范文正公是仁宗朝名臣，当上宰辅没一年就因为小人罢官，范成大是孝宗朝名臣，当上宰辅不过两个月也因言官罢官。王鏊认为北宋之治仁宗朝最盛，南渡后孝宗朝最盛，都致力仁政和太平盛世，两位范公都能以身许国，可谓君臣千载难逢的际遇，可惜道之难行、忠良不容于时，自古如此。范仲淹是宋代第一流人物，范成大也是。范成大的出使金国受书行为，体现了汉代苏武啮雪的节操。他阻止孝宗任用佞臣张说为相，很有唐代名臣阳城为了阻止唐德宗重用裴延龄为宰相直言要撕了诏书的忠直刚烈。还有上奏罢免明州进贡海物，和唐代忠臣、孔子第 37 世孙孔戣的惠政相同。范成大在成都，不但偃武修文，还和陆游等人唱和。他还在诗里写了吴中民风士俗，南宋苏州的人情物态都可见。

范成大的苏州族祖范仲淹（明佚名作）（南京博物院藏）

同为名臣文学家的王鏊的评价很到位。

范成大父亲范雩字伯达，饱读诗书，治《易》，学问精深，驰誉于太学，学者以为模范。宣和六年（1124）进士，这是北宋最后一次科举，状元是北宋科学家沈括家族的沈晦。两年后靖康之变发生，范雩带着妻儿家人，跟随逃亡的南下士民回到江南，此时范成大还在襁褓中。范成大四岁时，平江（今苏州）、临安（今杭州）等江南之地被渡江南下的金兵侵略，苏州被焚烧抢劫一空，百姓死亡无数，更大量流离失所。范成大和陆游的童年记忆里都有火与血的痕迹，四大诗人这一代一生都处在摆脱童年记忆阴影和牢记民族耻辱的痛苦矛盾中。四十五岁的范成大又被孝宗派去出使金国，再次见到北方沦陷区百姓的苦难，被触发了内心深处的阴影，这大概是范的使金诗特别深挚沉重的深层原因。

生于乱世，是范成大的大不幸，但生于官宦文化世家，又是他的大幸。他的母亲蔡氏夫人是北宋诗文俱佳、四大书法家之一蔡襄的孙女，是为官五十载、名臣文彦博的外孙女，范成大亲得母亲教导，深得真草行之秘诀。日后他成为南宋四大书法家之一，和家学渊源大有关系。范成大从小颖悟好学，还在母亲怀抱里已能认识屏风上的字。像天下所有望子成龙的父亲一样，范雩对长子范成大寄予厚望，严格教导，范成大十二岁就遍读经史书籍。到绍兴九年（1139）范成大十四岁时，他已显露不凡的诗文才能。但也在这年，他的母亲去世了。四大诗人，除了陆游其他三人都是母亲早亡。

南宋建立后，范雩回朝继续任职。绍兴十年（1140），范雩被选为各王宫大小学教授，此时范成大兄妹五人因母亲去世就随父亲来到杭州生活，此后寓居京城数年。范成大来杭后住在佛日净慧禅寺，跟从慧举上人游学。佛日山寺在今杭州城北临平星桥街道黄鹤山南一带，五代吴越王钱弘佐建造，北宋苏轼在杭为通判时常去此地，熙宁七年（1074）有诗留题于山寺壁间。后来范成大在淳熙四年（1178）重游佛日寺，为苏轼的诗留题书跋提及自己三十七年前十五岁时随慧举上人游居于此，“游居”指游憩闲居，就是寄宿读书。范成大后来科举入仕，一生陆续在杭州住了很长时间，杭州成为他的第二故乡。除了西湖，成年的他依然爱西湖边的佛寺，可见深受少年时代经历影响，他在《游灵石山寺》里说“西湖富清丽，城府尘事并。我独数能来，不负双眼明”，对官务之余有时间亲近西湖深感欣慰，《寄题西湖并送净慈显老三绝》“南北高峰旧往还，芒鞋踏

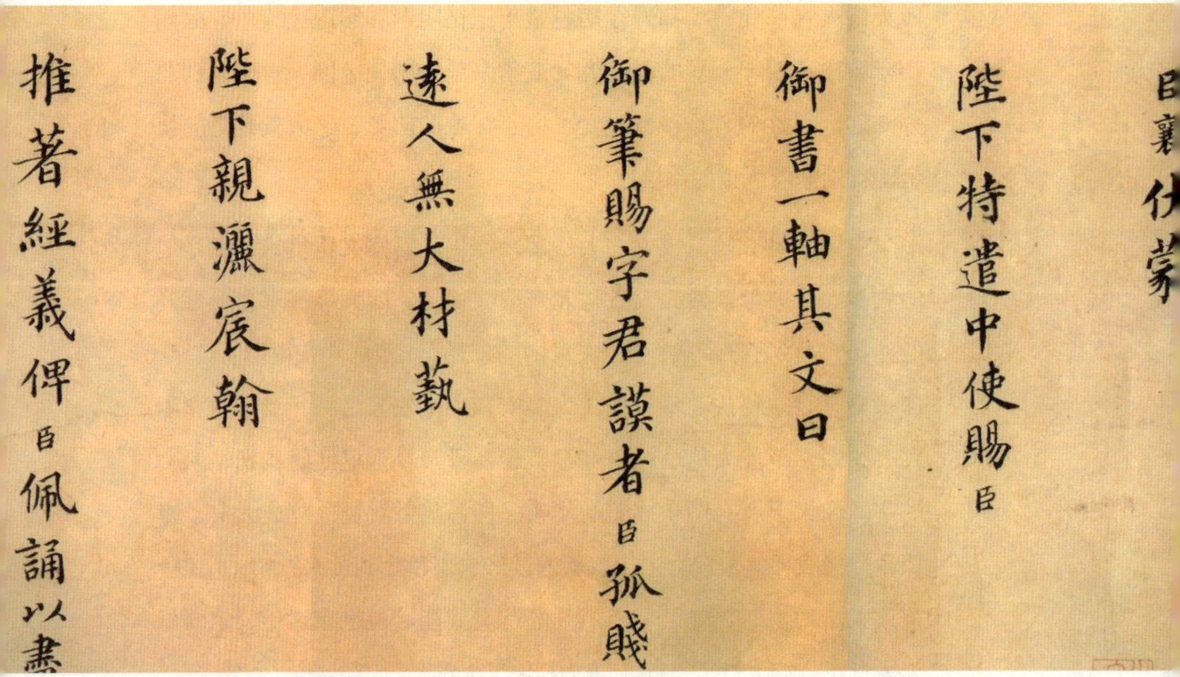

北宋四大书法家、范成大外曾祖蔡襄书法《谢赐御书诗表》(局部)(日本东京台东区立书道博物馆藏)

遍两山间。近来却被官身累，三过西湖不见山”，写与净慈寺僧人结交但因官务繁忙无暇相见，《李翚知县作亭西湖上，余用东坡语名之曰饮绿》“石湖也似西湖好”，说西湖和家乡石湖一样美。他后来在《吴郡志》中引用谚语说“下有苏杭，上有天堂”，可见他像苏轼一样对杭州有前生今世的夙命归宿感，这也和他深受佛教思想影响有关。楼钥的《跋云丘草堂慧举诗集》也提到慧举善诗，与范成大为知己，两人常唱和。可见范成大成年后和慧举、显老等杭州禅僧有交往。他一生诗里都有很多佛教禅宗内容，常以禅入诗、以禅论诗，还用了很多禅宗公案语录，这是他诗歌的一大特色。

厚重的家学渊源，良好的文化启蒙，独特的少年求学经历，为范成大日后的人生走向打下底色。但他不久又遭遇不可预测的命运变数，经历人生更大的历练磨砺。绍兴十一年（1141）范雩当了秘书省正字。此年大事是岳飞被诬告谋反。范雩后又升任秘书省校书郎，掌管国家图书收藏和抄写。可惜他身体不佳，在绍兴十三年（1143）六月致仕，当月去世。

父亲的去世让已饱受母亲去世心灵打击的范家五个孩子更为迷惘悲痛，尤其是身为长子的范成大。父亲在时，已为天资颖慧的范成大铺好了较为顺畅容易的科举路。绍兴十二年（1142）绍兴和议，赵构、秦桧杀害岳飞，宋金以淮河中流为界，宋廷以割地贡银、屈辱称臣保住半壁江山，也迎回徽宗遗骸。靖康之乱中被掳到北方的高宗生母韦妃也被放回。礼部向天下征集庆祝太后南归的贺赋。献赋是科举捷径，十七岁的范成大所献之赋“文理可采”名列前茅，可谓雏凤清于老凤声，得到去礼部参与“奏赋”的机会，受朝廷嘉奖。文人献赋行为史上并不罕见，杜甫都曾献三大赋，并不能因此苛责少年范成大，而且这一行为应是深谙进士考试规则的范雩主导的，他苦心经营无非想让范成大科举更顺遂。所以范成大后来并不愿多提这段风骨略欠的经历，知交周必大为他撰写的神道碑也不提此事。不过献赋的确有效，范成大不但一举成名，还正如父亲谋划的那样取得了科举阶段非常重要的一个免试资格机会,即“免文解”，就是可以在艰难的科举考试中直接参与礼部试。本来范成大也可以和尤袤一样少年中第的，可惜这个机会随着父亲的去世、范成大需回乡守父丧随风而逝，十八岁的范成大带着尚未成年的弟妹黯然回到苏州。京城的这段少年荣耀记忆，常出现在他的心底梦里和诗文里，如他中年后写过一首《霜天晓角》词回忆少年京城游子经历“少年豪纵，袍锦团花凤。曾是京城游子，驰宝马、飞金鞚。旧游浑似梦，鬓点吴霜重……”，文辞活画了一位鲜衣怒马少年的豪迈不羁风采。范成大自幼体弱多病，中晚年后更是百病缠身，精力不济，也许正因如此，他在鬓角点点白如霜的衰年尤其思念如同美梦的少年游，梦里父亲还在，中兴初时的临安也格外繁华。就像陆游笔下的很多梦诗，关于临安的回忆和对苏州的思念都是平和的范成大最浓烈的情感，这两个城市是他生命里很重要、不能割舍的部分。如他写苏州的《横塘》“南浦春来绿一川，石桥朱塔两依然。年年送客横塘路，细雨垂杨系画船”，就带着虚幻的理想美。

范成大和进士录上写着父母双亡的尤袤一样，父母早亡，而且他父亲去世时，他比尤袤还年轻。尤袤还有三位兄长可依靠，他却只有弟妹。范成大扶柩归乡服丧后，除了感到前途渺茫，还要面临负担家用、抚养弟妹并关注弟弟学业的现实压力。他希望能将弟妹养育成人成才，其他都无暇顾及了。绍兴十四年（1144）起，他在昆山十年不出。不出指守丧不科举不出仕,不是足不出户。这十年中，他除了苏州，还有杭州、建康、溧水、高淳、宣城等地之行。

绍兴十五年（1145）范成大回到家乡，多亏父亲的进士同年、知交好友昆山人王葆帮助，来到昆山县治东三百步的荐严资福禅寺寄居，闭户下帷苦读。古代书生多在寺院读书备科举，因为此处安静隔绝尘嚣，范成大族祖范仲淹年轻时就曾在寺院里苦读，留下“断齑画粥”故事。范仲淹小时父亲去世，母亲改嫁朱姓。他少年时备受歧视，为了通过科举改变命运，他住在寺院，读书异常刻苦。为节省钱和时间，范仲淹每晚煮好一盆稀粥，次日清晨在粥凝成冻后，划成块来当一天的饭，佐饭的只有咸菜（齑）。范成大也在寺院凝神读书，这是他第二次在佛寺读书。

荐严寺后圃后来建有此山居，是范成大少年时读书游息之处，因为他爱读唐诗且很喜欢贾岛名句“只在此山中《（访隐者不遇》）”并自号“此山居士”而得名,后人也称此处为范公亭。范成大在十年中，尽心尽力嫁了二位妹妹，对两个弟弟也精心抚养教诲。弟弟范成绩很聪明，所以范成大关照尤其严格，后为朝请郎，官至建康府通判，也是成才。另一个弟弟范成象可惜较早去世。可见范成大牢记父亲的嘱托，很有责任感。

早年家变的身世遭际在范成大生命里留下深刻的创伤性印痕，使得他一生都难舍悲天悯人情怀和孤独之感。也许是感觉世事无常，天性聪颖多悟，又多次在寺院里生活的范成大在少年时就多近空无之学，濡染佛禅思想，使得他渐渐淡泊尘事、看轻科举功名。这和父亲去世后守丧迟了三年科举、中第后功名被阻于是读书十多年的尤袤很像。当然这并非一味消极，尤其范成大是范仲淹的子弟。他们依然是为国为民的有志之士，儒家仁爱思想和佛家悲悯情怀相融合，对范尤两人性格中的隐者情怀、关注弱者都有很大影响。

钱锺书在《宋诗选注》里就指出，范成大多用释氏（佛学）语，还说范成大是黄庭坚之后用佛典最多、最内行的著名诗人。佛学还有老庄思想对一个处于困境的人化解人生苦难、保持人性完整很有必要，也造就了范成大和尤袤诗歌的温润底色。

范成大此时也与诗友交往，曾加入乐备的诗社向其学习。乐备字功成，一字顺之，昆山人，后与范成大同中绍兴二十四年进士，以诗文名于时。

范成大看似就要放弃科举，在昆山成为一个逸民。此时王葆仍牢记范父遗愿，便以父执辈身份处处关怀劝诫他，正如日后周必大在为范成大所作《资政殿大学士赠银青光禄大夫范公成大神道碑》里所记的“王公彦光勉之曰：‘子之先君期尔禄仕，志可违乎？’”。

王公彦光指王葆，字彦光，昆山人。王葆少年就通诸经，宣和六年（1124）进士。他为官清正，绍兴初曾上书朝廷陈说十大弊政，切中时弊。历任朝官、地方官，多有善政，如在汉州为官绥善锄奸，境内大治，任泸南安抚使、知泸州，能引荐名士，除去贪婪酷吏。王葆学问和品行都高，精于《春秋》，潜心研究，笃守学术正道。他能教导学生如亲子弟。周必大、范成大都是他的学生，所以周范关系密切。周必大还是王葆的女婿。王葆善于识鉴人才。范成大后来写作《吴郡志》，在《人物》篇为恩人王葆大写一笔，说学者、后为御史的李衡年轻时身为布衣流落江湖，王葆一见识才，将妹妹嫁给他。后来成为相国的周必大刚中科举就被王葆看中，觉得他将来要成国之重器，"榜下捉婿"将女儿嫁给他。

王葆对范成大也是识才怜才，对他说，你的父亲期待你入仕为官光耀家族，你难道想违背父亲遗愿？思及父母恩情，也感怀老师的关怀，范成大慢慢振作起来。他晚年在《吴郡志》里仍满怀感激地回忆说，自己因为早孤荒废了科举，王葆一天将自己召到眼前，"喻勉切至，加以诘责"，勉励、责备齐加，苦口婆心。王葆又亲自教诲范成大，教授功课很严。没多久，学问积累深厚的范成大顺利登科。

绍兴二十三年（1153）秋范成大奋发应举，赴建康府参与漕试并通过。漕试也是宋代科举考试途径之一，是转运司聚集本路现任官员子弟亲戚等人考试，方法和州、府解试相同，合格就可参与省试。漕试和陆游参与的锁厅试一样，比一般的州、府解试难度要低。次年绍兴二十四年（1154），二十九岁的范成大得中进士。此年也算人才辈出，状元是高宗钦点的生于明州鄞县的张孝祥，中第的还有虞允文，此外还有原本状元的有力竞争者陆游和秦桧长孙秦埙［1134（1137）—？］，锁厅试第一的陆游被罢黜，殿试领先的秦埙因为高宗猜忌被降为第三。同榜进士里还有杨万里，从此范杨多往来。

科举得中后，范成大在绍兴二十六年（1156）任徽州司户参军，到达徽州，开始第一段仕途。司户参军是个七品官，杨万里的第一个官职也是赣州司户。司户参军官位卑微，事务却繁忙零乱琐碎令人心悴。所以范成大在徽州为属官期间心情依然郁闷苦涩，诗文体现孤独空寂无奈感。他应该此时心情还摇摆在脱离隐逸生涯的不舍和尚未完成父亲遗愿、未能高中进入秘书省继承父亲足迹的失落中。到绍兴三十年（1160）冬离任，范成大在歙县（徽州府治）五年，经历了三任州官，与前两任不是很投合，直到最后一年1159年洪适到位，范成大与之意气相投感到比较愉悦。周必大为洪适写的《丞相洪文宪公适神道碑》里提到，范成大当时还是小官，但洪适一见范就知晓他有远大的气度，是有才能、能担当大事的人，在政事官务上加以勉励，空暇时两人还一起商榷诗文著述，使范成大宦业文章从此都能高于世人。范成大后来一直很感恩洪适。这段经历和后来范成大和陆游在四川为上下级有相同点。

洪适（1117—1184），出使金国、羁留北国十四年的南宋爱国名臣洪皓的长子，字景伯，号盘州，江西乐平人。绍兴十二年（1142）中博学宏词科，官至同中书门下平章事兼枢密使，谥号“文惠”。洪适承父亲遗风，为官清正，后感中兴无望，48岁辞官归隐。他精于金石、文字训诂研究，也好收藏，多著述，《隶释》《隶韵》《砚说》《壶邮》等影响很大，有诗文集《盘州集》等。他和范成大都是南宋重要的金石研究者，两人多交往，此时已开始。

范成大在徽州还有其他收获——获得婚姻，失去父亲和家族支持的他也获得新的有力支持。为了先专心完成妹妹婚事，范成大自己的婚事算比较晚了，在中进士、过而立之年后。妻子魏氏是承直郎魏信臣之女，也是绍兴年间参知政事敏肃公魏良臣（1094—1162）侄女。魏良臣与秦桧同年中进士，史上评价比较两端。不过应该没有劣迹。1155年秦桧死后魏良臣曾短暂任参知政事，后蛰居宣城，见范成大觉得他是大用之才，就把侄女嫁给他。范成大和魏氏夫人育有两子两女。长子范莘，官至承务郎，就是范成大去世后承父亲嘱咐向杨万里求《诗文集序》的那位。次子范兹，官至承奉郎。两个儿子应该都是荫补入仕没有科举。长女嫁从事郎张蒙。次女就是1192年去世、促使他最后辞官的那位。

绍兴三十二年（1162），范成大受洪适推荐，调回临安做京官，监管太平惠民和剂局，此年他三十七岁。比尤袤1171年第一次为朝官秘书丞早了差不多十年。和杨万里1163年第一次为朝官时间差不多，但杨万里很快回乡守父丧1170年才重回朝官位置，也晚了很多。而此时陆游也在朝中，1163年还与范成大为同僚，范成大后来有《余与陆务观自圣政所分袂》诗记录两人初识。后来陆游因为性情仕途困顿而范成大仕途上扬，两人宦迹虽还有交错但地位渐远。范成大算是四大诗人中仕途比较顺达的。

从1162年到1171年（乾道七年），到范成大四十六岁赴广西为官前，十年间，范成大除了出使金朝四个月，以及知处州（浙江丽水）一年时间，还有一年多空闲在家，都在京城为朝官。这段经历是他后来官途虽有坎坷但基本上比较畅达的重要基础。

太平惠民和剂局是宋代政府办的买卖药材机构，以惠泽民间百姓，所以也称太平惠民局。和剂局编写的《太平惠民和剂局方》是世界上首部由官方主持编写的中医方剂学著作，中药方剂至今仍留存。这个职位虽比较偏，但济民救世很有意义。

隆兴元年（1163）范成大又任编类高宗圣政所检讨官，兼敕令所。圣政所初置于高宗绍兴三十二年（1162），由编修敕令所改置。负责掌编修纂北宋庆历、建中靖国年间编载未尽的勋臣，元祐、靖康、南宋建炎以来忠义之士姓名、职位、事迹，收集高宗即位建炎、绍兴以来诏旨条例，编类重要政事。范成大来到这个新办的圣政所，标志他回归文官正途。而且在这里他结识了陆游。

孝宗赵昚（1127—1194），初名伯琮，后改名瑗，赐名玮，字元永，宋太祖七世孙，宋高宗养子。他在位期间，平反岳飞冤案，起用主战派人士，锐意收复中原，裁汰冗官，重视农业，百姓生活安康，史称“乾（道）淳（熙）之治”，他也被认为是南宋最有作为的中兴皇帝。

接着，范成大在隆兴二年（1164）任枢密院编修官，又任秘书省正字。乾道元年（1165）任秘书省校书郎，兼国史院编修官，又调任著作佐郎。乾道二年（1166）初又任尚书吏部员外郎。他真的来到了宋代文官集团中心领域，回到他曾任秘书省校书郎父亲的位置，也是父亲当年为他设置的道路，升迁迅速。这当然是因为范成大才能出众和努力上进，应该也与他妻子的伯父魏良臣和老上司洪适等人的助力有一定关系。大概因为升迁较快，1166 年范成大被人指摘逾越等级，被罢职，领宫祠官闲置。

宫祠官（宫观官），又称祠禄制度，宋代特有的职官名与官制，是宋代皇帝尊崇道教和优待官员的产物，对宋代官员生平影响很大。是享受官禄福利的闲官，虽然有“提举”即主管某宫观等名目，其实并不前往供职。到了南宋，官员多官位少，加上复杂的朝上争斗，官员经常请祠。如陆游就曾数十年在乡为祠官。范成大晚年也归乡为祠官十年。

这次罢职是范成大仕途上的第一次小挫折，不过闲置时间不长，与其说是打击，不如说是沉潜。第二年 1167 年，四十二岁的他就被朝廷重新起用，外放为处州知州。

乾道五年（1169），四十四岁的范成大因在任上修复水利工程通济堰，使百姓多受惠，得到朝廷奖励，应召回到临安。孝宗让右相陈俊卿选有文才的文士掌管内制，因陈的荐举范成大升任礼部员外郎兼崇政殿说书，可以说再次回归中央政权中心。“说书（讲书）”就是选取渊雅大臣给皇帝进读书史、讲释经义，还有备皇帝顾问应对。

陈俊卿很有识人能力，像尤袤的文字能力能担当礼部工作，范成大担任“讲书”也很胜任。孝宗称赞范成大才学宏深博约。因为“讲书”需要时刻在朝中备皇帝顾问，此时的范成大常在官衙值夜。

杨万里后来在范去世后为范诗集写的序里，高度评价范成大作为为国家起草最重要诏书的词臣所达到的高度，说范写的训诰（《尚书》六体的训、诰，指国家的典章公文）具有两汉经典《尔雅》的高雅古雅。

范成大集中也有几首以“玉堂寓直”为中心意象的诗词，如《玉堂寓直晓起书事记直舍老兵语》《玉堂寓直》《八月二十二日寓直玉堂，雨后顿凉》《寓直玉堂拜赐御酒》《菩萨蛮·寓直晚对内殿》应该都是记录此时范成大任职值班情形。玉堂即美丽的宫殿，诗词文中常指代唐宋秘书省、翰林院等文人向往的清贵所在。寓直指夜间在官署值班。《玉堂寓直晓起书事记直舍老兵语》是范成大记录他在晚上值班后早起遇到同“直舍”的老兵，老兵和他话及玉堂旧事，范成大想到父亲当年也曾像自己一样寓直，颇有感慨“江湖垂钓手，天汉摛文堂。魂清不得眠，室虚自生光。晓纬澹天阙，江涛隐胡床。传呼九门开，奔走千官忙。若若夸组绶，纷纷梦黄粱。微闻铃下驺，窃议马上郎。但计梦长短，宁论已行藏”。诗中用“梦黄粱”表达了对“玉堂”“摛文（铺陈文采）堂”这些文人向往之地的历史思考，有种淡淡疏离感，对玉堂的追求和间离使得范成大的思考比一般孜孜以求功名的封建时代文人更高远。《玉堂寓直》写的“摛文窗户九

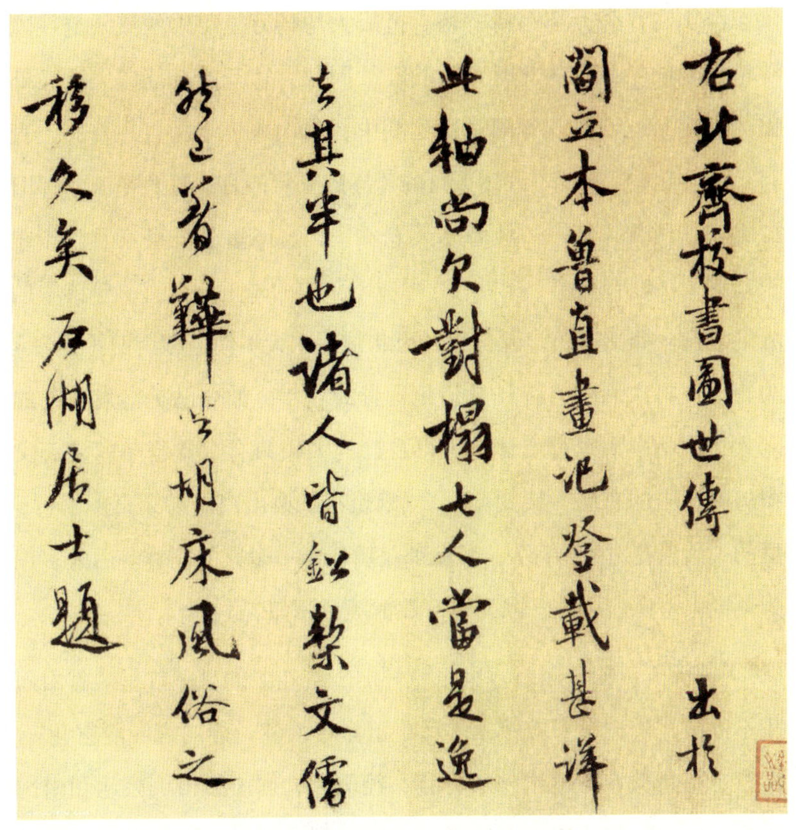

范成大书法《北齐校书图卷跋》(美国波士顿美术馆藏)

霄中，岸帻烧香愧老农。上直马归催下钥，传更人唱促鸣钟。金城巀嶭云千雉，碧瓦参差月万重。骨冷魂清都不梦，玉阶萧瑟听秋蛩”，也是刻画了玉堂的令人向往和远离人间，此时已完成父亲遗愿的范成大是有些心灵空落的。此时他的另一首《寓直玉堂拜赐御酒》里有句“近瞻北斗璇玑次，犹梦西山翠碧堆”，璇玑指北斗星的斗魁四星，借指圣恩，而太湖西山岛指范的家乡苏州，“翠碧堆”指江南山水，体现了范成大的隐逸情怀无论官途顺遂还是坎坷都始终在心底。

《玉堂寓直》中的“摛文窗户”也值得注意，和《八月二十二日寓直玉堂，雨后顿凉》诗里的“题诗弄笔北窗下”都说范成大此时除了公文写作外，还写诗寄怀。范成大与杨万里等人的深入交往除了他们是同年，也从此时京城的陆续同朝为官开始。范成大后又外出为官多年，到淳熙年间又回到朝中，再次入玉堂寓直（直庐、直宿）。他在淳熙五年（1178）写的《淳熙五年四月二日直宿玉堂怀旧二绝句》两首，其一“桂海冰天老岁华，直庐重上玉皇家。当年曾识青青鬓，惟有东墙一架花”，呼应十年前的《玉堂寓直》等诗中的弄笔北窗、摛文窗户，说自己经历北国（冰天）使金和广西（桂海）为官后，再次回朝，昔日是鬓角青青的壮年，如今已是白发苍苍的老人，而朝中人也都变化，识得自己的大概只有玉堂当年写诗著文窗口望出去的东墙一架紫薇花。“紫薇花”典出白居易《直中书省》里的“紫薇花对紫微郎”，紫薇郎是唐代中书舍人的别称。后人多以为范成大诗像白居易，因为他们性情境遇相似。

《淳熙五年四月二日直宿玉堂怀旧二绝句》的另一首是“雪山刁斗不停挝，夜把军书敢顾家。珍重玉堂今夜梦，静闻宫漏隔宫花”，宫花也指紫薇花，道出外放为官、经历过北国（雪山）旅途和南国战事（吊斗）的范成大在饱经世事后回到少年最初理想之地，心里多是宁静。

四大诗人的外貌，据陆游《对镜》写他自己是“面大如盘七尺身”的雍容封侯相，据杨万里的诗尤袤的形貌是清瘦、其貌不扬，而杨万里后来写给范成大的《和范至能参政寄二绝句》其二回忆自己当年和范成大的交往，说梦到范成大面貌如旧是“玉立长身漆墨髭”，可见范成大虽然身体较弱但是高个子，有乌黑短胡须，器宇轩昂。而且范成大言辞流利，孝宗让他“讲书”时他也能讲道畅达，无怪皇帝会派他做出金使。范成大承父母家学，善诗文还善书法，书法学北宋书法四大家，书如其人，秀润峻拔，成为南宋书法四大家之一，还和同年进士张孝祥合称南宋前期两大书法名家。范成大称呼族祖范仲淹为仙翁，他被称为“仙翁后人”“小范多才”。当然也和范仲淹一样，他的才华用在国家百姓的利益上就更为璀璨久远。

汝不能诗替汝吟：忧民正臣

杨万里说范成大是正臣，即正直之臣。岳飞孙子岳珂记载两宋时朝野见闻的史料随笔《宋人轶事汇编·桯史》赞成范成大“石湖立朝多奇节”，说他在朝中作为多奇崛节操。但范成大为官最令人感动的还是他的为民之心，如《雪中闻墙外鬻鱼菜者求售之声甚苦有感三首》是他写寒冷冬日在街上叫卖鱼菜的百姓之苦，诗其二：“忧渴焦山业海深，贪渠刀蜜坐成禽。一身冒雪浑家暖，汝不能诗替汝吟！”“汝不能诗替汝吟”说百姓不能写诗自己要替他们发声，就很有白居易“新乐府诗”的神韵。而诗其一“携箩驱出敢偷闲，雪胫冰须惯忍寒。岂是不能扃户坐，忍寒犹可忍饥难”的“雪地叫卖图”更形象，从卖菜者的第一视角写了他们的无奈悲苦，很有白居易《卖炭翁》的意味。诗其三“啼号升斗抵千金，冻雀饥鸦共一音。劳汝以生令至此，悠悠大块果何心”则进一步感慨思考是什么让这些贫民如此辛劳。“大块”出自道家典籍《庄子·大宗师》，指天地自然。“忧渴焦山业海深，贪渠刀蜜坐成禽”则用佛经，如“刀蜜”出自《四十二章经》，意思是刀头之蜜，如贪图会有截舌之患，引申为人生中充满隐患。体现了范成大企图用道家佛家思想解释世间苦难，脱离迷惑痛苦。

范成大还有《咏河市歌者》《夜坐有感》等诗也是为民发声。《咏河市歌者》“岂是从容唱渭城，个中当有不平鸣。可怜日晏忍饥面，强作春深求友声”，写诗人在苏州遇到一个在街头卖唱、唱王维《渭城曲》的歌者，他并不从容淡定，歌声里全是不平则鸣的意气，为什么，因为谋生艰难，天色已晚饥肠辘辘，但还是像春天的鸟儿一样用力鸣叫以寻求知音者，可惜无人回顾。《夜坐有感》“静夜家家闭户眠，满城风雨骤寒天。号呼卖卜谁家子？想欠明朝籴米钱”，和《雪中闻墙外鬻鱼菜者求售之声甚苦有感三首》内容相似，也是写寒冷冬夜仍有以占卜谋生的人在街上大声吆喝，无非想赚取明天的饭钱。这首诗更深一层，占卜是为人算命，但医者不能自医，他连自己的命运都不能把握又如何能替人算命？

范成大这几首诗中还要注意“墙外”“夜坐”这些词，范成大是官员，他是在温暖的墙内（玉堂）读书，隔墙去听闻民间疾苦，他和受苦寒民看似不是一类人，但因为范成大早年的心灵煎熬和在寺院幽闭时期的沉浸思辨，他能感同身受理解人间各种他没体验过的苦难。

范成大因为早年经历影响，内心会有倾向道家、佛家的地方，但思想根基仍是儒家思想，他和大部分的宋代文士一样都信奉儒家“民惟邦本，本固邦宁”的“民本”思想。“民惟邦本，本固邦宁”出自《尚书·五子之歌》，意思是要以百姓为国家的根本，根本稳定了，国家才能安宁。范成大和族祖范仲淹一样忧国恤民，他写过《论邦本疏》，说民为邦本，要省徭役、薄赋敛、蠲其疾苦，减少百姓疾苦和生存压力，他一生在外在朝的作为都围绕这一中心。他的忧国忧民思想则都表现在诗歌中。他著名的《后催租行》就以一个饱经沧桑、被生活压榨到麻木的老农的口吻说出“去年衣尽到家口，大女临歧两分手。今年次女已行媒,亦复驱将换千斗。室中更有第三女，明年不怕催租苦！”说只能嫁女换钱交租，大女、次女都已嫁了，如今只有小女儿了。极其触目惊心的人间苦难,却以极平淡的口吻写出，让人觉得世间这种悲剧极多极寻常，也使诗歌在批评之上多了悲悯审视思考的意味。范成大对人世间的态度有时看似疏离消极甚至冷漠，不如杨万里的活泼、陆游的激情，甚至不如尤袤的平和，但这态度是建立在他极度敏感的同理心之上的，细味他的冷淡之下全是不忍。正因为这些沉淀思考，也因为江南人、苏州人的务实，范成大在几任地方官时都做了很多有益民生、农事的事。这一思考还一直延伸到他日后的《四时田园杂兴》里。

乾道三年（1167），范成大被朝廷起用为处州知州。1168 年，范成大在出京前被招入宫，他面见孝宗，针对皇帝的提问发表见解，说国家的时间、国力、人力都被不急之事消耗，得到孝宗首肯。

处州州治在松阳。范成大在处州时间不长，约一年半时间，但留下很多有意义的政事建树，可谓政绩卓著。他的主要成绩是首创力倡义役，修筑水利和通济堰使当地民田灌溉有序助力农业，再如乞减丁钱、助民养子、建平政桥便民跋涉等也是助益民生、减轻民瘼，和他的诗文可相互印证，充分体现他关爱民生、践行实事的为政风格。

范成大在处州首创义役法，影响非常深远。他的义役法大致包括：民众以都保为单位，保甲法以十家为一保、五十家为一大保、十大保为一都保，根据役户的人数多少和职役情况，各家按贫富程度出钱买田作为义田，以所收义田的田谷资助当役者，民户按次序轮流当役。职役指官府无偿差派民户充任官差衙门胥吏和基层行政人员并供应财物的徭役，对百姓是沉重负担，处州百姓也常因抗争义役劳役的繁重和不公而争吵甚至产生纷乱。范成大看到这些，参考前贤作为，结合宋代社会情况，针对民众“不患寡而患不均”的心态，首创了义役法。此法一出，施行顺畅，百姓悦服，公家、私人都很是方便。义田法就是范仲淹当年在苏州创立的。义役法既有历史智慧也有现实智慧，体现了范成大不仅饱读诗书也很有实干能力。范成大回京后进宫上奏，向皇帝提及此事，孝宗很是称赏，还下诏颁布义役法并让天下各路实行。所以义役法影响不止一地。

处州地处山区，全境除却松阳位于松古平原外多为山地，交通不便，多有梯田。南朝萧梁天监四年（505），有官员在松阳、遂昌间修建了通济堰，节制了山区因落差而湍急的溪水，使水流到四十里外，二十万亩农田灌溉得利，使得处州成为粮仓。到了南宋，通济堰在北宋政和初年（1111）创建的石函年久失修，深通历史的范成大来到通济堰两岸走访，考察故迹后，寻找根治水患之策。他派人垒石重筑，改为石坝，兴工三个月修复并建成堤坝和闸门共四十九所，使得水流灌溉井然有序，处州百姓深受其利。今天的通济堰是一个以引水灌溉功能为主、蓄水泄洪功能兼备的水利工程，竹枝状水系灌溉网在平原上迂回 23 公里，结构科学合理，至今效益不减，是北宋末和南宋初范成大的重建重修共同重塑了它的面貌。如今丽水通济堰还留有范成大撰写的《通济堰规》，足见他的胸襟眼界。

通济堰现存历代碑刻十八通，自古留存的堰史、堰规，对筑堰、护堰有功者，都刻碑纪念。其中就包括范成大的《重修通济堰规碑》，是研究通济堰历史和管理制度的珍贵水利文物和实物资料。范成大亲自挥毫书写制定和撰写堰规共二十条，记言十四行，文简意赅，立碑勒石，以告来者。《堰规》已沿用数百年，至今仍有水利借鉴和研究意义，而《规碑》书法可逼苏黄。

到了乾道五年（1169）五月，朝廷召范成大为礼部员外郎兼崇政殿说书，兼国史院编修官、实录院检讨官。他又回到熟悉的京城玉堂。

回到朝中，范成大为民解困的心意未改。乾道年间（1165—1173），国家法令仍规定以绢统计赃物数量，但法令刻舟求剑，绢的估价很低，而刑罚很重，百姓负担很重深以为苦，范成大觉察到其中没有与时俱进而导致的不公平，向孝宗进言说如今绢很贵，应当比当年的价格翻一倍。孝宗很吃惊，说这是使百姓深陷困苦的法令条文，于是将绢价增加为四千，刑罚却减轻了。范成大为民解困的功绩簿上又添一笔。此年底，范成大任起居舍人兼侍讲，仍兼实录院检讨。他得到孝宗更多信任，也离权力中心更近。

乾道六年（1170）五月范成大被派出使金国，经历四个月后于九月回国，晋升为中书舍人，负责起草皇帝诏令。中书舍人又名凤阁舍人、紫微舍人，是清贵且有前途的官职。经历这次北行，因为他为国家和皇帝争取到面子和利益，他终于开始进入政治中心。

此时孝宗书写东汉政论家、农学家崔寔体现农本思想的著作《政论》赐给身边的辅弼臣子，其论点如“农桑勤而利薄”“一谷不登，则饥馁流死”“国以民为根，民以谷为命，命尽则根拔，根拔则本颠，此最国家之毒忧……”都与范成大崇农重民思想相符。范成大上奏说孝宗御笔书写《政论》，其意在于严肃法纪，肃清积弊，有益民生。也得到孝宗认可他明智的称许。

但身居要职，也使范成大更容易卷入政治矛盾的漩涡里。仿佛崔寔惹上党祸命运的重演。乾道七年（1171）閤门官张说被任命为佥书枢密院事，因为身为外戚的他被当时清流视为佞臣，名声不符，任命既下，朝论哗然不平，但没有人敢言于朝，皇帝也不听。只有两位清流官员反对，左司员外郎张栻在经筵时极力劝阻，中书舍人范成大拒不起草制词。一开始，范成大是要草拟诏书的，有朝臣问他该不该起草，范成大笑而不应，只是低声道说空话没什么用。问的人不高兴，还说范成大和皇上的近臣为一党。范成大扣留任命七天不下达，还上疏请对劝阻。孝宗很不高兴，面色变得很严厉。范成大却对皇帝变色并不惊慌，而是不慌不忙地回复说臣我有一个比喻，张说是閤门官，朝廷提拔他当副相，就像有一个州郡突然骤拔客将（书吏衙役）为通判职曹，这是为什么呢？孝宗听了，应该觉得这个比喻有道理，严厉的眼色渐渐收敛，犹豫沉吟说朕再想想。

第二天就罢免了张说。张、范的努力终于阻止了这个很不适合的任命。这也就是岳飞孙子岳珂说范成大“石湖立朝多奇节”的主要例子。

不久，张说为安远军节度使，奉祠归第。但皇帝为了平衡，也许还有被忤逆的不快，过了几个月就让张栻知袁州，也离开京城。张说在家，还对人说张栻平时和我不和，他反对我可以理解，但范致能（范成大）为什么也反对我呢？他还愤愤不平指着自己的园林说这都是范成大给我的“恩惠”！可见范成大并不是因为党争才劝阻张说为副相而是出于公心，他是觉得张说的德才不配位。因为这件事，范成大虽然没有像张栻一样被放到地方为官，但也在朝中处境尴尬，于是，明智的他便主动请辞领闲职，暂时远离纷扰复杂的政治中心，再次去做地方官。由张说事件中范成大的作为看，他是很有原则也很有政治智慧、懂得进退之人。

在1173年后经历广西、四川等远地边地类似贬谪的宦途磨炼之后，也许是始终不习惯异地的气候水土，也许是思乡情切，淳熙四年（1177）在四川的范成大生病了，他恳切上书请求奉祠归乡。他被召回临安，告别诗友陆游离开成都。回京后他被召对。召对指君主召见臣子让其回答关于政事、经义的问题。孝宗此时应该已平息了当年的怒气，命他权任礼部尚书，还赐上方珍剂慰藉他多年在外和身体不好。

淳熙五年（1178）范成大以礼部尚书知贡举，主持进士考试，可见此时皇帝及世人对范成大名望的再次认可。此年的状元取中庆元府鄞县（今浙江宁波鄞县）人姚颖，可惜他英年早逝，榜眼是日后的永嘉学派学者、名臣、温州永嘉人叶适，为国取材，足见范成大的眼光和公心。乾道八年（1172）尤袤也曾知贡举。

此年，五十三岁的范成大拜官参知政事兼权监修《国史》《日历》，仕途达到巅峰，得与宰相共议朝政。和族祖范仲淹同登副相之位。如果回顾他父亲最初的期待，还有十八岁那年的命运转折，不知道范成大此时有何感慨。但他在相位不过两个月，又遭谏官御史弹劾罢免，范成大坦然面对，自我引咎而已。孝宗还对他说朕不忘卿，数月后，（复官的）信息会到卿家。朝廷给他的待遇是升资政殿学士，出知婺州。范成大却请求以本官奉祠，皇帝知其为人，下诏如其所愿，提举临安府洞霄宫，奉祠归居石湖。他虽然只当了两个月的参知政事，已是四大诗人里官位最高的一位，也常被称为“范参政”。

淳熙七年（1180），范成大又被起用为明州（今宁波）知州兼沿海制置使。此前，在明州主事的孝宗次子、魏王（魏惠宪王）赵恺（1146—1180）病逝，孝宗于是派可靠的范成大去明州。

赵恺是个非常特别的皇子。宋朝皇子一般不担任实际差遣，两宋三百多年间一百多位皇子，担任过实职的只有四人，除了赵恺其他三人都是皇储，破例授予差遣是让他们下派锻炼。其中就有孝宗第三子、后来的光宗赵惇，即赵恺的弟弟。赵恺以普通皇子身份担任实职，是因为他在立皇储的权力平衡中落败，孝宗对他有所愧疚。

赴任前，范成大经过京城时，受到心情复杂的孝宗召见。君臣奏答时，范成大还未到任，但已了解明州大致情况，对“海物”贡奉的不合理有所了解，对百姓疾苦深感悯然，乘机上奏请求停止贡奉，罢除进献海物，还请求停止前任赵恺移用当地钱粮的几万缗，认为都是不当征收，希望能借此减少民力负担。这两个奏请，正好投合孝宗心意，都获允准。明州盛产干贝类海产品，由于京城需求量巨大，朝廷在明州专设进奉局，还组织大规模人工养殖，官府广征民力物力，明州百姓深以为苦。范成大人未到明州，已行善政。

三月范成大正式到明州。虽然仕途起伏，宦海多波澜，但他求仁政、恤民情的内心从未改变过，此时他的作为主要是提出防备海盗侵扰之策和修建九经堂。

明州是沿海地区，到任后范成大就让人描绘了海界图本，还向朝廷奏请，在明州施行以王安石创立的保甲法改良的管理海船法。保甲法是王安石熙宁新法的重要部分，范成大在处州创立义役法时已借用。在明州，范成大建议根据船户的海船数目，五家为甲，一船为海盗其他四户连坐。这显然有效限制了落海为盗的概率。南宋时海洋贸易兴盛，海盗之患不多，多少与范成大这一建策有关，可见他的格局之大、头脑之明晰，不愧相才。他还修建了九经堂，供明州士人百姓阅读经典，普及儒家思想，也提升百姓文化素养。北宋初朝廷下诏颁发《九经》给国子监，各地学堂都有，明州长官建了九经堂收藏《九经》。九经是指九部儒家典籍，一般认为指《易》《书》《诗》《仪礼》《周礼》《礼记》《春秋左氏传》《春秋公羊传》《春秋谷梁传》。《礼记·中庸》说天下有九经，是为了修身、尊贤、亲亲、敬大臣、体君臣、子庶民、来百工、柔远人、怀诸侯，即修养自身，尊重贤人，爱护亲族，敬重大臣，体恤众臣，爱护百姓，劝勉工匠，优待远客，安抚诸侯，就是以中庸之道治理天下国家达到太平和合。九经堂后年久失修，书籍散失。范成大重新修葺，安放朝廷所赐书籍及魏王藏书。他和在处州一样，筑堂、安置赐书都有碑记记录。深谙佛学的范成大在明州还请高僧主持报恩寺、雪窦寺。到嘉定年间宁宗建立江南禅寺等级制度，最著名的“五山十刹”的十刹里就有雪窦寺，也有范的功劳。

范成大在明州为官一年多，惠政颇多。所以明州鄞县楼氏家族的楼钥后来在为范成大写的《资政殿大学士通议大夫范成大转一官致仕》文里就极力赞美范“胸中之有甲兵，世称小范之多才”，说范胸怀阔大，可比他那位施行庆历新政、拜参知政事的名臣族祖范仲淹。

范成大 54 岁写于宁波的《明州赠佛照禅师诗碑》
宋拓本（局部，日本东福寺藏），今实物不存

范成大与楼钥都是南宋名臣、词臣，相交三十年。他们相识相交于隆兴元年楼钥考进士，后因共有的使金经历关系更密。楼钥伯父楼璹有《耕织图》，与范成大的《四时田园杂兴》和《通济堰规》

都可谓南宋民本悯农士夫典范。

淳熙八年（1181）初，朝廷以范成大“治郡有劳”治理明州有功绩苦劳，任命他为端明殿学士。端明殿、资政殿、观文殿、保和殿四殿及龙图阁等六阁是宋代的多重职能机构“殿阁”的主要构成。殿阁既是有政治文化功能的实体，又是文官体系的重要部分。朝廷对高级文官授予殿阁职名，表彰他们才能学问出众，具备以备帝王询问、决定能力，殿的级别高于阁。四大诗人中，尤袤曾为焕章阁待制，范成大最终为资政殿大学士，杨万里为宝谟阁大学士，陆游为宝章阁待制。端明殿学士掌出入侍从，备帝王顾问，范成大成为端明殿学士是朝廷和帝王给予的信任。

淳熙八年（1181），范成大改任建康知府兼江南东路安抚使、行宫留守。范在建康任上两年，遭遇旱灾、蝗灾考验，施行了一系列赈济饥民、减少税敛的荒政，如他上奏朝廷开军仓调取了军队储备的二十万石米以赈饥民，还转移富余的财政收入来为下户代缴秋租（田赋）即秋苗和丁税，并请减去租米五万石，可谓对百姓尽心尽力。所以次年即1182年，范成大应对旱灾、赈济饥民有功，朝廷“转其一官”即升迁表示嘉奖。到淳熙十年（1183），范成大除奏请开仓赈济饥民外，还下令境内驱捕飞蝗。也是此年，范成大因劳累过度发生风眩，五次请求辞官回乡。孝宗提他为资政殿学士，再次奉祠临安洞霄宫。他此后在家乡石湖闲居十年。一度起复但未前往。绍兴四年（1193）逝世。

范成大在朝中任职时间较长，也曾多次长年出任封疆大吏，不但体知四方风土人情，还多兴利除弊。他出知静江府（今广西桂林）时，曾改良盐政，建议放宽郡县上交盐利额度以解决地方财政匮乏问题，赈济旱情，安抚民心，约束并善待傜族民众，奖励士人、修

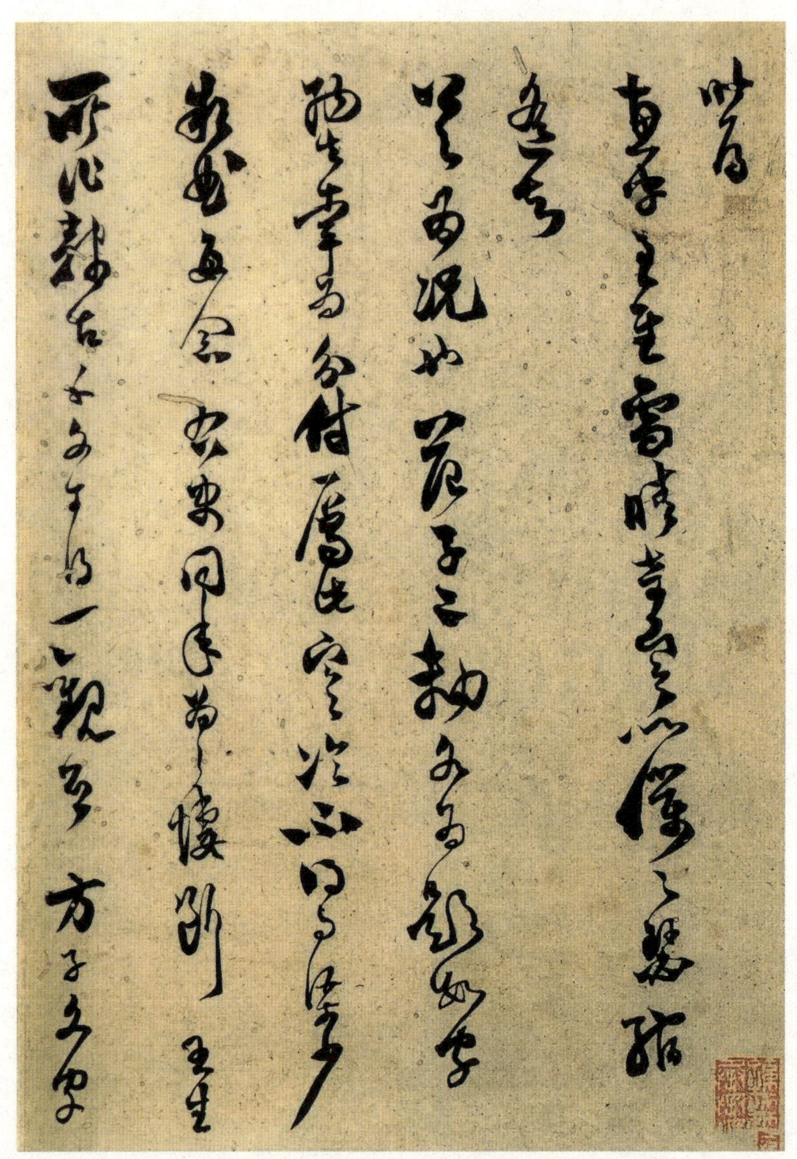

范成大书法《雪后帖》（局部）（台北故宫博物院藏）

复古迹。任四川制置使时，他也减轻酒税、罢免科籴、蠲免租赋、举荐人才。范成大的积极作为、卓著政绩都是在他深挚朴实的忠君忧国爱民思想指导之下，也是他重功利、鄙空谈施政理想的践行。

和宋代朝廷重农、士夫民本思想深重一致，范成大的忧国爱民最能体现在他的重农事上，他最出名的传世之作《四时田园杂兴》绝句组诗就是写农事的。古代国家以农为本，晴雨合时得宜、风调雨顺是很重要的，范成大也有很多《喜晴》《喜雨》《苦雨》诗，体现对雨水、晴天合时而生的喜悦和对阴雨不止、久晴成旱的担忧，也是“先天下之忧而忧”的细节体现。

范成大有《喜晴》“窗间梅熟落蒂，墙下笋成出林。连雨不知春去，一晴方觉夏深”，写江南春日久雨后转晴才知已是夏天，青梅已熟落，笋已老变竹。五首《苦雨》也写江南初夏梅雨，五首其四“润础才晴又汗，湿薪未爆先烟。壮夫往往言病，病叟岑岑且眠”，写江南久雨，台阶潮湿，湿的柴火点燃后多烟雾，这季候壮汉也容易生病，范成大说自己这个病老头更是昏昏欲睡。五首其五“已厌衣裳蒸润，仍怜书画斓斑。歧香肖余几所？尽付熏炉博山”，也说江南多雨令人厌倦，衣裳潮湿、书画霉变需要焚香消除。他的《喜晴》《喜雨》《苦雨》更多与农事有关，还引申出与政治有关的隐喻。《苦雨五首其二》“不辞蛾化麦穗，叵忍秧浮浪花。儿孙汩汰护岸，翁媪扶携上车”，写百姓应对苦雨的举措。《苦雨五首其三》“折笋肥梅饤坐，涎蜗斗蚁上梁。雨工莫贾余勇，留乖稻花半黄”，也写诗人希望雨水暂停，使得稻米丰收不落空。《苦雨五首其一》“河流满满更满，檐溜垂垂又垂。皇天宁有漏处，后土岂无干时？”更是出于对农事的关怀而满怀忧虑，说江南水乡河流涨水，屋檐水流也未停，如果天一直漏水一样，土地不干，靠土地的农业怎么办？再如《晓起闻雨》的后四句“登高事了从教雨，刈熟人忙却要晴。莫教西成便无虑，大须浓日晒香秔”，说秋天是收成季节需要长期的晴天晒谷子。《喜雨》“昨遣长须借踏车，小池须水引鸣蛙。今朝一雨添新涨，便合翻泥种藕花”则说雨下得好，可以种经济作物荷花了。诗人笔下，雨也好，晴也好，都要适合农业种收才好。诗中写的无非一颗士夫的悯农惜农之心。

下面几首诗更可清晰看到范成大的重农爱民之意。《次韵袁起岩甘雨即日应祈》“天遣贤侯惠此州，随车一雨缓千忧。药寮坐看云穿屋，莲棹归将叶盖头。三伏凉来那易得，百年饱外更何求？合词但祝为霖手，早侍薰弦十二旒”，是唱和友人袁说友因治地久旱降甘霖喜极写的诗篇。袁说友也是尤袤亲友。还有《秋老，四境雨已沛然，晚坐筹边楼，方议祈晴，楼下忽有东界农民数十人，诉山田却要雨，须长吏致祷，感之作诗》“西堰颇闻江涨急，东山犹说雨来迟。锦城乐事知多少，忧旱忧霖蹙尽眉”，是写他为蜀帅时遇到蜀地两地百姓有的要晴有的求雨，“忧旱忧霖”让他这个父母官内心拉扯矛盾。再如《初发太城留别田父》“秋苗五月未入土，行人欲行心更苦。路逢田翁有好语，竞说宿来三尺雨。行人虽去亦伸眉，翁皆好住莫相思。流渠汤汤声满野，今年醉饱鸡豚社”是他离开蜀地归乡途中所作，归乡本是乐事，但此年蜀地遇旱，农事不顺，范成大这个父母官一直牵挂，所谓“欲行心更苦”，幸好此时来了酣畅大雨，范成大听老农争相欣喜说起，终于“伸眉”放心了。诗的最后范成大让老农好好生活和不要相念，还说农田水渠里水满，听着流水声，期待今年能丰收，秋社可以有丰足的鸡肉猪肉祭祀、欢庆。所以有人认为信仰民本、关注民生、力行仁政的范成大是南宋诗坛的白居易（写新乐府诗），的确适合。

万里孤臣致命秋：南宋苏武

乾道六年（1170）范成大出使金国是他看似波澜不惊实则惊险异常的一段人生经历，虽然史上对他的使金结果有不同看法，但对他在过程中体现的智慧、胆识、气节都持肯定态度。而且，他此间所写的72首见闻组诗也得到高度评价，与他日后回归家乡石湖写的60首田园组诗被认可为他诗歌中最有特色的两部分。范成大自己有《画工李友直为余作〈冰天〉〈桂海〉二图〈冰天〉画使北虏渡黄河时〈桂海〉画游佛子岩道中也戏题》诗说画工为他画了《冰天》《桂海》两张壮游诗意图,《冰天》画了他使金北行横渡黄河情景,《桂海》画了他南游广西途中情景，可见北行使金确是他一生难忘时光。

乾道六年五月，一向实干勤勉但心性淡泊的范成大，面临重大考验。孝宗升迁他任起居郎、代理资政殿大学士、左太中大夫、醴泉观使兼侍讲、丹阳郡开国公，示好加恩的目的是要他出任金国祈请使这个艰难使命，因为孝宗想让使者完成两件历史遗留问题，也是孝宗即位后一直骨鲠在喉、耿耿于怀的心病：一是靖康之乱时东京开封附近的河南巩、洛之地王陵沦陷，祖宗陵寝之地在异族手中令南宋皇帝寝食难安；二是隆兴二年（1164）签订的隆兴和议虽比绍兴和议在宋金交往里争取了一些权利，宋金关系改臣君为侄叔，但由于紧张和疏忽，两国交换国书仪式仍沿袭旧礼，南宋皇帝要起立降榻接受金国使节国书书函这一耻辱授书礼仪式没修改，孝宗一直后悔。孝宗希望使金使能处理好这两大历史问题。

任务难度很高。孝宗的意思是让使臣以官方身份向金国提出归还北宋诸帝陵寝地，再以个人身份提出改变屈辱受书仪式的要求，使者携带的国书中只写归还陵寝地，更改受国书礼节的事另外以私信形式呈递。这样万一对方不允，可以不失国家和皇帝的面子，可以推说是使臣自己的意思。他还在两淮陈兵以示威慑。这个安排看似完善，其实是将使臣置于极度危险的境地，面临非杀即拘的凶多吉少结局。

其实这一使命的第一人选是丞相虞允文推荐的李焘（1115—1184），就是那个模仿司马光《资治通鉴》体例、四十年写成近千卷《续资治通鉴长编》的李焘。结果身为史学家的李焘一口回绝了“丞相杀焘”，的确，这个出使任务鲁莽且危险。范成大之所以接受这个任务，并不是不知道危险性，他也指出国书里只提到陵寝之事，想请朝廷将受书也写进国事，无奈孝宗不许。最后，范成大还是出于儒家士夫的家国情怀毅然临危受命。临行前孝宗带着愧疚召见范，不但赞许“卿气宇不群”，说你是我亲加选择，加以嘉奖，还对范说了心里话，说自己也听说外面关于此次使金的群议汹汹，官员都害怕前行，甚至说自己如果“不败盟发兵，何至害卿！啮雪餐毡，理或有之”，意思是预料范成大也许会像汉代苏武或宋代洪皓、朱弁一样被金国羁留，所以孝宗说如果我不悔掉盟约发兵，怎么会害了爱卿你呢？“啮雪餐毡”见《汉书·苏武传》的“天雨雪，武卧啮雪与旃毛并咽之”，比喻苏武身居异国绝地，含辛茹苦而心向朝廷不变。孝宗说你这一去，像苏武一样喝雪水啃羊毛，也许会有吧。

范成大也很清楚自己要被牺牲掉的命运。绍兴三十二年（1162），使金被羁留北方十多年才被放回的南宋爱国名臣洪皓的三子、范成大老上级洪适的三弟洪迈（字景卢）曾奉命出使金国，这是洪氏家族子弟第二次担负起赴金谈判使命。此时范成大就有《送洪景卢内翰使虏》二首赠洪迈，其一说“……国有威灵双节重，家传忠义一身轻。平生海内文场伯，今日胸中武库兵……”洪迈归来时，他还有《洪景卢内翰使还入境，以诗迓之》“玉帛干戈汹并驰，孤臣叱驭触危机。关山无极申舟去，天地有情苏武归。汉月凌秋随使节，胡尘卷暑避征衣。国人渴望公颜色，为报褰帷入帝畿”，提及孤臣、危机、苏武等意象。洪迈那次北行并无实际结果，何况范成大此行比洪迈那次更多了很多不可预测性。所以范成大虽然慨然请行，但北行前还是安排了家事，做好不能南归的最坏准备。范成大深受佛道思想影响，知其不可为而为的看似消极实则积极的性情在此时显露清晰。

范成大慨然北行，六月出临安，八月渡淮出国界，到了金国燕京（今北京）。因为范成大的诗名很盛，很多诗也传到北国，所以金国的迎接使仰慕他的名声还效仿他戴的巾帻（头巾，以幅巾制成的帽子）。但貌似友好的气氛下暗流涌动，范成大已做好必死准备，他在手板（笏板、朝笏）上写好讲述更改接受国书仪式的私信放在怀中，前去谒见金世宗完颜雍。正当金朝君臣在听范成大进呈国书之时，他突然拿出私信，慷慨陈词说两朝受书礼仪尚未确定，我这里有奏章，要求金帝接受请求。后来友人杨万里为范成大诗集作序就说他“仗汉节，使强虏。即其庭，伏穹庐，不肯起，袖出私书，切责之。君臣大惊”，描画了范成大当时的勇敢行为，说他慨然受命前往金国，到了金国王庭，不畏生死，拿出手板，痛切陈述，事出突然，金国君臣大惊失色。金国臣子用手板打击范成大让他起来，但范成大却一直跪立不动，坚持一定要把国书和私书都献上，迫使金帝接收更改国礼的私书。此时金国太子几乎已命令左右杀了范成大，幸好被劝阻。后来范成大回到接待宋使的旅舍会同馆，金世宗派遣身边人前来宣旨取走了他的奏折。

此后，虽然金国最终没有同意私书上的内容，回信拒绝了宋朝所请，只许诺国书上奉迁陵寝的要求，同意归还钦宗梓宫。但也没有加害范成大。九月，范成大得以保全气节全身而退，再次渡淮归来。

范成大虽然看似没有完成使命，但孝宗本来也没认为他能完成

今绍兴的宋六陵遗址

任务，他在金庭上不畏生死坚持让金帝接收私书的作为得到孝宗的赞许。回国后，孝宗出于愧疚和好感，给予他升迁。此后，范成大得到孝宗的信任，后来也成为他昔日上司洪适预言的两府大臣，虽然他为参知政事才两个月。两府即东府、西府大臣，指宋代以掌管政务的中书门下（政事堂、东府）和掌管军事的枢密院（西府）共同行使行政权，并称“二（两）府”，即执掌一国文武权柄的机构。四大诗人虽然仕途穷达有异，但他们的性情人品都很受皇帝信任，虽然他们的为国为民直言不讳又常常使他们被皇帝嫌弃，但对他们的认可还是主要的。

虽然这次出使未能达成预定目的，但范成大置生死于度外、深入金庭面对金主的不畏强暴、强悍不屈的胆识气节，依然给南宋自和议以来的黯然颓废士风以很多激励。至于他本人，在这波澜跌宕、心情激荡的数月时间里，来到他襁褓时生活过、南宋绝大部分人此生无法再到达、只常闻于父母师长口中、出现于梦境诗中的北国故土，不但渡过分割宋金的淮河，还渡过黄河，见到北国山川风光，目睹了故国国都的凋零、沦陷区百姓的苦难，对于范成大这种同理心极强的人来说，心情极度复杂而痛苦，也深刻激发了他心底的爱国之情。南归后，范成大不但写成使金日记《揽辔录》，还有 72 首七绝使金诗也是纪行日记体。“揽辔”出自《世说新语》，说东汉士人陈蕃登车揽辔，有澄清天下之志，意为握马缰漫游。《揽辔录》是地理纪行著作，以时间为序，记录了渡淮入金前往燕都沿途所见沦陷区北方中国的社会文化面貌，对所见古迹风俗人情还有金国皇城的建筑、制度都有独到真实的记录。如范成大看到北宋旧都东京汴梁从昔日父母师长言语里的华丽宏伟经历战火岁月无情洗礼变成今日的衰败荒废，很多地方已如废墟，一些古迹年久失修无复旧观。他还将古迹旧名和金人改新名一一对照记录，没有议论感慨但亡国之痛尽在字里行间。如“民亦久习胡俗”“男子髡顶”“村落间多不复巾，蓬辫如鬼”，然而父老“遗黎往往垂涕嗟啧，指使人云：‘此中华佛国人也。’老妪跪拜者尤多”，就是他写出“父老年年等驾回”诗意的基础。

范成大的 72 首使金纪行诗内容和《揽辔录》都有重叠、可互证处，也采用写实手法，随时记录诗人觉得有意义的实景成为历史画卷，比《揽辔录》诗意情怀更多。作为使金使背负的重重压力、前途未卜的境遇使得他一路既多纪实记录，也多历史和现实感触慨叹，深刻体现爱国情感，也可窥见历史大事件中的人格呈现，脆弱而坚强的矛盾形象，多在使金诗中。他后来将《揽辔录》和北行诗整理为《北征小集》，“征”是走远路、征程之意，也取学习杜甫写安史之乱的长篇叙事诗《北征》之意，暗喻记录南宋历史的史诗之意，意味深长。

在宋金对峙、交流的历史大背景下，形成了宋代使节在出使其他国家时写的出使文学，最著名的就是南宋洪皓、朱弁（尤袤为之作墓铭的朱熹叔祖）、范成大等人使金诗，是宋代爱国文学的重要组成。南宋诗人的爱国诗写中原大多出于想象和他人见闻，而范成大等使金使却能亲身体验，格外真切痛切。

范成大的使金诗主要写沦陷区衰败景象，中原百姓饱受煎熬、期盼光复的心情，沿途登临怀古历代仁人志士的遗存，寄托他不畏生死的决心。

先看《州桥》这首使金诗里最出名的篇章，“州桥南北是天街，父老年年等驾回。忍泪失声问使者，几时真有六军来？”写他途经北宋旧都汴京昔日最繁华标志建筑州桥、天街，见到翘首期盼、等了一年又一年的故国父老，如今金灭北宋、北方沦落为金国属地已四十多年，作为使金使者，心事重重的范成大无力也无颜回答父老满怀希望的殷殷询问，平淡的叙述中满是不甘压抑悲怆苍凉内疚沉痛，感染力极强。

再如写北国风俗和父老悲惨遭遇的《清远店》“女僮流汗逐毡軿，云在淮乡有父兄。屠婢杀奴官不问，大书黥面罚犹轻”，途中遇到的女奴，说还有父亲兄弟在南宋的淮河之地，不但骨肉分离，而且宋人在金国地位低微，作奴作婢被杀都没人管，刑罚如脸上刺字都还算是轻微的。

《双庙》是范成大经过睢阳（今河南商丘）时凭吊中唐名将张巡、许远庙时所作，张巡、许远在胡人安禄山叛乱时据守睢阳，“平地孤城寇若林，两公犹解障妖祲。大梁襟带洪河险，谁遣神州陆地沉？”说他们是挽救神州陆沉（领土被侵）的英雄，也许有遗憾岳飞等爱国名将已逝去、北伐光复大业前途堪忧的感慨。《蔺相如墓》也是凭吊古代贤者，“玉节经行虏障深，马头酾酒奠疏林。兹行璧重身如叶，

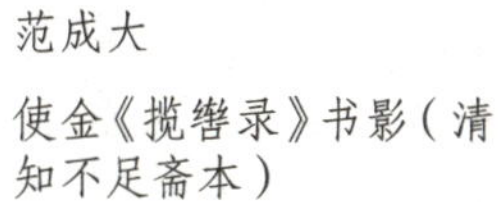

范成大使金《揽辔录》书影（清知不足斋本）

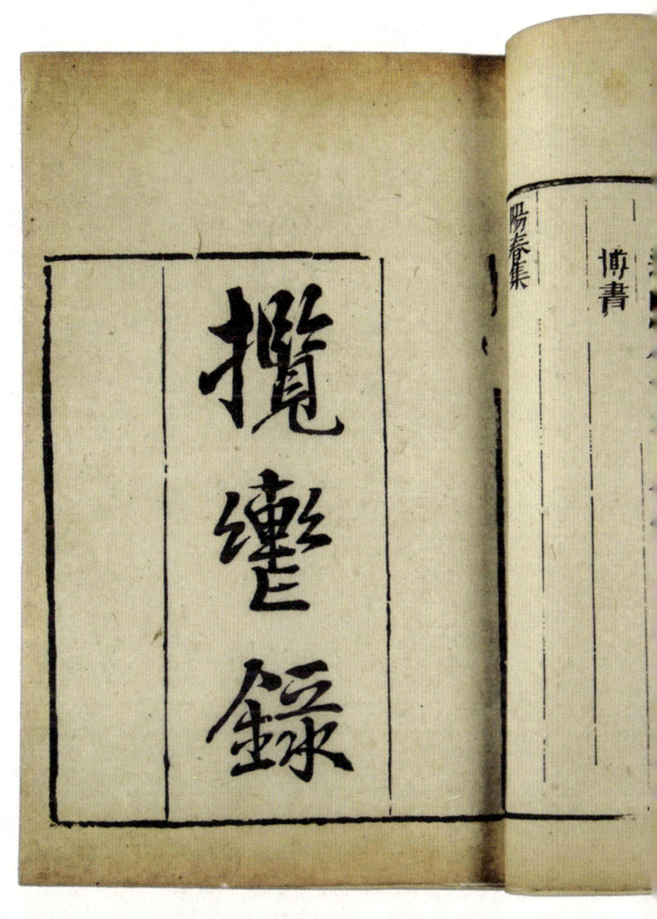

天日应临慕蔺心”，写了经过邯郸故地时追慕祭奠不畏强秦、完璧归赵的名臣蔺相如，也祈愿此行能有好的结果。范成大说自己持使节，深入重重“虏障（防御工事）”不畏艰险北行，身怀重任如同怀藏和氏璧，自己生命轻微如叶不在意，希望能不辜负朝廷的重托期待。

还有一首《会同馆》，真实表露了范成大在拼死递交国书后在金国旅舍几乎陷入绝境时的倔强不屈心迹，非常感人，“万里孤臣致命秋，此身何止一沤浮！提携汉节同生死，休问羝羊解乳不？”说自己这个万里北行的孤立无助的远臣遭遇当下生死危亡的境遇，身心如水中气泡危在旦夕，但自己不愿屈服。“汉节”指汉天子授予、汉代使臣所持的节,象征国家、使者使命。“羝羊解乳”也出自苏武事迹，匈奴说如果他养的羝羊（公羊）能生小羊就放了他。范成大说自己要捍卫朝廷使命与之同生共死，就算重蹈苏武、“南宋苏武”洪皓和朱弁的命运也心甘情愿。面对生死关头的高压，在历史节点的凸显中，浓烈炽热的爱国情怀在这首诗的最后两句达到高峰，尽显忠义豪情、忠贞信念。难怪《宋史》因为他几乎被杀“致书北庭，几于见杀，卒不辱命”，说他像苏武“俱有古大臣风烈”，是孔子说的“岁寒然后知松柏之后凋”者，可谓极高评价。“岁寒”出自《论语·子罕》，说严寒时节只有松柏不会凋零，比喻有道义的人才能忍受考验保留初心。

天教饱识汉山川：地理方志学家

宋代士人多全才。四大诗人也是，范成大是名臣、诗人，也是博物学家、农学家、书法家，还是地理学家。

范成大的外放官员生涯虽然会中断他登向仕途巅峰的历程，却使他有机会践行为民作为的理念，也是他考察东西南北四方地理的难得机遇。他一生宦迹极其广远，多为四方封疆大吏，就像他说的“余生东吴，而北抚幽蓟，南宅交广，西使岷峨之下，三方皆走万里，所至无不登览（《桂海虞衡志·志岩洞》）”，说自己生在东方的吴地，曾因使金去过北方的古幽蓟（属燕云十六州，此十六州大约相当于今京津冀、山西之地），任职时去过南方的古交广之地（今广东、广西、海南、云南南部、越南等地），还去过西方的岷山、峨眉山之地（即四川），三个方向的距离虽万里之远也曾前往，所到之处古迹、风景都登临怀古欣赏。他是写日记体游记最多的南宋作家，写过各地的地理游记或专著，如写使金的《揽辔录》、写广西的《骖鸾录》、写出川路途的《吴船录》，还有同时实时记录或回顾往昔而写的抚北使金、使南、帅西纪行组诗，按行旅路途、时间次序排列，也记叙所见闻的奇山异水、风土古迹和引发的感想议论。算上他东去明州以及家乡东吴苏州的诗，算是四方兼备了。

范成大虽然体质孱弱，但他心胸广博心思细腻，富于同理心和好奇心，善于体察世间事物，对不同于自己熟知的山水人情风土都持“同情之理解”，所以他说自己常“忘劳苦而不惮疾病”，在旅途中既观察又感受记录。《画工李友直为余作〈冰天〉〈桂海〉二图〈冰天〉画使北虏渡黄河时〈桂海〉画游佛子岩道中也戏题》的前四句说“许国无功浪著鞭，天教饱识汉山川。酒边蛮舞花低帽，梦里胡笳雪没鞯”，“梦里胡笳雪没鞯”是回忆使金往事，“酒边蛮舞花低帽”

是去广西途中经过今闽、浙、赣交界佛子岩（今属福建）所见少数民族风光，还说能多识天下山川是“天教”命运的安排。基于“许国”的儒家士夫情怀，他忘却病弱身体、不顾劳苦经受了“三方皆走万里”的艰辛遥远旅程。这些经历于范成大是精神修炼之旅，淬炼了他的胸襟格局，也锻炼了他的诗篇。

乾道七年（1171），因为张说之事触怒了孝宗的范成大被准以集英殿修撰出知静江府（治所在今广西桂林），兼广西经略安抚使。当时从江南到广西非常遥远，行程相当不易。范成大在北行使金后再次经历严峻考验。乾道八年（1172）腊月，范成大应该是回乡扫好父母的墓并安排好家乡家族各事务，从苏州出发，一路南行，开始前往“南宅交广”旅程，先经今浙江的湖州、余杭，在富阳入富春江水路。范成大在余杭和送别的亲友一一道别，想到数年不能回乡心里不胜惆怅，父母早亡的他此时还将相濡以沫半生的重病乳母留在余杭。想到分别可能就是永别，所以他在离别江南时，心目刲断，感慨世上说生离还不如死别，原来是真的。这次的离别，也许没有上次他使金的激烈悲情，但被帝王背弃、再次走向遥远异乡的他不免更惘然感伤。和亲友告别的两天后，范成大弃车上船走水路，此时恰是传统除夕夜。此夜，雪停小霁，放眼望去雪满千山，江色沉碧，江上风急，异常寒冷。范成大披上使金时制作的棉袍，戴着厚氈帽，立于船头纵观江上风景，此处是南朝浙江文人、被帝王梁武帝厌弃的吴均《与朱元思》里写到的“自富阳至桐庐一百许里，奇山异水，天下独绝”所在，范成大不能不有所感触，他说此时风景“不胜清绝”，这凄清至极的是夜色也是心境。

此后，范成大经桐庐，在兰溪进衢江，入今江西地界，接着经信州（今江西上饶）、贵溪、余干，在南昌再入赣江。乾道九年（1173）元月，他来到临江军（治所在清江县，今江西樟树），随后沿着赣江支流袁水，经袁州（今江西宜春）、萍乡，入今湖南境内。他沿湘江南下，经过天下五岳之一的南岳衡山，拜谒南岳庙，可惜因生病未登山。此后又开始陆行，经湖南永州，入今广西地域，先是全州，三月终于来到桂林。

这次范成大水陆兼行，历时三个月，行程三千里。这次类似贬谪远地的出京外放虽不是愉快的事，旅途非常辛苦，身体不强健的范成大一路也有身体不适和情绪低落，但作为精神充盈、内核强悍的儒家士大夫和爱好博物学的学者、喜欢新鲜体验的诗人和喜爱山水奇景的旅行者，这次看尽不同于江南与北国景色的南国之旅也是一次可遇不可求的奇游。他沿路都作诗，还写了游记《骖鸾录》，取唐代诗人韩愈被贬南方时的咏桂林诗《送桂州严大夫同用南字》“远胜登仙去，飞鸾不暇骖”诗意，韩诗之意说桂林之行远胜过飞升成仙飘然而去，还无须借飞鸾为坐骑。所以范成大将桂林游记的名字写成骑飞鸾游记，说自己是渐入佳境。

桂林风景是绝美，但南宋的广西一带是资源贫乏的边地。经济专靠盐利，但管漕运的官员又牟取盐利，广西县邑都加盐价抑配卖，给百姓带来沉重负担。为此孝宗曾下诏恢复广西的钞盐。钞盐指宋商人凭盐钞运销的食盐，属官鬻通商的官盐，只能在指定地区销售。南宋绍兴二年广西实行钞盐法，但乾道四年起三次被废，改行官般官卖。管理漕运的机构和官员却扣留钞钱私分。范成大到广西后，了解此弊端，认为是关于民生的重要利害，上疏孝宗提议说可强行减去漕运官强取的数目，给予各郡县，使各地财政更宽裕，科卖抑配可从源头禁止。孝宗认可了他的提议。数年后有人提议其他方法，但经臣子讨论，还是认为范的方法最好。由此可思及义役法，都可见范成大的才能见识。

还有，原本旧法规定政府买的马匹以四尺三寸为尺度，孝宗却下诏加到四尺四寸以上，范成大也上书说互市已四十年，不应贸然改变。互市指中央王朝与他国、外族的贸易，宋代和边疆各族进行的茶马互市很频繁。由此可见范成大的稳健为政风格和惜民情怀。

淳熙二年（1175），范成大又为四川制置使。他从广西入蜀途中，追忆这两年的南游经历，写了《桂海虞衡志》。他在自序里说在乾道八年（1172）从“紫薇垣”即中书省到南方广西，与姻亲、老友在家乡苏州饮酒道别，大家都忧虑广西的“炎荒风土”，即南方炎热荒远之地的自然环境、风俗习惯，此时去南方为官类似贬谪，当时人都以为南方多瘴气，对多病范成大的身体深感忧虑。但范成大拿他喜欢的唐人写桂林诗来考证桂林风土，说杜甫说此地气候宜人，白居易说桂林无瘴，韩愈更以为湖南广西一带江山胜于“骖鸾仙去”美如仙境，他宽慰亲友说，宦游的适意还有超过去桂林的吗？范成大宽解亲友的“宦游之适，宁有逾于此者乎”富于人生智慧，借鉴前代被贬谪南方诗人、儒家学者韩愈的豁达胸怀，也自带宋代学者型诗人的理性思考，借此消解亲友也是自己的内心疑惧。

此时范成大是为了忠于政治理想和自我，选择反对孝宗选择张说，致使自己被变相贬谪，失去大好前程，但他于此无悔，就像之前他应允去当使金使。他也无悔这次前去南方的渺渺前途漫漫旅程，他要借诗人学者的内在情怀来完成这次壮游。他说来到桂林，此地果然气候风土清和美好，就像杜甫等人说的，至于岩岫的奇绝，习俗的醇古，府治的雄胜，比传闻的更好。范成大既来之则安之，霹雳手段、慈悲情怀，和当时官民包括少数民族民众以诚相待，互相诫勉不要互相欺负。范成大来桂林后，广西连续丰收，官署事情也很少，住了两年，他说自己“余心安焉”就是以广西为家。结果此时皇帝又下诏让他去四川为帅，范成大上奏推辞，皇帝却不答应。

过了数月，朝廷仍不答应，他才不舍地与桂地官民辞别出城。民众设酒欢送范成大这个“客”，留了两天才让他离去。

范成大离桂路途和来时不一样，先沿潇湘之水航行，渡过洞庭湖，进入长江，然后经过天下至险处滟滪堆，西向逆流而上，转陆行进入四川，经历半年才到达成都。途中无事想起昔日游迹，追溯记录了在桂林及附近的登临游览处、风物土产，尤其是以前方志没记载的，都萃集成书。广西那些“蛮陬绝徼”即极边远地区，凡是见过听到的可记录的，也附录于此书。序言最后，范成大说锦官城成都以名都乐国闻名天下，很幸运来到这里，但对桂林“惓惓”眷恋不已，还写了这卷文，因为自己从未看不起广西边地的未开化，今天虽远在成都仍不能忘却桂林。

《桂海虞衡志》共 13 篇，如《志岩洞》写桂林特色洞穴地貌，范成大说桂林山的奇秀可称天下第一，只是因为之前文人到南方的少，往往不知。他说自己去过北方、南方、西方，见过太行山、常山（即河北省的北岳恒山，有北岳庙）、衡岳（湖南南岳，有南岳庙）、庐山，都崇高雄厚，再如安徽池州的九华山、歙县的黄山，浙江括苍的仙都山、温州的雁荡山，四川夔州的巫峡，最为奇秀，但也都在荒绝僻远之地，难以到达。范成大还说自己虽然见过无数高山奇峰，还是觉得桂林的百千山峰与天下其他山峰都不一样，是旁无延缘而不是连绵起伏，都自平地崛然特立，如玉笋瑶簪，森列无际，奇特如此，真的该是天下第一。他说唐诗人韩愈送友人严谟到桂林的五律《送桂州严大夫同用南字》“苍苍森八桂，兹地在湘南。江作青罗带，山如碧玉簪。户多输翠羽，家自种黄甘”，说苍苍郁郁的八桂之地，就在湖南的更南边，那里的江像一条青青的轻罗衣带，山像一枚碧玉簪，家家户户养翡翠鸟上交羽毛当贡品，还种植特有的水果黄甘。他还提到柳宗元的《桂州裴中丞作訾家洲亭记》也说“桂州多灵山，

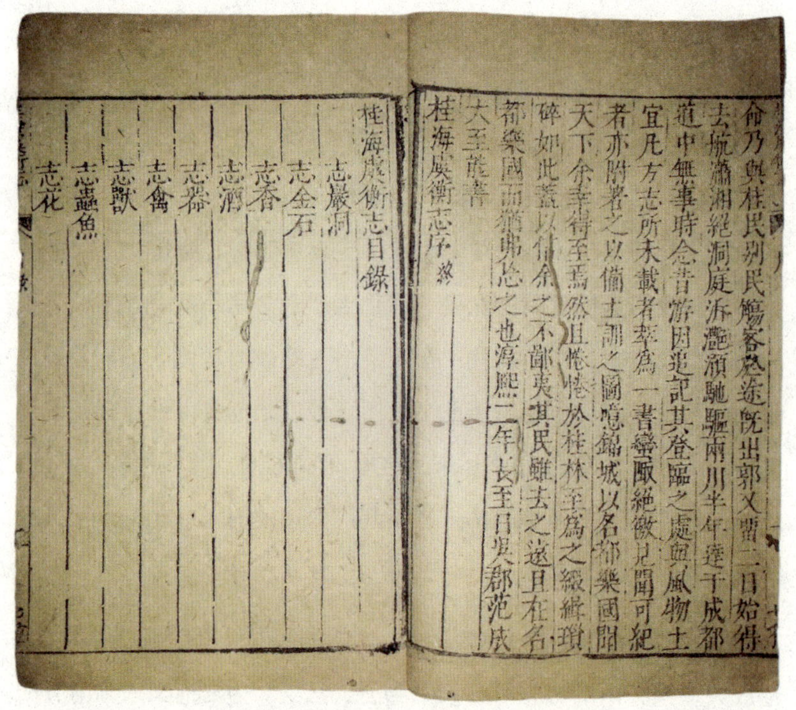
命乃與桂民別民觴客於途既出郭又留二日始得
去航瀟湘絕洞庭泝灔澦馳驅兩川半年達于成都
道中無事時念昔游因追記其登臨之處與風物土
宜凡方志所未載者萃為一書蠻陬絕徼見聞可紀
者亦附著之以備土訓之圖噫錦城以名都樂國聞
天下余幸得至焉然且惓惓於桂林至為之綴緝瑣
碎如此蓋以信余之不鄙夷其民雖去之遠且在名
都樂國而猶弗忘之也淳熙二年長至日吳郡范成
大至能書
桂海虞衡志序　終

桂海虞衡志目錄
志巖洞
志金石
志香
志酒
志器
志禽
志獸
志蟲魚
志花

范成大《桂海虞衡志》书影

发地峭竖，林立四野”，说桂林多灵秀之山，从平地峭拔竖立，在田野四下林立。黄庭坚也有《到桂林》“桂岭环城如雁荡，平地苍玉忽嵯峨”，说桂林环城的山都是色如苍玉，平地突起，山势高峻。范成大说观察这三位诗人诗意，桂林山峰的奇秀已如在眼前，但自己画了桂林山形状寄给吴中故人，却没人相信天下有这样的山。而且桂林的山大都中空，山下多风景极美的岩洞，桂林附近的有名可记录的岩洞就有 30 多所。

范成大生前整理的《石湖诗集》里，凡一生经历的地方、山川风土，都以诗记录。诗集的第十四卷，他自注桂林所作，但诗较少，有咏花的《红豆蔻》、咏水果的《卢橘》，写岩洞的《栖霞洞》《佛子岩》，还有见诗注的蛮茶、老酒、蚺蛇皮腰鼓、象皮兜鍪等南方特产。

此山居士：一生好唐诗

四大诗人中，其实只有杨万里因为是江西籍诗人曾师从过王庭珪所以年少时是认真学过江西诗、深受江西诗风濡染的，其他三人，因为生在江南，都受源自江南的东晋晚唐山水隐逸抒情诗风影响。如陆游也喜欢唐诗只是不太承认。尤袤早年就喜爱南朝诗集《文选》，后学唐诗。尤袤和范成大都善辞赋骈文，所以后来成为著名词臣。孝宗就觉得尤袤的四六骈文比杨万里写得流丽。范成大少年时就能写很好的赋，后来在昆山还结诗社，取中晚唐诗贾岛《寻隐者不遇》"松下问童子，言师采药去。只在此山中，云深不知处"里的"只在此山中"句，自号此山居士。可见范成大年轻时就深受唐诗影响。

"此山"一词不但有隐逸诗歌意境，象征范成大曾读书寺院闭门不出、断绝尘世以自我隐逸之所在"此山居（在荐严寺后圃，也称范公亭）"，也显示他此时对晚唐诗风的学习。北宋诗人苏轼曾在《题西林壁》里化用唐人"此山"意象，写了富于哲理意趣的诗篇"不识庐山真面目，只缘身在此山中"，"此山"意象又具备了体现人生意蕴的意趣。还有，在家人去世后心里痛苦的范成大少年时就沉醉佛学以慰藉心灵，所以"此山"还代表禅宗"看山是山，看山不是山，看山还是山"的人生领悟境界。范成大后来终于以建功立业完成父亲遗志，超越少年的痛苦记忆。晚年范成大在石湖别业也建有"此山"堂，是回顾，也是超越。

"此山"不是真的山，也不是真的石，但代表范成大心底的"山"或"石"。范成大由于少年遭遇家庭变故，又寓居禅寺多年，形成沉静内敛个性底色，如山如石。他中年后有《嘲峡石》，写于他进出四川行船经过长江三峡沿途的湖北秭归，"绝代昭君村，惊世屈原宅"是屈原和王昭君家乡，此地多高峰奇石。诗里看似嘲笑三峡石的粗陋，实则写自己的爱山爱石癖，更以自然朴拙的山、石自比，说自己就是“此山此石”。诗中说“峡山狠无情，其下多丑石。顽质贾憎垂，傀状发笑哑。……云何清淑气，孕此诡谲迹。我本一丘壑，嗜石旧成癖。端溪紫琳腴，洮河绿沉色。……揭来兹山下，刺眼昔未觌。或云峡多材，奇秀郁以积。……”他说三峡多丑石，是天地间的清淑之气孕育了这奇异的面貌。“我本一丘壑，嗜石旧成癖”直接说自己就是来自天地的山川，所以有了收藏奇石的癖好，天下奇石如端溪紫石、洮河绿石都收，因为自己就像含璞藏晖的朴拙山石。“揭来兹山下”的兹山就是“此山”，峡石多奇秀，蕴含自然华光，范成大说就像走出山中、展露光彩的自己。范成大的诗如其人，追求内敛韵味，他自谦就像这“丑石”，实则“奇秀”。在四大诗人中，范成大的诗的确不如杨万里的有趣，不如陆游的清新俊逸，但自成如山如石质朴内敛风格。

范成大到徽州为官期间初步形成自己的诗风。清纪昀《四库全书总目·石湖诗集》说范早年写诗是沿泝（沿袭追溯）中唐以下诗人的诗，有多首诗自注“效李贺”“效王建”学中唐诗人王建、李贺，还有学白居易长庆诗体的，以及学晚唐、五代之音的。他学唐诗的门径都很清楚。《总目》里还说范成大自官徽州后，又追溯北宋诗人苏轼、黄庭坚，诗歌骨力更遒劲，呈现婉峭即既婉约又峭拔的风格，自成一家，就像山一样峭拔、石一样内敛。所以他的诗能与杨万里、陆游相伯仲。

纪昀还说现存范成大《石湖诗集》34 卷，前有杨万里、陆游二序。杨序是为范的诗歌全集写的序，是对范其人其诗全面的概括。陆序是两人在四川为同事时为范的四川诗集《西征小集》所写。据杨万里序，范成大去世前自己编辑手订了诗集，集中诗不分体，只以编年为次序，编成各体诗 33 卷、赋（四六骈文）及楚辞（杂言诗）1 卷。四大诗人中，尤袤诗集散佚已久，篇什寥寥无几，难定优劣。就拿杨、陆两人诗集和范集相比，范的“才调之健”才气豪迈不如杨万里，不过没有杨诗粗豪的缺陷，范的“气象之阔”气势阔大不及陆游，但也没有陆诗多重复多窠臼的模式。纪昀的这个评价是合适的，范诗没有杨陆鲜明个人风格，但缺陷也少一点。而且他的诗就像杜甫说的“不薄今人爱古人”“转益多师是汝师（《戏为六绝句》）”，并非只局限中晚唐诗人，也学北宋四大诗人，融通包容，所以杨陆和姜夔都说他像李白杜甫也像苏轼黄庭坚。

杨万里在诗集序中赞范诗“清新妩丽，奄有鲍谢；奔逸俊伟，穷追太白”，说范诗学东晋南北朝的鲍照、谢朓还有学鲍谢的李白。范成大也崇尚在宋代特别受崇敬的杜甫，苏轼黄庭坚王安石也学杜甫。范成大学杜甫，不但学杜甫关注民本民生民瘼的“诗圣”情怀，如《四时田园杂兴》写民生之多艰，也学杜诗的“诗史”特色，如他的使金纪行诗。范成大学唐人还学白居易，如他的中隐（白居易《中隐》“不如作中隐，隐在留司官。似出复似处，非忙亦非闲”）情怀，再如他读白居易晚年中隐洛阳的《读白傅洛中老病后诗戏书》“乐天号达道，晚境犹作恶。陶写赖歌酒，意象颇沉着”，与白居易有穿越历史的心灵呼应。

杨万里还说范成大“东坡太白即前身”，说他的人与诗像苏轼。南宋慈溪学者黄震也评价范成大喜佛老，善文章，踪迹遍天下，审知四方风俗，所至登览啸咏，很像苏轼。范诗学苏轼、提到苏轼都不少，如他在广西赏梅写的《夜行上沙见梅，记东坡作诗招魂之句》“要我冰雪句，招此欲断魂。苏仙上宾天，妙意终难陈”，就学苏轼贬谪南方时梅花诗《花落复次前韵》的“玉妃谪堕烟雨村，先生作诗与招魂”。范成大的《东坡祠堂》“化原坊里尚黉堂，闻道苏仙有奉尝”写凭吊苏轼祠堂。《李翚知县作亭西湖上，余用东坡语名之曰饮绿，遂为胜概》说有友人在西湖上建亭，范成大用苏轼的“饮绿”

来命名亭子，成为一时胜景。

范成大从乾道八年（1172）到淳熙九年（1182）辗转于桂林、成都、明州、建康等地，真正参与见证南宋前中期的“中兴之治”，这十年也是他诗歌创作最活跃时期，九卷诗是他一生诗篇的三分之一，多写南宋东西南北远地的民俗风土、衣食住行、农业节俗等，也是他逐渐形成个性诗风“自成家数”的重要阶段。其中在四川与四大诗人中的另一位诗人陆游交往最值得注意。

淳熙元年（1174），范成大受任为四川制置使，知成都府。制置使掌管边防军务，是真的封疆大吏，所以他在上任途中就上疏朝廷，说要内练将兵，外修堡寨，孝宗准奏赐给度牒钱四十万缗。他还在路上，朝廷就改任他为成都路制置使。次年范成大到达成都，这次主管一省军政大事，是他外任时权力最大也是责任最大的职位，也促使他多思勤政。两年时间内，范成大从容为政，功绩卓著。他仍和广西任上一样铁腕佛心并用，以真心诚意和严正政策聚拢人心，使得川地民众安居乐业，天府四川更为繁荣。陆游为范的四川诗集《西征小集》写的序说范来到成都后，定规模，信命令，施利惠农，选将治兵，只数月时间，便声震四境。如蜀北边境有三万义士，都是本地民兵，以往监司、郡守私下役使他们，都统司又让他们与军队轮流戍边，范来四川后加以制止。还有不愿出来做官的蜀地名士，范成大也用自己的名望感召他们，表彰他们的气节。这些都深得民心。

范成大四次开府地方，因为他温和惜才，都有士人官员进入他的幕府，与他这个大诗人在幕府内交游创作。幕府缘起唐代，历代多有诗坛佳话。南宋的幕府诗歌唱和虽和唐代、北宋有不同，但也是以文会友。范成大到成都，慧眼识人，凡是可用人才都招到幕下，用其所长，表现优秀的都上书推荐，使之扬名朝廷。范幕里最有名的诗人、和他多有唱和的就是陆游。

范陆结识于隆兴元年（1163）的圣政所。此年转任枢密院编修的陆游不满朝中权臣营私，罢归家乡绍兴，待缺镇江郡通判。范成大以《送陆务观编修监镇江郡归会稽待阙二首》送行陆游，诗其一说“自是忆山阴”，说陆游心系家乡绍兴（会稽），可见范性情和诗风中的委婉，“高兴余飞动，孤忠有照临”赞许感慨陆游心志高远，却忠义获罪。还劝慰陆游不要因为一时得失而失落，殷殷期盼陆游能在未来立功业。诗其二也以“功名袖中手,世事巧相违”世事多违、袖手隐逸来劝慰陆游。

范成大帅蜀期间（1175—1177），陆游为朝奉郎、成都府路安抚司参议官，兼四川制置司参议官。生在江浙的南宋两大诗人在四川聚首，这是他们都推崇的诗人杜甫晚年安居的所在，是难得际遇。乾道六年（1170）陆游出任四川夔州通判，一度在抗金前线，又在川蜀历任多职。此时他与范成大相遇,以诗文交,不拘上下级的礼法,成就一段交谊，被世人称道。

陆游说范成大来四川这一年，四川大丰收，政通人和，幕府更加清闲无事，范陆常饮酒赋诗。两人唱和很多，如《次韵陆务观编修新津遇雨不得登修觉山径过眉州三绝》等。陆游赞美范成大“素以诗名一代”，说范诗名很高，诗歌传诵很广，他每次写成诗，墨还没干，就已被士人仕女万人传诵，有的被谱成乐府歌唱，有的被题写在屏风、团扇上，还互相馈赠。这是蜀地置帅守以来从未有过的盛景。

淳熙四年（1177），范成大因病请辞，获孝宗恩准。五月，病初愈的范成大离川东归，陆游送至眉州、嘉州的中岩（慈姥岩），范成大作诗赠陆游《次韵陆务观慈姥岩酌别二绝》“送我弥旬未忍回，可怜萧索把离杯。不辞更宿中岩下，投老余年岂再来”，“明朝真是送人行，从此关山隔故情。道义不磨双鲤在，蜀江流水贯吴城”，说两人从此关山相隔但道义不会磨灭，蜀、吴两地还可书信来往。可知四大诗人能相交相知就是因为信奉的道德义理相一致。范成大还有《余与陆务观自圣政所分袂，每别辄五年，离合又常以六月，似有数者。中岩送别，至挥泪失声，留此为赠》“宦途流转几沉浮……泪落中岩水不流。一语相开仍自解……”写两人宦途几次起落、流转天涯，同命相怜，互相慰藉，也自我宽解。

范成大《画工李友直为余作〈冰天〉〈桂海〉二图》“明朝重上归田奏，更放岷江万里船”说的就是他从四川东归。他两年前从广西去四川，写有《桂海虞衡录》，此时则写有《吴船录》。

淳熙四年（1177）五月，范成大从成都出发，和陆游中岩分别，乘船沿岷江入长江，过三峡，经今湖北、江西进入江苏，经镇江、常州，十月进入吴郡（苏州）。他经过湖北武昌时恰是中秋，回忆去程经过武昌曾登黄鹤楼旁的南楼，百感丛生，有《水调歌头》：“细数十年事，十处过中秋。今年新梦，忽到黄鹤旧山头。老子个中不浅，此会天教重见，今古一南楼。星汉淡无色，玉镜独空浮。敛秦烟，收楚雾，熨江流。关河离合，南北依旧照清愁。想见姮娥冷眼，应笑归来霜鬓，空敝黑貂裘。酾酒问蟾兔，肯去伴沧洲？”范成大回忆自己自隆兴二年（1164）到1177年十三年的宦途，四方奔波，在十一处度过中秋，前后两地的距离有时会超过万里，如从杭州到广西、从广西到四川，他感慨如果能像陶渊明一样归园田居，带月荷锄，此生遂愿。这次回程中范成大写了游记，因为他从成都的万里桥出发东归，取杜甫“门泊东吴万里船”诗意，寓意从四川归吴地，游记名《吴船录》，范成大写了峨眉山佛光奇景、三峡湍流险象等，内容丰富，引人入胜。

范成大自乾道八年（1172）年末从苏州、杭州出发到广西，到淳熙四年（1177）回到苏州。五年阔别朝廷和家乡，他并未后悔。范成大是在仕途顺遂前途大好之际毅然顺从内心选择，得罪了孝宗，为平息皇帝的不悦，他选择退一步离开权力中心。五年后，他在经历南去桂林西去成都、完美履行封疆大吏职责后，以勤勉实干的政绩让孝宗淡忘了往事，顺利回归。1172 年范成大是前途无量的中书舍人，1177 年归来成为清贵有前途的礼部尚书，是主管朝廷礼仪、祭祀、科举和外事活动等的大臣。范成大当年在李焘拒绝后愿当使金使，后来又坚持自己的从政初心反对张说，是信念坚贞。接着以退为进主动请求外调，是有政治智慧；然后通过多年去边地外放为官锻炼和证明自己的实力实绩，是有定力恒心。他这次回归朝中是实至名归。次年（1178）他为参知政事。

陆范后来还多诗文来往。如范成大为参知政事时陆游有《次韵范参政书怀》“探梅方忆雪中归，转眼青青子满枝。筑圃漫为娱老计，劈笺又赋送春诗。乞身何日还初服？坐食终年愧圣时。睡起西窗澹无事，一枰闲看客争棋”，回忆了两人在四川的交往唱和，还提及两人“还初服（和尤袤的遂初意思相似）”的共同隐逸梦想，最后的“闲看争棋”含义深刻，既暗喻朝中党争的明争暗斗，也彰显他和范的无畏宦海波澜保留从政初心。

宦海的确难料，范成大为相不过两个月，遭弹劾罢官，奉命主管祠观。不久又起复明州知州和建康知府，依然政绩可嘉。不过范身体一直不佳，多年奔波人到中年后更是虚弱。到淳熙十年（1183），范成大苦于风眩（因风邪、风痰所致的眩晕），五次上奏恳请致仕。孝宗很不舍得这个正直有才干的官员，挽留不得，于是任命范成大为资政殿学士，再次提举临安府洞霄宫。此后范成大的“重上归田奏”成为现实，他回到家乡石湖闲居，在此十年期间也曾被孝宗起复两次，

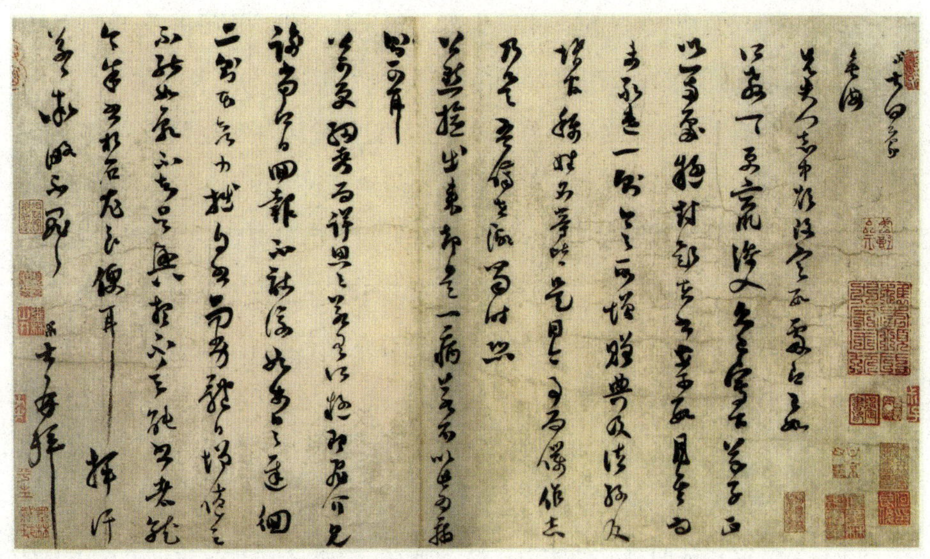

范成大草书《垂诲札》（藏台北故宫博物院）

都没有真正意义上赴任。这更坚定了他决意归隐的意志。

到绍熙四年（1193）九月，范成大去世。陆游有《范参政挽辞二首》悲悼旧友，其一“屡出专戎阃，遄归上政途。勋劳光竹帛，风采震羌胡。签帙新藏富，园林胜事殊。知公仙去日，遗恨一毫无”，说范成大一生功绩可写入史书，风采闪耀震撼南北。所以他仙逝无遗憾。诗其二说“孤拙知心少，平生仅数公。凋零遂无几，迟暮与谁同！琼树世尘外，神山云海中。梦魂宁复接，恸哭向西风”，感慨知己同道人逝去，自己越发孤单。此时爱写梦诗的陆游还有《梦范参政》也是悼念范之作“梦中不知何岁月，长亭惨淡天飞雪。酒肉如山鼓吹喧，车马结束有行色。我起持公不得语，但道不料今遽别。平生故人端有几？长号顿足泪迸血。生存相别尚如此，何况一旦泉壤隔。欲怀鸡黍病为重，千里关河阻临穴。速死从公尚何撼，眼中宁复见此杰？青灯耿耿山雨寒，援笔诗成心欲裂”，说自己写成挽诗心痛欲死。

“孤拙知心少，平生仅数公”“平生故人端有几”都可见陆范虽然相聚不多，但诗歌信件来往，友情持续终生。

范成大的1900多首诗里酬赠唱和之作共620多首，占三分之一，可见他的交往之广，多有与同僚诗友的酬唱雅集、诗艺切磋、金石书画题赠。除了与陆游，范成大和杨万里的诗歌交流也值得注重。他们是进士同年，宦迹交会更多，交往交流很频繁。所以范成大去世前嘱咐长子范莘拿自己编定的诗集去请杨万里写序。

杨范于1154年应已认识，但现存诗歌记录两人唱和最早是淳熙五年（1178），范成大拜参知政事，在常州为官的杨万里有贺启。1179年，范成大赋闲在乡，杨万里提举广东常平赴任时经过苏州，与范成大会晤于石湖并同游。两人唱和很多，如杨万里《寄贺建康留守范参政端明二首其一》“衮衣不是未教归，不合威名满四夷。天与中兴开日月，帝分万乘半旌旗。春生锦绣山河早，秋到江淮草木迟。卧护北门期月尔，却专堂印凤凰池”，赞美范成大“名满四夷”，实至名归，“凤凰池”喻指丞相，范成大也是中兴丞相。杨万里更以为范的诗名众望所归：“今海内诗人不过三四，而公皆过之无不及者”，这三四人大概就是指四大诗人的其他三人包括杨万里，他认为范成大都超过他人。

杨万里的评价出自为范写的诗集序。他说南宋主持政事的名臣有二十人，但如果寻找其中的正臣即正直臣子，像范成大这样的才一二人。范成大以“文学材器”凭借文字学问、才能器识被寿皇（孝宗）赏识。孝宗在淳熙十六年传位给儿子光宗，光宗上孝宗尊号为至尊寿皇圣帝，简称寿皇。杨万里还称颂范成大凭自己努力得到皇帝的大用，如杖汉节、使强敌的北去使金勇敢行为是他的人生高光时刻。再如有皇帝嬖臣（指张说）窃位枢臣相位的，权势震赫全朝，朝臣多不敢言，范成大却能利用自己起草诏书的词臣职位阻止此事，坚决不听皇帝旨意，使宠臣上位被挫败。杨万里感慨范成大的“所立”有不凡者、大者，还说他“风神英迈，意气倾倒，拔新领异之谈，登峰造极之理，萧然如晋宋间人物”，风神英挺豪迈，志向气概令人倾倒，谈吐追求新异不凡见解，理论可达高屋建瓴高度，潇洒飘逸风采宛如东晋南朝（南朝刘宋）名士，真是诗如其人。杨万里还评价范作为文学家诸体没有短板，文赋有唐杜牧的深刻，骚体诗和词能得《楚辞》的幽微婉约，山水散文有柳宗元的文风，写人物能有司马迁的能力，诗歌长短篇都有佳作，长篇才气流泻，短章收敛锋芒，繁复却不累赘，精悍而不窘迫，风格清新秀丽又奔放飘逸、隽永宽大。杨万里说自己对于诗很自信，对范成大还是“于公独敛衽”，整整衣襟表示恭敬。

四时杂兴：田园诗集大成者

南宋时内忧外患频频，范成大深有体会，诗中反复咏叹的始终是忧国爱民思想的山川行旅主题和悯农主题。到他晚年隐居家乡，这两主题也未中断，更融通为新的表达：一方面仍是身为江南人对江南风土民俗的极致表达，也传递了文人向往田园桃花源的超脱逸兴；另一方面是宋代士人内心民本思想、悯农情怀的复杂沉重表达。两者矛盾而和谐地交织为《四时田园杂兴》，这是范成大经历世事、返璞归真的真诚表达，也是他对传统田园诗隔膜尘世的突破，使得他成为古代田园诗的集大成者和高度锻造者，后来者少有超越。

淳熙十年（1183）秋，五十七岁的范成大又生病了。他一向病弱，年轻时能以精神意志对抗多病孱弱，此时年纪渐长，渐入老境，多年奔波四方更是让他精力衰竭，已不能胜任繁重的一方官长之任。范成大五次上表求归乡，但孝宗依然很依赖他，也嘉许他多年的辛劳“卿南至桂广，北使幽燕，西入巴蜀，东薄邓海，可谓贤劳，宜其多疾”，但仍未准其隐退，并给予资政殿大学士一职以示好。但范成大业已不是当年甘愿被孝宗利用冒生命危险去北国的热血壮年了，经历后来的张说事件，他因为坚持正义被从朝中排挤出京，经过艰辛的广西、四川两次远行，以及其间的曲折磨砺，才得以回到朝中，接着又在被任命为参知政事两个月后被弹劾下野。多次起落、不被信任的经历于内心敏感的范成大不能不在心底留下伤痕，对孝宗和朝廷的疏离感越来越强烈，给君臣关系带来裂痕。大概和尤袤晚年对光宗的失望类似。他早年在禅寺十年受佛家思想影响的心灵底色逐渐重新浮现，加之后来他与孝宗又政见不合，由此更为心意萧然，坚持致仕。

范成大终于得以回到阔别已久的家乡，重温此前牺牲的安宁时光。他早就在苏州石湖之畔开始修筑别墅，直到绍熙四年（1193）去世，他作为“石湖居士”度过顺应内心的十年，呼应他年轻时在昆山禅寺身为“此山居士”的十年。人生总有重归和补偿。在此期间的三十年离乡，是他在父亲挚友王葆的鼓励下为了实现父亲的期望、未竟功业而重新加入尘世间追求万人瞩望的科举、出仕，不但像当年的父亲一样进入秘书省成为校书郎，玉堂摛文，当值为皇帝讲课，而且以过硬的文字功底成为重要词臣（中书舍人），甚至成为参知政事，重现族祖范仲淹的仕途巅峰。近耳顺之年的他终于摆脱了少年时代父母双亡前途茫然的人生阴影，也完成了儒家思想、世俗社会对士人的要求，他以进退自如的姿势过了最后十年，为人生轨迹的完满画好闭环。他和族祖范仲淹一样，先天下之忧而忧，后天下之乐而乐，都是儒家士人的人生典范。

范成大生长在苏州，少年时随父亲在京城临安（今杭州）度过数年，他对江南尤其苏杭都市生活和风俗很是熟悉依恋。此后三十年他在京城或在外地为官，在苏州的日子很少。他一直希望能回到家乡隐居，而且希望能在家乡建一座符合自己理想的山水桃花源，疗愈少年时代失去家园庇护的心灵创伤，也安放自己奔波不息的身体与灵魂。

南宋时城市园林兴盛，是休闲游赏、交游雅集的所在，也是人们寄托自我情志的载体。建造园林也需要时间、财富和审美。范成大的造园融入很多他以往在各地所见自然山水、名园的影子，也注入他的审美理想，石湖别墅呈现了南宋山水园林的建造和艺术高度，杨万里就赞赏其山水之胜是东南（江南）绝境。范成大还在园林中遍植嘉卉，增添雅韵，成就170多首梅花诗词和《范村梅谱》。杨万里《寄贺建康留守范参政端明二首之二》“早整乾坤早岩壑，石湖风月剩分张”，就赞美范成大晚年归隐家乡，在石湖用当年整顿天下的心思胸襟规划了一湖诗意风月。

范成大此时的归隐情怀和东晋文士隐者典范张翰追求的“莼鲈之思”、陶渊明向往的“桃花源”“归园田居”略有不同，不是仕途失意、厌弃官场，而是继承中唐白居易大隐隐于市的归隐观，是理想实现后的回归初心。

孝宗为石湖别墅书写了“石湖”两字。范成大为“御书‘石湖’二字”写的跋文中说石湖是太湖东汇，自为一壑，号称佳山水。自己少年时就游乐休憩其间，后来有心在此栖居，开始结茅种树，渐渐成趣。他乾道三年（1167）开始在石湖边建造名字有儒家隐逸情怀的农圃堂，曾有《上梁文》说“吴波万顷，偶维风雨之舟；越戍千年，因筑湖山之观”，因为石湖在古越城遗址旁。后又建梦渔轩、盟鸥亭、绮川亭、天镜阁、玉雪坡、锦绣坡、此山堂、千岩观、说虎轩等，依湖山而建，散布山水间，总称石湖旧隐，就是旧日隐居处之意，中晚唐人诗中多见。也称石湖精舍，出家人修炼的场所为精舍，可见范成大将禅道思想融入日常生活。别墅建成后，范成大有《初约邻人至石湖》“窈窕崎岖学种园，此生丘壑是前缘”，说自己开始学做老农老圃（园丁），丘壑山水是前生因缘。

此后范成大不断美化园林，石湖别墅规模日益宏大完善，他还邀杨万里、姜夔、周必大等诗友来游园，唱和雅集。乾道八年（1172），少年时就和范成大结识、同为王葆弟子的周必大来游石湖，与范聚会唱和，赞赏登临此地“胜甲于东南”，和杨万里说的“东南绝境”相似。周必大还把石湖称为“紫薇村”，因为范成大曾为中书舍人。

淳熙八年（1181）范成大将赴任建康，宋孝宗在选德殿设宴，席上赐给范亲书尚墨迹淋漓的“石湖”两个大字和一轴苏轼的诗，范成大从此改号石湖居士。淳熙十三年（1186），太子赵惇（1189年

明代绮川（石湖）文人、明代石湖第一个进士莫旦著《弘治吴江志》中的《范文穆公绮川亭图》

登基为光宗）又题赐“寿栎堂”。这蛮有深刻含义的，“社栎”典出道家典籍《庄子 · 人间世》，指长在神社旁的栎树，因材质不佳而免受砍伐，指不为世所用的人，光宗还是懂范成大，祝福他寿比南山，也祝福他在山水中自在。

范成大将两幅御笔勒书制匾悬挂，也继续丰富完善园林细节，《寿栎堂前假山成,移丹桂于马城自嘲》自嘲自己审美雅趣过于挑剔，从远方移来丹桂植于寿栎堂前新成的假山旁，后来还在丹桂旁种凌霄花，有《寿栎堂前小山峰凌霄花盛开，葱蒨如画，因名》，遍植名花，成就细节如画之韵。后又在石湖别墅之南开辟了花木扶疏、可以日涉成趣的范村，多种梅树。

淳熙十四年（1187），吴县知县重修石湖的行春桥，范成大撰文《重修行春桥记》说凡是游吴中苏州而不至石湖，不登行春，和没来游玩无异。至此，范成大以自己的诗意情怀、审美意趣营建而乐而居之的石湖园林已是世人经过苏州必定要一到的“园林之胜，甲于东南”的名园佳境。范成大作为游迹满天下的诗人，是善于营造山水园林的人文诗意的，如他曾用苏轼的“饮绿”两字为朋友所建亭子造诗意，成为一时胜景，就是《李翚知县作亭西湖上，余用东坡语名之曰饮绿，遂为胜概》。

当然，孝宗和光宗御书对石湖别墅的名声有所裨益。范成大将孝宗“石湖”两字镌刻成碑。杨万里有长诗《圣笔石湖大字歌》写孝宗书法，诗的一开始也写范成大精心营造石湖别墅“石湖仙人补天手，整顿乾坤屈伸肘”，后写到孝宗书法落在石湖“石湖二字天上归，奎星壁宿落山扉”，最后赞美羡慕范成大“教人妒杀石湖仙，手揽星辰怀袖底”。

范成大多有诗写石湖的桃源风光，如《将至石湖道中书事》“水绿鸥边涨，天青雁外晴。柳堤随草远，麦陇带桑平。白道吴新郭，苍烟越故城。稍闻鸡犬闹，童仆想来迎”就很有陶渊明《归园田居》意味。石湖别墅比较偏文人园林，范成大还在别墅南建了更野逸的范村，他有《范村记》写范村这个舍南小圃。范村多种花木尤其是梅花，范成大在《范村梅谱》中说先在石湖玉雪坡种梅数百株，次年又于舍南买王氏租住的房子七十间改造成范村，以三分之一之地种梅。范村中，种梅的所在叫凌寒，种海棠的别名花仙，荼磨洞中叫仙境“方壶”，众芳杂植的叫瑶台“云露”，后面的庵庐叫山长，都是范成大心底“此山”诗歌意境的现实化。

范成大在石湖的闲适晚境里，于淳熙十三年（1186）写下了《四时田园杂兴》六十首，还在绍熙三年（1192）为家乡苏州撰写了方志《吴郡志》，都体现他对江南、对民众民生的热爱，对农业的重视，对民俗的记录，与他的前半生诗歌创作是一致的。

范成大为什么要写《四时田园杂兴》，清人《柳亭诗话》记载了一个元末明初的传说，说孝宗想起用范大成为宰相，但觉得他是个词臣不知“稼穑”之艰而改变主意，范成大才写了《四时田园杂兴》说自己知农。传说不确。范成大是典型的崇尚民本思想的宋型士夫，一直关注农事、民生，而且他少年时家道中落，熟悉民间生活，早年写的效仿中唐新乐府诗人白居易、王建、李绅等人的乐府诗，如写农民在官府残酷苛租重税下苦难生活的七言歌行体《催租行》“床头悭囊大如拳，扑破正有三百钱。不堪与君成一醉，聊复偿君草鞋费”，《后催租行》“去年衣尽到家口，大女临歧两分首。今年次女已行媒，亦复驱将换升斗。室中更有第三女，明年不怕催租苦”，深刻真实反映现实民生。再如他半生在四方任官，期间写的大量喜晴喜雨苦晴苦雨诗和写农夫生活的《刈麦行》《劳畲耕》《夔州竹枝歌》《初发太城留别田夫》《鲁家洑入沌》《采菱户》《寺庄》也是典型田家诗。所以《柳亭诗话》不可信。范成大能得到孝宗光宗赞许，在四大诗人中得到自信不服人的杨陆的崇敬并非因为他官位崇高，而是因为他不但才华出众、能力超群，而且有坚定内心并不屈从外在，从他出使金国、反对张说、多次主动求祠等经历可见他并非一心求功名升迁之人，他的精神世界和诗歌世界是始终如一的。

范成大早年孤苦隐居，中年勤勉为政、游历江山，晚年养老石湖，承载他丰富独特人生阅历的《四时田园杂兴》是以诗意建构现实与理想参半的田园世界，传达作为名臣、士人、学圃老农对江南、家乡、农业、民生真实而复杂的情感，虽然仍不免有士人对民生农业的隔膜，但已达到封建社会士人难得的认识高度。清人《柳亭诗话》的认识未免狭隘卑下，不及范成大等四大诗人的襟怀。

山水田园诗篇从《诗经 · 豳风 · 七月》开始一直是古典诗歌的最重要内容。中晚唐之前，由于诗人多是世家华族，如谢灵运、王维等人笔下多空寂山林隐者，与田园隔膜，缺乏人间烟火气。只有真的曾和老农一起耕田畅饮的陶渊明的《归园田居》、孟浩然的《过故人居》等田园气息较浓较真切，有一定田园具体细节，但还是偏于文人视角、诗意隐逸理想。中晚唐安史之乱后，更多庶族士子进入诗人行列，也有世家诗人跌落阶层流落江湖，他们多接触现实世俗世界，如杜甫、白居易、柳宗元等人的山水田园诗有了较多真实意味。进入宋朝后，民间崇尚“朝为田舍郎，暮登天子堂（《神童诗》）”，科举兴盛让大量下层文人进入官僚集团中心，如杨万里就是家族第一个进士，而且受“民胞物与”民本思想影响，文人对农事的了解较深，对农民劳作苦乐的感受较强。宋代的许多山水田园诗写的不再是诗意幻化的桃花源，而是真实的乡村田园场景生涯，是如实感受、切实记录，不再隔膜浮浅像游记。如北宋四大诗人苏轼、黄庭坚都有亲临乡村亲近老农甚至在被贬谪时躬耕田园的诗篇，北宋山水田园诗已经更平民化贴近民生、更世俗化趋于现实，这也给南宋四大诗人以影响。

宋代田园诗繁荣还是在追求休养生息、强盛国本的南宋，许多诗人对发达的江南农业做了系统具体写实有细节的记录，几乎就是史笔。范成大的《四时田园杂兴》就是其中典范,有了真的田园本色，所谓纤悉（细节）必登，鄙俚（俗语）尽录，曲尽田家况味。钱锺书《宋诗选注》就说到《四时田园杂兴》六十首使脱离现实的田园诗有了泥土和血汗的气息，根据诗人亲切观感，把一年四季的农村劳动和生活鲜明地画出较完全的面貌。田园诗获得了生命，扩大了境地，他可以跟陶潜（陶渊明）相提并论，甚至后来居上。范成大是古代田园诗继往开来的集大成者。

1186 年，六十一岁的范成大在《四时田园杂兴》诗引里说“淳熙丙午，沉痾少纾，复至石湖旧隐，野外即事，辄书一绝，终岁得六十首，号四时田园杂兴”，说此年自己久治不愈的疾病有所好转，又到石湖旧隐休养，在田园中有感，即事（以当前事物为题材）就写一首七言绝句，一年写了 60 首，跨越四季，所以名为“四时”。

《四时田园杂兴》每 12 首为一组，按农业时令分成春日、晚春、夏日、秋日、冬日四个季节五个季候，写的就是江南苏州农村田园景象和农民生活。在范成大的敏锐感触、细致视角中，江南田园看似美好安逸，底部的辛劳暗黑也不回避，包含深广宛如民俗长卷。他不但是以诗人、隐士的眼光看江南田园的诗意隐逸之美，更是以一个博物学家、农学家、地理学家尤其是一个高瞻远瞩、深思内省的高层官员视角，笔下呈现普通文士难以全面把握的江南田园农事辛劳、官府压榨、旱涝瘟疫、全年无休、丰收成患忧等民生农业底层深忧，是真正体现以民为本、关怀农家苦乐，富于人文情怀的悯农民生诗。

范成大采用诗经、汉乐府等儒家经典诗篇及诗圣杜甫、新乐府诗人白居易等诗人惯用的代言体,代入老翁老农视角,多用“田家语”，并创造性地使用七绝组诗体，以大诗人的充沛才气、高超艺术，全方位、多角度、有细节、平实真实描画江南农村面貌。由于诗人具备丰富的节候、地理、民俗知识,《四时田园杂兴》从农事生产、节气节日、民间习俗、风土风物等方面描绘了苏州尤其石湖一带田园风光,首先是特别影响农业的各种节气雨水、惊蛰、清明、谷雨、霜降、小雪的种收喜乐，其次有春秋重要传统节日寒食、清明、七夕、中秋、重阳等风俗习惯，此外还有春社、蚕桑、治丝绩麻等农业生产风俗技术，是关于南宋田园、农事的博物全书和文化史卷，也可见范成大的浓浓悯农情感。

来具体看《四时田园杂兴》的每一组。“杂兴”就是唐人开创的“即事”诗体，有感而发、随事吟咏，四大诗人都很喜欢并擅长用这个体裁，所以诗歌内容很丰富。

第一组的 12 首《春日田园杂兴》写江南水乡初春特色农事风俗。“桑叶尖新绿未成……满窗晴日看蚕生”写采桑养蚕，“高田二麦接山青，傍水低田绿未耕”写缺水水田不满，“今年不欠秧田水”写缓解春旱的喜雨，“溪头洗择店头卖，日暮裹盐沽酒归”写以菜换盐酒的农村朴素经济，“寒食花枝插满头，蒨裙青袂几扁舟。一年一度游山寺，不上灵岩即虎丘”“郭里人家拜扫回，新开醪酒荐青梅”“踏歌椎鼓过清明”写清明寒食扫墓游春民俗，“携向田头祭社来”“社下烧钱鼓似雷”写春社祭土地神。七绝只有 28 字，所以每首诗都只选取最形象有画面感的典型景象，不过因为是组诗，60 个画面合起来又很立体丰富。

第二组的12首《晚春田园杂兴》写暮春农事风俗。“紫青莼菜卷荷香，玉雪芹芽拔薤长。自撷溪毛充晚供”是写江南人爱吃莼菜、水芹嫩芽等水生春蔬，“时新鱼菜逐春回。荻芽抽笋河鲀上”也写江南春日美食,与苏轼“正是河豚欲上时”诗意相通,“煮瓶浮蜡正尝新。牡丹破萼樱桃熟”写谷雨新酒成、樱桃熟，“湖莲旧荡藕新翻，小小荷钱没涨痕……更从外水种芦根”“不看茭青难护岸，小舟撑取葑田归”写种植水田作物补贴主粮，“薄暮蛙声连晓闹,今年田稻十分秋”写听取兆丰年的蛙声一片，“晨炊早出看移秧”写农民抓时间移秧，“鸡飞过篱犬吠窦,知有行商来买茶”写春茶交易,“三旬蚕忌闭门中，邻曲都无步往踪”写江南养蚕习俗禁忌，“小童一棹舟如叶，独自编阑鸭阵归”写江南全家参与的系统农业。

第三组的12首《夏日田园杂兴》写夏天农事风俗。“梅子金黄杏子肥，麦花雪白菜花稀”写水果丰收、麦子油菜开花，“田家唤作小丰年。饼炉饭甑无饥色”写夏日小丰收半年无忧，“黄尘行客汗如浆，少住侬家漱井香。借与门前磐石坐”写农家好客淳朴风俗。“移秧披絮尚衣单……田水今年一尺宽”写又一次辛苦移秧，“下田戽水出江流，高垄翻江逆上沟。地势不齐人力尽，丁男长在踏车头”写水田缺水壮劳力踩水车的劳苦。“昼出耘田夜绩麻，村庄儿女各当家。童孙未解供耕织,也傍桑阴学种瓜”也写南宋江南农村日夜男耕女织、儿童种瓜的全员全方位农作模式，与《春日田园杂兴》里儿童养鸭可对照。“百沸缫汤雪涌波，缫车嘈囋雨鸣蓑。桑姑盆手交相贺，绵茧无多丝茧多”“小妇连宵上绢机,大耆催税急于飞。今年幸甚蚕桑熟，留得黄丝织夏衣”写南宋江南蚕桑业繁荣繁忙但赋税繁重，即使丰收蚕妇也只舍得拿最差黄丝做夏衣，和宋人张俞《蚕妇》“遍身罗绮者，不是养蚕人”诗意相通。《夏日田园杂兴》最后一首“采菱辛苦废犁锄，血指流丹鬼质枯。无力买田聊种水，近来湖面亦收租”，写家穷没田地只能去“种水”靠水田种植为生的采菱工人的穷困苦涩，和写蚕农的“大耆催税急于飞”可互证，“近来湖面亦收租”也和范成大的《后催租行》内容相似，含蓄感慨百姓赋税负担太重，是全诗最深沉厚重的现实阴影，隐藏在江南秀丽风光之下，令人惊心怅然。

第四组的 12 首《秋日田园杂兴》写丰收季节秋天的农事风俗。“垂成穑事苦艰难……笺诉天公休掠剩，半赏私债半输官”写农民辛苦一年却一无所得的苦难不公，与北宋梅尧臣《陶者》、张俞《蚕妇》诗意相近。“租船满载候开仓，粒粒如珠白似霜。不惜两钟输一斛，尚赢糠核饱儿郎”写将优质粮送给官家的不舍与无奈，只能给孩子吃点剩下的粗劣“糠核”，和《夏日杂兴》蚕妇只能穿劣等蚕丝一个意思。“秋来只怕雨垂垂，甲子无云万事宜。获稻毕工随晒谷，直须晴到入仓时”写临到收成晒谷对晴天的祈祷，“新筑场泥镜面平，家家打稻趁霜晴。笑歌声里轻雷动”写收稻打场的丰收喜悦，“菽粟瓶罂贮满家”写以余粮酿酒，“惟有橘园风景异，碧丛丛里万黄金”写补助主粮的橘园经济。《杂兴》写了生活的阴影也写了亮色。

最后第五组 12 首《冬日田园杂兴》写冬日农闲风俗。“卮酒豚蹄酹土公”写秋社祭祀土地神，“拨雪挑来踏地菘，味如蜜藕更肥醲”写蔬菜经雪更肥美，“地炉煨酒暖如汤……笑指灰中芋栗香”写农家一年忙碌辛劳此时煨酒（呼应秋日的余粮酿酒）烤芋栗的难得闲暇，“煮酒春前腊后蒸，一年长飨瓮头清。廛居何似山居乐，秫米新来禁入城”写冬日农家酿酒，“村巷冬年见俗情，邻翁讲礼拜柴荆。长衫布缕如霜雪，云是家机自织成”总结过年团聚和自足经济。

范成大对农事田园处处流露“同情之理解”也隐含批判，他是清醒的官员也是悲悯的学者。他还有类似的田园词，《蝶恋花·春涨一篙添水面》“江国多寒农事晚。村北村南，谷雨才耕遍。秀麦连冈桑叶贱。看看尝面收新茧”也写暮春农事。因倒春寒江南水乡农事推迟，谷雨时才开犁，不过农事也没耽搁，转眼春麦已结穗，桑树茂盛桑叶价低，等等，就可以收新茧并品尝新麦做的面。江南田园在范成大笔下，就是南宋社会的缩影，有阴影忧患也有美景喜乐。虽然退隐，士夫的责任感仍在，范成大的田园诗视角很小，格局却很大。

范成大的《四时田园杂兴》等田园农事诗都以历史眼光、学者态度、丞相情怀、诗人才气，记录了南宋江南农村的农业发达和百姓勤劳，以及农业的不易和百姓的苦难，指出两者是南宋经济文化繁荣沉默而重要的根基，呼吁“民为国本”“农为国本”，希望君王看到。他的记录不是浮薄自娱的，而是诚恳真实的。田园值得记录，范成大令人尊敬。

《四时田园杂兴》的内容太过丰富，是诗歌，也是博物志，显示南宋科学技术的突破发展。“邻家鞭笋过墙来”不只是“满园春色关不住”的诗意，也是“隔墙诱竹”的科学现象。“桑下春蔬绿满畦，菘心青嫩芥苔肥”显示南宋已普及种植白菜（菘）、芥菜、苔菜等蔬菜。“橘蠹如蚕入化机，枝间垂茧似蓑衣。忽然蜕作多花蝶，翅粉才干便学飞”记录了蝴蝶从幼虫、化蛹到羽化的发育过程。再如他的《芒种后积雨骤冷三绝》“梅黄时节怯衣单，五月江吴麦秀寒”“梅霖倾泻九河翻，百渎交流海面宽。良苦吴农田下湿，年年披絮插秧寒”则写江南独特气候现象梅雨带来寒潮、降水对农业的伤害。

《四时田园杂兴》还是南宋苏州、吴中乃至江南的方志和风俗志。清文人李慈铭就说范成大晚年石湖养闲诗包括《田园杂兴》写乡居琐事、吴俗岁华。吴俗岁华就指江南吴地的民俗文化。如《蝶恋花》词写谷雨“尝面收新茧”。《上元纪吴中节物俳谐体三十二韵》写上元节社火即民间鼓乐百戏。《元夕》“隔墙时有卖饧人”写元宵节。《寒食郊行书事》“鸟啄纸钱风。媪引浓妆女，儿扶烂醉翁”写扫墓烧纸钱、踏青嬉游的寒食节哀乐并存特色。《夏至》“李核垂腰祝饐，粽丝系臂扶羸。节物竞随乡俗，老翁闲伴儿嬉”写苏州夏至乡俗，老人腰间戴李核寓意吃饭不噎，粽子上解下的五彩丝系在手臂上祝愿长寿。《秋日田园杂兴十二首之二》“朱门巧夕沸欢声，田舍黄昏静掩扃。男解牵牛女能织，不须徼福渡河星”写农家夫妻日日相守、不羡牛郎织女的真实人间七夕节（乞巧节）。《十月朔客建业不得与兄弟上冢之列悲感成诗》写十月初一寒衣节在南京为官不能回乡扫墓祭祖。《乙巳十月朔开炉三首其一》“石湖今日开炉，纸窗银白新糊。童子烧红榾柮，老翁睡暖氍毹”写寒衣节也是江南“开炉”日子。《满江红·冬至》词“新阳后、便占新岁，吉云清穆”写冬至次日朝阳升起后就可以看天象云气占卜新年好年景了。《冬至晚起》“新衣儿女闹灯前”写冬至儿女换上新衣，是家中新气象。《冬至日天庆观朝拜云日晴丽遥想郊禋庆成作欢喜口号》“丰年四海皆温饱，愿把欢心寿玉卮”写冬至帝王祭祀天地，天气晴朗，范成大遥遥祝愿祭典成功，庇佑四海百姓丰年都温饱，足见他关注民俗就是关心民生，不愧曾为副相。

范成大最有特色的写民俗的诗是《腊月村田乐府》10首，写吴中腊月（岁末十二月）农村田园“土风”，即本土民俗和节庆仪式，有《冬舂行》《灯市行》《祭灶词》《口数粥行》《爆竹行》《烧火盆行》《照田蚕词》《分岁词》《卖痴呆词》《打灰堆词》。《冬舂行》写腊日（腊月初八）腊八节舂米藏土瓦仓中，是冬舂米，经年不坏。《灯市行》写腊月十五也有灯市。《祭灶词》写腊月二十四夜祀灶神，宋代已有灶神次日要上天汇报的传说，所以要好酒好菜侍奉灶君希望他多说好话来年家里有好运。《口数粥行》写苏州独特的腊月二十五日煮赤豆作糖豆粥，晚上全家同吃，能辟疫病瘟气，出远门没回来的家人

清　沈源《御题〈灯市行〉诗意图》

清　董邦达《御题〈分岁词〉诗意图》（台北故宫博物院藏）

清　曹夔音《御题〈卖痴呆词〉诗意图》（台北故宫博物院藏）

清　李世倬《御题〈口数粥行〉诗意图》

清　周鲲《御题〈祭灶词〉诗意图》（台北故宫博物院收藏）

清　丁观鹏《御题〈爆竹行〉诗意图》（台北故宫博物院收藏）

也留了口分，襁褓小儿和仆人甚至家里的猫狗也预备，所以名口数粥。《爆竹行》说吴中放爆竹风俗特盛，恶鬼怕这个声音所以可驱邪，一般是岁朝（新）放，吴地是腊月二十五夜放。《烧火盆行》写腊月二十五放爆竹时，吴地人家无论贫富都在门口烧柴，称“相暖热”为了祈福。《照田蚕行》写与烧火盆同天，村人点燃火炬绑在竹竿顶端照耀田野，祈愿丰收。《分岁词》写除夕夜祭祀先人，全家长幼聚饮，互相祝颂然后分开，称为分岁。《卖痴呆词》写分岁后小儿在街上吆喝“卖汝痴，卖汝呆”，求聪明读书好。《打灰堆词》写除夕夜要不睡守岁，即将鸡鸣时，婢女持杖击打粪土，祈祷利市，称为打灰堆。这些风俗，无不希冀平安丰收，人间温暖。少年身世凄苦的范成大始终有一颗悲悯仁义爱民之心。

家剑南而户石湖：是“槛外人”

回顾范成大的一生，除了早年个人生活上的遗憾曲折如父母早亡、少年孤寒隐居寺院读书十年，他的人生较好地完成了父亲的遗愿、君王的要求和自我的期许。当然，他也较大程度保全了自己的理想舒展和人格自由，以诗歌、漫游、为学、隐居等形式在不同人生阶段不可避免的危险艰难、辛苦奔波、内心矛盾之外努力保持温润和谐的内心，所以范成大能在南宋及后世成为士人和百姓的楷模。清乾隆年间状元、苏州人石蕴玉评价范“达于政体，使不辱命。晚归石湖，怡神养性”，前两句赞他善于为政，使金不辱命，是达则兼济天下的成功，后两句说他晚年归隐家乡江南山水，在其中怡神养性，是退则独善其身的典范，完美实现了儒家士人的人生理想。也多有人评价范能融通儒道释，能践行宋孝宗《三教论》提出的以儒治世、以佛修心、以道养生的人生理想，让人敬慕，认为他一生完满，完成了很多士人的理想。

范成大以儒治世是他为官既取得世俗以为的成功又获得自己内心的兼济天下满足，以佛修心是以佛学疗愈少年家变的创伤，也慰藉在仕途中的不顺遂，以道养生是他一生病弱，所以注重养生。儒学的执着坚定固然可贵，但容易带来偏执，融通佛道则可增加豁达，对人生与处世皆有益处。这是以范成大为代表的南宋四大诗人的人生与诗歌底色。

范成大很有名的两句诗“纵有千年铁门槛，终须一个土馒头”出自他的《重九日行营寿藏之地》诗。全诗是“家山随处可行楸，荷锸携壶似醉刘。纵有千年铁门槛，终须一个土馒头。三轮世界犹灰劫，四大形骸强首丘。蝼蚁乌鸢何厚薄，临风拊掌菊花秋”，范成大感慨“家山”即自己家庭世代居住的地方处处可以“行楸（楸是乔木，可种植墓前也可用来做棺椁）”意思就是埋葬，“荷锸”用了魏晋狂士刘伶的典故，见《世说新语》引《名士传》故事，说刘伶很放达，常乘坐鹿车，携带一壶酒，让人带着铁锸跟随，并且发狂言“如果我死了，就地挖坑把我埋了”。范成大接着写了那两句传诵千古的名句，说人生苦短，纵使人们出身“千年铁门槛”即历史悠久显赫的家族，最终难免众生平等，归宿也就一个土馒头似的坟丘，刘伶说得没错。接着写的“三轮世界”和“四大形骸”出自佛经：前者指世间充满无常、不净、苦三者，如轮回转，无始无终；后者指由地大、水大、火大、风大构成人的身躯，四大形骸最终要归葬故土。所以，死后的尸体交给蝼蚁小虫或乌鸢猛禽没啥区别。于是诗的最后范成大豁达地说，在祝福长寿的重阳佳节来到自己选定的寿域，在秋风中赏菊并鼓掌大笑。难怪《红楼梦》里自称为“槛外人”的佛教徒妙玉眼高过顶，说汉晋五代唐宋没有一首好诗，只喜欢范成大的这两句诗。她推崇的，是范成大的阔大格局、豁达襟怀。

范成大出身可称“千年铁门槛”的望族范氏，母族出自蔡襄家族和文彦博家族，也是“铁门槛”，但他在少年意气风发之际突遭家变打击，让他一度消沉，依靠佛学思想的宽解、老师（父亲故友）的援手才渐渐恢复。这一特殊人生经历在范成大后来的人生取舍中都留下深刻痕迹，使得他对生死更为淡然豁达，比如他的毅然使金，是置之死地而后生，是知其不可为而为，也使他更为悲悯世人的悲苦遭际，更珍惜世间的温暖可亲。

范成大一生多病，连孝宗都体恤他“卿……可谓贤劳，宜其多疾”，说他的多病都是为国事累出来的。范成大本人诗里也常写自己多病，如他有八首《病中绝句》写自己煮药和病中的懒散心态“石鼎飕飕夜煮汤，乱拖芝术斗温凉。化儿幻我知何用？只与人间试药方”“病中心境两俱降，犹忆江湖白鸟双。一夜雨声鸣纸瓦，听成飞雪打船窗”“出门斟酌无忙事，睡过黄梅细雨天”“去年团扇题诗处，依旧疏帘细雨中”“想见西堂浑不睡，明朝踏湿看菖蒲”，都足见他不焦不躁、温润淡定的处世态度。《甲辰人日病中，吟六言六首以自嘲》是六首六言诗，写淳熙十一年（1184）正月初七“人日”病中情景，“自嘲”奠定诗的诙谐豁达意趣，其一“日慌慌蚁旋磨，头岑岑鳌负山。笔床久已均伏，药鼎何时丐闲？”说自己生病后恍恍惚惚像蚂蚁随着磨盘转动，头涨痛像鳌背着山，“蚁旋磨”典故出自汉代大儒扬雄的譬喻说人一生奔波劳碌就像蚁行磨石上，摆脱不了外力支配，由这个比喻这首病诗就有了更阔大的意趣。范成大接着说自己病后荒废了写诗文书画，笔床指搁毛笔的笔架，感叹煮药的“药鼎”什么时候可以不用就是病痊愈。这首诗理趣诙谐就比较像杨万里的诗风。另一首“有日犹嫌开牖，无风不敢上帘。报国丹心何似，梦中抵掌掀髯”，说虚弱不敢开窗，但病中常想起梦到当年忠心为国效力时，与友人“抵掌掀髯”抵掌而谈（激动击掌谈论），笑得启口张须，无拘无束、意气相合，回忆让他浑然忘了病痛。这里的友人是不是陆游不一定，但这首梦诗风格就很像陆游。四大诗人的诗都有相似相通处，他们都借哲理思考、诗意回忆来抵御衰老之境将至。

为了抵御多病的痛苦、消除对衰老死亡的恐惧，范成大还像少年时一样求助佛教思想的疗愈，他有《十月二十六日三偈》三首，其一说“声闻与色尘，普以妙香薰。昔汝来迷我，今吾却戏君”，其二说“有个安心法，无时不可行。只将今日事，随分了今生”，其三说“窗外尘尘事，窗中梦梦身。既知身是梦，一任事如尘”，佛教思想就是“安心法”。

范成大等南宋士人都常将佛教（佛家）无常思想、道教休闲养生思维融入日常生活，化为雅俗共赏的审美趣味，及时慰藉疗愈平衡缓解失衡心态、身体。陆游晚年也是养生的施行者。

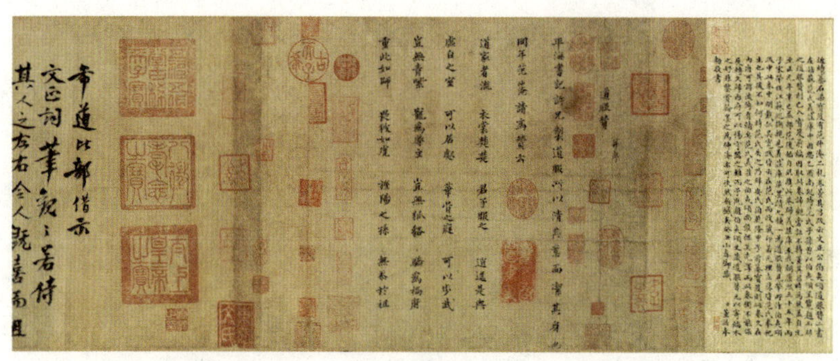

范仲淹为尤袤叔祖尤辉的岳父许希道的父亲写的《道服赞》(北京故宫博物院藏，体现了范成大家族和尤袤家族的联系)

休闲养生首先是求闲适。南宋民间有“三余”说法，即冬者岁之余、夜者日之余、阴雨者时之余，说冬天是一年的空闲季节，夜晚是一天的空闲时间，雨天是偶得的空闲日子，古代是农耕社会，冬天、夜晚、雨天作为农闲时节、不宜劳作的闲暇时光，适宜吃饱喝足睡得好(醉饱高眠)、休息休闲。范成大有《刁闲》戏谑自己是“刁闲（南宋人称呼懒汉的戏称，出自南宋灌圃耐得翁的《都城纪胜·闲人》)”，云“刁闲成懒懒成痴，六用都藏缩似龟。雪已许多犹不饮，梅今如此尚无诗。闲看猫暖眠毡褥，静听猧（小狗）寒叫竹篱。寂寞无人同此意，时时惟有睡魔知”，写了“闲懒”态度，说将六根（眼、耳、鼻、舌、身、意）之功都藏起来。他的《冬日田园杂兴》“地炉煨酒暖如汤……笑指灰中芋栗香”写冬日农闲，《丙午新正书怀十首》“身闲一日似两日……午窗惟有睡魔知”写冬日午睡之闲。至于饮食，作为江南人的范成大并不一味求肥醲，而是追求清淡有味，除了晋人张翰所爱的江南莼鲈，《秋日田园杂兴》就写了鱼脍“细捣橙姜有脍鱼，西风吹上四鳃鲈。雪松酥腻千丝缕……”《冬日田园杂兴》“拨雪挑来踏地菘，味如蜜藕更肥醲。朱门肉食无风味，只作寻常菜把供”、《立春大雪招亲友共春盘坐上作》“菘甲剪翠羽，韭黄截金钗”，也写蔬菜胜过肉食。陆游、杨万里也爱清淡的蔬菜、粥，如陆游《食

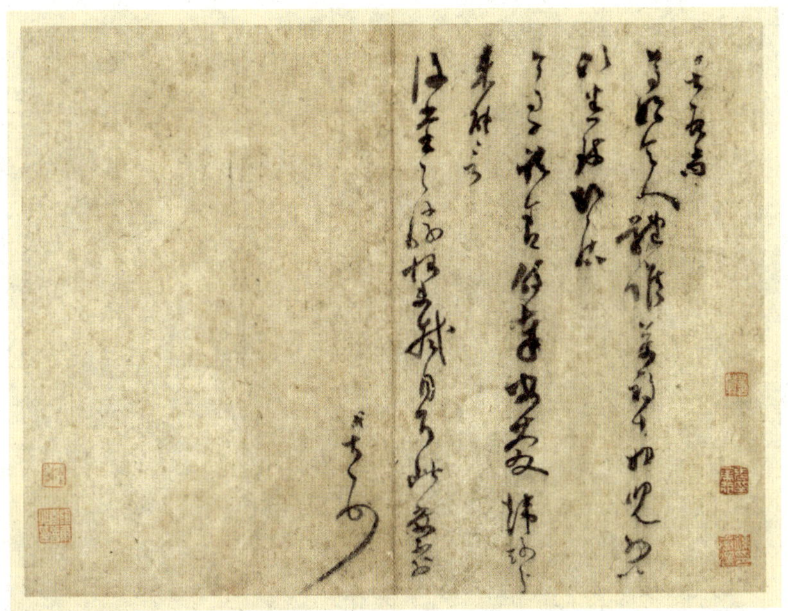

范成大写给舅母的《尊妗帖》(台北故宫博物院藏)

粥·世人个个学长年》说学习北宋诗人张耒的食粥法“我得宛丘平易法，只将食粥致神仙”。

范成大追求的闲除了醉饱高眠，当然也有书画闲雅。范成大是南宋四大书法家之一，存世书迹佳作很多。真迹尚存的如《垂晦札》《荔酥沙鱼札》等,也有留在各地的石刻,如他早年在处州留下的《通济堰规》，1173 年至 1174 年在桂林留下的多处题名石刻，五十四岁在明州书写的《明州赠佛照禅师诗碑》等。

现存桂林的范成大《复水月洞铭并序》，序里先说桂林山水之美“水月洞剜漓山之麓，梁空踞江，春水时至，湍流贯之，石门正圆，如满月涌，光景穿瑛，望之皎然”。再说乾道九年秋，九月初吉，吴人范成大来此地考古修复。最后是范成大写的铭记：“有嵌孱颜，中浣涨湍。水清石寒，圆魄在上。终古弗爽，如月斯望。漓山之英，漓江之灵。嫭其嘉名。范子作颂。勒于巃嵸，水月之洞。”

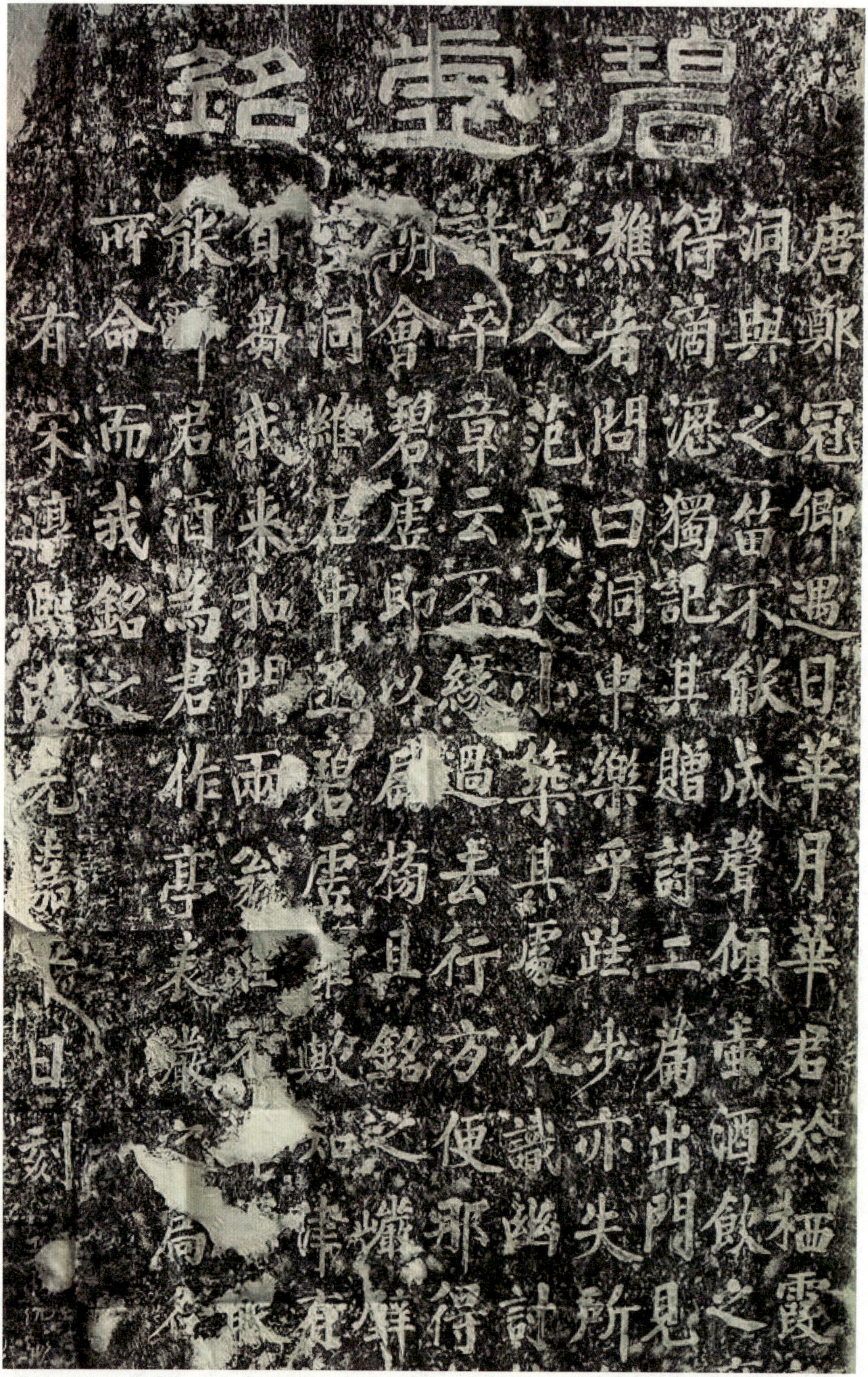

碧虛銘

唐鄭冠卿遇日華月華君於栖霞
洞與之笛不能成聲傾壺酒飲之
得滴瀝獨記其贈詩三篇出門見
維者問曰洞中樂乎跬步亦失所
吳人范成大小築其處以識幽討
詩卒章云不緣過去行方便那得
朝會碧虛郎以居揚且銘之巖[illegible]
[illegible]同維石中函碧虛羅與知韋有
負無我来扣門雨翁[illegible]歲[illegible][illegible]
能[illegible]君酒為君作亭來[illegible]扃各
所命而我銘之
有宋淳熙改元嘉平[illegible]日刻

现存桂林七星公园的范成大《碧虚铭》

范成大最出名的书法是他的自书《四时田园杂兴》和为李结《西塞渔社图卷》作的跋。

范成大手书的《四时田园杂兴》，在明朝曾刻成石碑藏于范成大祠。明代内阁首辅王鏊感叹此珍贵真迹经历数百年兵火乱离，几经变故归于家乡，难道是范成大冥冥之中的庇护？

李结《西塞渔社图卷》卷后有淳熙十二年（1185）范成大跋，绍熙二年（1191）尤袤跋，汇集四大诗人之二的书法、文章，可谓珍贵。范成大长跋 290 余字，有“候桃花水生，扁舟西塞，烦主人买鱼沽酒，倚棹歌之”等语，语辞清丽俊逸，表达了向往江南隐逸之地（湖州）之人（唐人张志和、宋人李结）的诗意情思。书法也俊逸圆润，得北宋四大书法家米芾、黄庭坚神韵。由此可一窥南宋文人的文、书、人合一的风范。

范成大性情人品，他的诗友知交杨万里认为如“晋宋间人物”，就像东晋南朝（刘宋）名士，其诗也学东晋南朝鲍照谢朓，都是温雅秀润、恬淡洒脱兼备。他的书法也被认为兼有晋、唐、北宋书法之妙，也和其人其诗风格相近。范成大好友周必大在为范写的《神道碑》中说范是蔡襄的后人，小时候是学蔡襄书法的母亲亲自教他，所以书法兼真（楷书）、行书、草书之妙，当时人争相收藏，孝宗就很喜欢范的书法，曾和范讨论古今翰墨书法，还多次给范赏赐古人书法。南宋末的陈櫄在《负暄野录》里说范成大工于行、草，和南宋另一位重要文人书法家、范成大同年、状元张孝祥都学东晋书法名家谢安、王羲之、王献之的书法，也学继承东晋书风的米芾（宝晋斋）等人的书法。南宋董史《皇宋书录》说范成大字宗黄庭坚、米芾，虽韵胜不逮，而遒劲可观。到了明代，范的书法依然受推崇。明代名臣、诗人、“后七子”领袖王世贞在《弇州山人稿》中说范成大书法能出入眉山（苏轼）、豫章（黄庭坚）间，有米颠（米芾）笔，圆熟遒丽，生意郁然，诗歌书法二绝。范成大的诗歌书法都有技法纯熟、笔力刚健秀美、看似平淡实则生机勃发的面貌。

范成大除了善书法，也善赏析绘画，虽然他没留下自己的画作，但留下很多题画诗，以诗描摹他看到和收藏的画作。他对绘画的追求并不一味只求神韵写意，也兼求摹写精微的写实。他用诗写画时，不但多用典故，还运用譬喻、通感等手法，力求达到“诗中有画”之境。他有《戏题赵从善两画轴三首》是题赵从善两幅画的三首七绝。赵从善是北宋宗室画家，宋太祖赵匡胤曾孙。诗里说赵的一幅画是写花卉形貌具备的“一枝香杏一枝梅，各占东风挂玉钗”，一幅是写美女栩栩如生情态的“情知别有真真在，试与千呼万唤看”。还有两首《题范道士二牛图》生动描画范道士笔下的两头牛“一牛疾行离其群，一牛返顾如怒嗔”“目光炯炯狞而驯，点缀毫末俱逼真”。还有和友人袁说友唱和《郡沼双莲图》的《次韵袁起岩送示郡沼双莲图》。范成大还有写纸本花卉的四首诗，分别咏牡丹、常春、鸡冠花、红梅，写牡丹的《希贤纸本花四首牡丹》说“洛花肉红姿，蜀笔丹砂染。生绡多俗格，纸本有真艳”，说洛阳花牡丹美艳，就像五代花卉圣手“蜀笔”黄筌用朱砂渲染的，还说纸本画真实而明艳，胜过丝绢画。他还有《次韵李子永〈梅村散策图〉》写词人李泳画的在梅花村落拄杖散步的画卷“光风先放越溪春，萧散寻诗索笑人。藜杖前头春浩荡，三生应是主林神”。李泳，字子永，有诗名，和辛弃疾等人交往。还有《题醉道士图》（应该就是陆游的《题张几仲所藏醉道士图》提到的那幅画，收藏家是北宋名臣张叔夜，字嵇仲，一作几仲），“蜩鷃鹏鹍任过前，壶中春色瓮中天。朝来兀兀三杯后，且作人间有漏仙”也是通过写醉意可掬的道士道出豁达的闲适情怀，说感觉小蝉小鸟和鲲鹏大鸟没有区别，以酒解愁即是神仙。

除了和尤袤、杨万里一样喜好高雅的金石书画收藏鉴赏，范成大闲适的生活态度也是融通雅俗的，他的《丙午新正书怀十首》“煮茗烧香了岁时”写焚香煮茶闲适过新年，《大雪书怀》“聊掬玉尘添石鼎，自煎鱼眼破龙团”也写煮茶饮茶，《瓶花》“水仙携蜡梅，来作散花雨。但惊醉梦醒，不辨香来处”写插了水仙、蜡梅素雅芬芳花卉在卧室花瓶里，夜里香气袭人，《春来风雨无一日好晴因赋瓶花二绝》之一“满插瓶花罢出游，莫将攀折为花愁。不知烛照香薰看，何似风吹雨打休？”也写插花的艺术性，可弥补自然赏花之不足。范成大《朝中措》词“身闲身健是生涯。何况好年华。看了十分秋月，重阳更插黄花。消磨景物，瓦盆社酿，石鼎山茶。饱吃红莲香饭，侬家便是仙家”，更明确说“身闲身健”闲适率意的生活态度是养生要义，“消磨景物，瓦盆社酿，石鼎山茶。饱吃红莲香饭”就说日常看景喝酒饮茶吃饭便是如仙生活。《题南塘客舍》“闲里方知得此生，痴人身外更经营”，《怀归寄题小艇》“若教闲里工夫到，始觉淡中滋味长”，也都指出闲适生涯才是滋味长。

范成大晚年的闲适闲雅时光，是很多诗友参与并共同成就的。石湖此时已是诗文圣地，范成大也是隐然的诗坛盟主。杨万里较早来到石湖是淳熙六年（1179）初调任广东未赴任时，曾来苏州看望此时在家乡、初建石湖别墅的范成大，两人相游石湖，论诗谈艺。杨万里有《寄题石湖先生范至能参政石湖精舍二首》记录这次见面，说“四海如今几若人”，两人确是诗中交心诤友。

所以 1194 年范成大去世后，杨万里接到范成大儿子范莘送来的信，应父亲的遗命请杨万里为父亲诗篇作序。杨万里悲痛万分，也慨然答应。杨万里的确最懂范成大，是当世能全面合理评价范诗最合适的人。杨万里在序言里说自己远远看见一个送信人背着一个书箱来到庭院下，问他从哪里来？回答说从范成大处来。打开书箱，范成大的诗集在里面。打开书信，范莘在信里叩请说父亲去世，生前付托重任。他说父亲先前生病还不算太重时，日夜亲自编辑自己的诗文，数年才成为诗文集。父亲临终时，还拉着范莘的手交给他文集并嘱咐说“吾集不可以无序”，而“今四海文字之友惟江西杨诚斋，与吾好且我知，微斯人畴可以属斯事。小子识之！”说四海诗友只有江西杨万里和我交好而且知晓我，除了他没有人可以帮我的诗集写序。这也就是杨万里说的“四海如今几若人”，两人的敬重相知是互相的。杨万里听后抱着老友遗编落泪回忆，说自己和范成大是同年进士，但仕途有别，范成大成为高官时自己还是小官，但范成大却不轻视并诚心待我。杨万里说自己不敢拒绝这样真诚的友情，也不以丞相看待范成大，老友的生死叮咛托付，更不敢推辞。最后，杨万里还叹息“嘻！人琴今俱亡矣！广陵散今此声遂绝矣！惠子不生，庄子不死，复何道哉！”“人琴俱亡”典故出自《晋书》，说王徽之和弟弟王献之（子敬）互相爱敬，徽之在王献之去世后取献之琴弹之，久而不调，叹曰：“呜呼子敬，人琴俱亡”，可见范杨两人知己之情可感。杨万里还说范的诗歌绝唱如魏晋高士嵇康的广陵散再也听不到了。最后用惠子和庄子来比拟两人棋逢对手的知己之情，怅然之情呼之欲出。杨万里在诗集序里说“今海内诗人不过三四，而公皆过之无不及者”，其实就是他自己的“四海如今几若人”、范成大的“今四海文字之友惟江西杨诚斋，与吾好且我知”。

近代诗人、钱锺书之父钱基博曾评论范杨为何更契合，说范成大诗风不同于陆游的圆润，与杨万里的“清迥”意境清明旷远、情韵清朗有余韵较相似，所以杨极为推重他。钱基博还说范成大的诗风趣幽隽，音节清脆，是得诗笔峭秀于江西诗风，得诗味幽隽于晚唐诗风，诗味幽而诗格瘦，和学诗路径相近的杨万里相似。只是杨万里是以江西诗风开始而以融通晚唐诗风结束，而范成大是以晚唐

姜夔像（清末画家叶衍兰模拟清道光年间画家许乃毂模拟宋代画家白良玉为姜夔写像，和诗歌的代代传承相似）

诗风开始而以加入江西诗风而终，两人殊途同归。还说范诗不同于陆游的圆熟而同其清新，有杨万里的幽瘦而避其俗俚。杨万里善于发挥自己诗风之长，肆意挥洒，而范成大则注意处处避免自己所不足的，内敛谨慎。和陆游比，陆游的诗歌语多乐观轻易，而杨万里、范成大经常诗意隐含怅惘。他们的诗都是出入江西诗风，意欲有所变化而自成特色、自成名家的。这个评价很适合中肯，也解析了四大诗人为何能成为四家、能惺惺相惜的重要原因，是因为有共同基础和追求。范成大日后会和陆游并称“家剑南而户石湖”也是因为他们都有清新俊逸的面目。

杨万里后有诗《进退格寄张功父、姜尧章》写给后进士人张镃和姜夔，“尤萧范陆四诗翁，此后谁当第一功？新拜南湖为上将，更差白石作先锋”，说四大诗人之后（他为谦虚，没把自己放四大诗人中，而是放了老诗人、姜夔的妻伯萧德藻），张镃和姜夔值得期待。张姜也和范成大多有来往唱和。

姜夔（约 1155—约 1221）是范成大晚年石湖别墅的常客。他有自度词牌《石湖仙 · 寿石湖居士》为范成大祝寿“松江烟浦，是千古三高（范蠡、张翰、陆龟蒙）游衍（恣意游逛）佳处。须信石湖仙，似鸱夷（范蠡）翩然引去……”写范成大一生功绩和如今“石湖仙”一般的状态。词写于淳熙十四年（1187）夏六月初四范成大六十寿辰时。他还有与范成大唱和的《次石湖书扇韵》说“家住石湖人不到”。1193 年范成大去世后，姜夔也有悼诗《悼石湖》三首“身退诗仍健，官高病已侵”“百年无此老，千首属何人……酸风忧国泪，高冢卧麒麟”“遗书知伏枕，来吊只空堂。雪里评诗句，梅边按乐章”，追思回忆自己与范成大的交往唱和。

张镃也曾有与范成大唱和的《有怀参政范公，因书桂隐近事，奉寄二首》，其一“石湖仙伯住吴门，事业文章两足尊。南北东西文遍历，焉哉乎也敢轻论”，赞美范成大这个住在苏州石湖的仙伯（指官职清贵、文章超逸的人物）无论事业还是文章都有过人之处，值得敬慕。

范成大晚年在石湖宛若仙翁，但朝廷和皇帝还是很挂念这个能干臣子，淳熙十五年（1188）起任他为福州知州。范成大极力多次请辞，但未得允诺，他只能入朝召对，提及自己多病，获得孝宗慰劳，赐给他药物丹砂和孝宗手书、两人共同喜爱的苏轼诗两首。不管恩宠如何，再次出仕对于范成大不啻于重入牢笼。次年即 1189 年，范成大无奈赴福州任，但行到婺州（今浙江金华）他就称病坚请奉祠，终获朝廷允准。一首《余杭初出陆》也许是范成大此时写的“村媪群观笑老翁，宦途何处苦龙钟。霜毛瘦骨犹千骑，少见行人似个侬”，说自己此时白发瘦削一老翁，还带着随从去远处为官，龙钟老态受到乡村老太的围观嘲笑，说没看过外放的官员像自己这般又老又病弱。范成大“似个侬”用了吴地口音，诗里的自嘲无非表达自己想不出仕的心情，他羡慕这些村居的老人，觉得自己还不如村媪自由。此后，孝宗退位，光宗即位，范成大还向新帝赵惇上陈“当世要务”，得到吴郡开国侯的封赏。到绍熙三年（1192），朝廷又加范成大为资政殿大学士，起知太平州，可见对他的才能还是看重。此时朝中直臣端人凋敝，新帝对父亲看重的范成大也是仍有期望。但范成大十年闲云野鹤，归心已坚，也早已不耐官场之苦，无奈多次请辞都未获批准，只得在五月就任。六月范成大的次女突然去世，范成大悲痛生病，也有机会得以脱离官场归乡。

绍熙四年（1193），范成大有《梦觉作》“年增血气减，药密饮食稀。气象不堪说，头颅从可知。忽作少年梦，娇痴逐儿嬉。觉来一惘然，形骸乃尔衰。梦中观河见，只是三岁时。方悟梦良是，却疑觉为非”，梦见儿时少年时光，不胜惘然，更觉人生如梦。此年陪伴他一生的夫人魏氏也去世了。范成大此时已于病中自编诗文全集完成，也是一个完满。此后他病体日重，上疏请求致仕。诏下，他终于成为真正自由身，这是另一个完满。九月范成大逝世，享年六十八岁，不及尤袤的七十岁。十二月归葬吴县赤山东的仰天山，就是他说的家山、曾祖所葬之地。当年他的父亲突然去世，曾留遗言“他日葬我，毋远先茔”，希望坟墓不要离家族先人的墓太远，于是葬在曾祖墓地旁小山丘。范成大晚年自营寿藏，与父母的墓不过百步，也算遵父嘱，是与父母团聚的心意。他有《得寿藏于先陇之傍》就写这个“家庭遗训焄蒿（祭祀之意）在”。后朝廷又累赠少师、崇国公，谥号文穆，所谓“布德执义曰穆，中情见貌曰穆”，可见他是一个性情纯正的性情中人。

可惜今天石湖别墅不存，范成大墓也不见。石湖行春桥西有始建于明代正德年间（1520）的范成大祠,墙壁间有孝宗御笔“石湖”,还建石湖书院，明代是文征明等文人吟诗作书画的所在，隐隐呼应300多年前四大诗人的唱和雅集。

第五章

四大诗人之冠：山阴放翁陆游

第五章

四大诗人之冠：山阴放翁陆游

过江后第一人：南渡百年无此奇

陆游（1125—1210），字务观，号放翁、桑苎翁，山阴人（今浙江绍兴）。

不管诗歌史上的取向如何变幻，陆游都能在大部分历史时期坐稳南宋诗歌第一人的位子。他是如何成为四大诗人之冠的？不妨回到南宋诗歌的原点处看一看。

陆游在生前由于种种原因如科举受挫于秦桧、壮年时性情狂放交往广泛而导致仕途不畅，一度名声比不上四大诗人里的另几位——位至副相的范成大、诗坛盟主杨万里、著名词臣尤袤，曾在四大诗人中排名最末。陆游自己就曾说“我不如诚斋，此评天下同”，当然这也许是自谦。而常被人引用的朱熹的赞美“放翁老笔尤健，在当今推为第一流”，应该只是说陆游的书法在南宋属第一流。不过杨万里也赞许陆诗是“君诗如精金，入手知价重”，说他的诗如纯金无比珍贵。著名词臣周必大也在《跋〈苏子由和刘共父省上示座客诗〉》中说“吾友陆务观，当今诗人之冠冕”，说陆游是南宋中兴时诗人之冠。与陆游杨万里交好、同时深受范成大重视的慈溪隐逸诗人刘应时（颐

陆放翁先生（陆游）遗像，陆游第二十一世孙陆文杰请杨子灵据成都石刻旧像重摹镌石，刻于清道光二十二年（1842）冬。

庵）更赞美陆游“放翁前身少陵老，胸中如觉天地小（《读放翁剑南集》）”，将他和诗圣杜甫比，评价很高，也得陆游诗心。

而陆游的身后名声已追平范、杨等人甚至超越，南宋后期文坛盟主刘克庄就在《题放翁像二首（其一）》里评价陆游是“三百篇寂寂久，九千首句句新。譬宗门中初祖，自过江后一人”，说陆游的九千诗篇上继《诗经》的抒情诗传统，他是宋朝南渡后中兴诗人第一人。南宋后期著名诗人、陆游弟子戴复古《读放翁先生剑南诗草》“茶山衣钵放翁诗，南渡百年无此奇。入妙文章本平淡，等闲言语变瑰奇。三春花柳天裁剪，历代兴衰世转移。李杜陈黄题不尽，先生摹写一无遗”，说陆游是江西诗派诗人曾几（茶山）的弟子，是南渡以来百年最大的诗坛传奇，是唐朝、北宋名家李杜苏黄的继承人。宋末元初的方回回顾四大诗人（包括另一版本的四大诗人有萧德藻，共五个人），“自乾（道）、淳（熙）以来，诚斋、放翁、石湖、遂初、千岩五君子足以蹑江西、追盛唐”（《晓山乌衣圻南集序》），陆游就已排到了前列，排在范成大前、杨万里后。孝宗乾道、淳熙年间指1165年到1189年，是四大诗人的兴盛期。元代所修《宋史》也肯定“（陆）游才气超逸，尤长于诗”。

在宋以后的一些时间里对陆游的批评增多，可能是因为文化爱好、审美趣味的变化，也应和《宋史》的记载有关。《宋史》记载陆游为南宋后期的主战派权臣韩侂胄写了《南园记》《阅古泉记》（杨万里拒绝了），使得一些“清议”微词他晚年失节，其实是过于苛责了，陆游无非执念于北伐而已，晚年的他更为急切。一些文人笔记、别集也加深了陆游有失清节的印象。《宋史》还记录了朱熹对陆游的隐忧，说他才华太高，但资历又浅，恐怕会被有权势的人牵累，不能保全他的晚节。因为朱熹去世后陆游和韩侂胄来往，《宋史》还感慨朱熹的先见之明。由于朱熹的后世影响力,这也影响了陆游的声望，其实朱熹只是出于对朋友的关心而已。朱熹以陆游为友，侧面可见陆游才华人品。

此外，明清学人也有批评陆游诗意多重复，对仗太工整，虽然有近万首诗而且有很多精金美玉般的警句但容易令人厌倦。到了清代中期陆游的名声又回升，因为乾隆对陆游、范成大等宋代诗人的喜爱，出现了“家剑南而户石湖”的状况。学者仍有批评之声，但开始有公允评论，清人纪昀《四库全书总目提要》说“南宋诗集传于今者，惟万里及陆游最富……以诗品论，万里不及游之锻炼工细；以人品论，则万里倜乎远矣”，在仍批评陆游依附韩侂胄人品不如杨

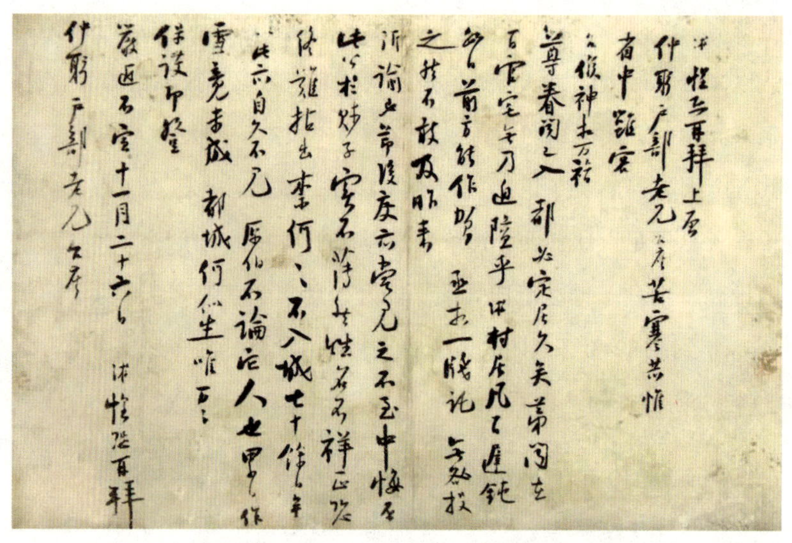

陆游《苦寒帖》(北京故宫博物院藏)

万里之外，也承认陆游诗工丽细致。此后陆游名望一直上升，甚至开始与苏轼并列宋代诗人之冠。清人赵翼《瓯北诗话》说“宋诗以苏、陆为两大家，后人震于东坡之名，往往谓苏胜于陆，而不知陆实胜苏也。(陆游诗)少工藻绘，中务宏肆，晚造平淡。朝廷之上，无不已划疆守盟、息事宁人为上策，而放翁独以复仇雪耻，长篇短咏，寓其悲愤”，不但肯定了陆游诗里的爱国情怀，还提出一个有争议性的话题，宋诗的两大家北宋苏轼和南宋陆游中，到底谁是第一？赵翼说很多人会因为苏轼的大名选苏，他选陆游。赵翼说陆诗分三个阶段，年轻时工丽富于文采，壮年后变得宏大舒展，就是陆游写给儿子《示子遹》诗说的“我初学诗日，但欲工藻绘。中年始少悟，渐若窥宏大”，晚年变得境界平淡。还说南宋朝廷之上，都以朋党结交、不肯多事为上策，陆游却时时记得卧薪尝胆，长篇短咏都寄托悲愤情怀。赵翼认为陆胜过苏在于他的多变诗风更在于“书愤”诗篇。

到了清末，由于反清情绪高涨，念念不忘抗金复国、诗风慷慨激昂的陆游得到更多人的认可推崇。梁启超的诗“诗界千年靡靡风，兵魂销尽国魂空。集中十九从军乐，亘古男儿一放翁”对陆游评价极高，说他的诗破除千年以来的靡靡之风，重振了可贵的兵魂国魂，说陆游集里的从军诗即边塞诗占了十之八九，赞美陆游是千古一男儿。因为时代关系，梁启超是用夸张说法发激昂之言，陆游集中的边塞诗包括回忆边塞、主张北伐的“言复（谈论光复）诗”占比应该没有那么高，《瓯北诗话》说陆游入蜀后“诗言恢复者十之五六”是占比最高的，出蜀后“十之三四”，但赵翼也认为即使在陆游晚年常写闲适诗的闲居日子里他的诗里仍多有从军诗的影子，如不忘北伐光复心愿的《感中原旧事戏作》说“乞倾东海洗胡沙”，自比老骥伏枥的《老马行》也说“中原蝗旱胡运衰，王师北伐方传诏，一闻战鼓意气生，犹能为国平燕赵”，爱国北伐之心仍然耿耿不忘，临终仍有“王师北定中原日，家祭无忘告乃翁”之句，可见从军诗是生在中兴时代的陆游的素志初心。所以梁启超虽然言出夸张但诗意是没错的，对陆游的推崇也是合理的。陆游最可贵的地方正如梁启超在诗注里说的“中国诗家无不言从军苦者，惟放翁则慕为国殇，至老不衰”，说战国楚国爱国诗人屈原《九歌·国殇》写为国捐躯虽死不悔“诚既勇兮又以武，终刚强兮不可凌。身既死兮神以灵，子魂魄兮为鬼雄！”中国古代诗人都写从军苦，陆游却写从军乐，期待为国献身，终身不改，他的《金错刀行》“呜呼！楚虽三户能亡秦，岂有堂堂中国空无人！”说楚国虽被秦国所灭，但即使只剩下三户人家（虚指人数极少）也能复国，我大宋难道没有人能把金虏赶出？就继承屈原《国殇》诗意，也和赵翼“放翁独以复仇雪耻，长篇短咏，寓其悲愤”的赞美一致，肯定陆游的坚定爱国意念、英雄主义。梁启超的评价影响很大，“集中十九从军乐，亘古男儿一放翁”的形象在近代以来深入人心，所以后世人对陆游其人其诗有了热血男儿、多边塞诗的固定印象。这虽然对陆游的声名流传有益处，但也限制了对陆游丰富多元形象的认识。

当代对陆游的评价一般都很高，当然，也有指出不足的。如《红楼梦》里善诗的林黛玉说陆游诗“重帘不卷留香久，古砚微凹聚墨多”不可学是因为太俗近，代表清人曹雪芹的看法，而现代学者钱穆则进一步指出不喜欢这两句诗是因为对得很工整但只是字面上的堆砌，诗背后没有人。再如钱锺书《谈艺录》有五节专门讨论陆诗所欠缺的，议论还是很严厉的，甚至说“舍临殁二十八字，无多佳什”，说只有临终写的《示儿》诗一首好，还认为陆游对晚唐诗态度不一致，从教化方面贬低但其实多有学习，是违心作高论不真诚。不过，钱锺书写于十年后的《宋诗选注》里由于年代影响修正了一些看法，选了苏轼诗 18 首，黄庭坚 3 首，杨万里 10 首，陆游 17 首，可见他还是重视陆游的。

也许陆游生前对“赢得生前身后名（陆游友人、词人辛弃疾《破阵子·为陈同甫赋壮词以寄之》词）”的不可控已有预感，虽然他在《六月二十四日夜分，梦范至能、李知几、尤延之同集江亭。诸公请予赋诗》诗里也对自己的诗歌很自信“团扇家家画放翁”，但也在《小舟游近村舍步归》诗里传达了忧虑“身后是非谁管得？满村听说蔡中郎”，借东汉名家蔡邕（蔡伯喈、蔡中郎）在南宋被附会成为《蔡伯喈琵琶记》《赵贞女蔡二郎》里为科举抛弃糟糠之妻、痴心女负心郎故事主角的事，感慨身后的名声谁知道呢？

还是回到陆游其人其诗看看他成为南宋四大诗人之冠、宋代四大诗人甚至两大诗人的根本原因。

首先，陆游无论写过的诗还是存世的诗都是古代知名诗人中最多的，也是四大诗人中最多的。他存诗 9400 多首，词 130 多首，还有《渭南文集》《南唐书》《老学庵笔记》等文集。

陆游一生据说写了近两万首诗，至少在他 77 岁时已经写了 1 万首诗，此年是他少年时代能写出出色诗篇的 60 周年一甲子时，他为纪念写了《小饮梅花下作》，诗小序里提到“予自年十七八学作诗，至今六十年，得万篇”，诗里也说“脱巾莫叹发成丝，六十年间万首诗”。到十年后八十六岁的陆游去世，他经删削整理流传至今的诗仍有九千多首。也就是刘克庄说的九千首。

其次，陆游的诗不但多而且包罗万象。《瓯北诗话》说陆游“凡一草一木，一鱼一鸟，无不裁剪入诗”。四大诗人中诗篇存世数量第二的杨万里有 4900 多首诗、9 个诗集，“一官一集”诗风也有变化，范成大的诗集也类似有《西行》《北征》集，但杨范的诗还只是像大事年表，而陆游《剑南诗稿》以 85 卷的篇章，几乎一年一卷，非常有仪式感地记录他的一生，几乎就是一本自传、一张详尽年表、一部个人视角的南宋日常生活史。清初诗人王士禛早已感觉到这一点，“务观闲适，写村林茅舍、农田耕渔、花石琴酒事，每逐月日、记寒暑。读其诗如读其年谱也。然中间勃勃有生气。(《带经堂诗话》卷一)”说陆游写诗如记日记、做年谱，但充满诗意、人情味和生命力，并不枯燥。这是个很到位的评价，陆游不愧是史学家，写诗也有历史感、百库全书感，在他的诗里能找到很多南宋社会文化细节。

再次，陆游是诗歌最能彰显南宋文化底色的诗人。爱国主义是南宋文学的主流，也是南宋文化的基调。连严格的钱锺书都赞许的《示儿》诗就是爱国主义的极致绝唱。再则南宋文化讲求雅俗共赏，陆游的诗也是如此，不但题材有读书诗、谈书画诗也有民俗诗、日常生活诗，而且诗风也是亦雅亦俗。北宋苏轼的诗、南宋四大诗人其他三人的诗也有雅俗共赏的倾向，但都不如陆游的诗时而高华雄奇到极致如“三万里河东入海，五千仞岳上摩天（《秋夜将晓出篱门迎凉有感》）”，也能世俗琐细到极致，比如他写的养猫诗《赠粉鼻》《得

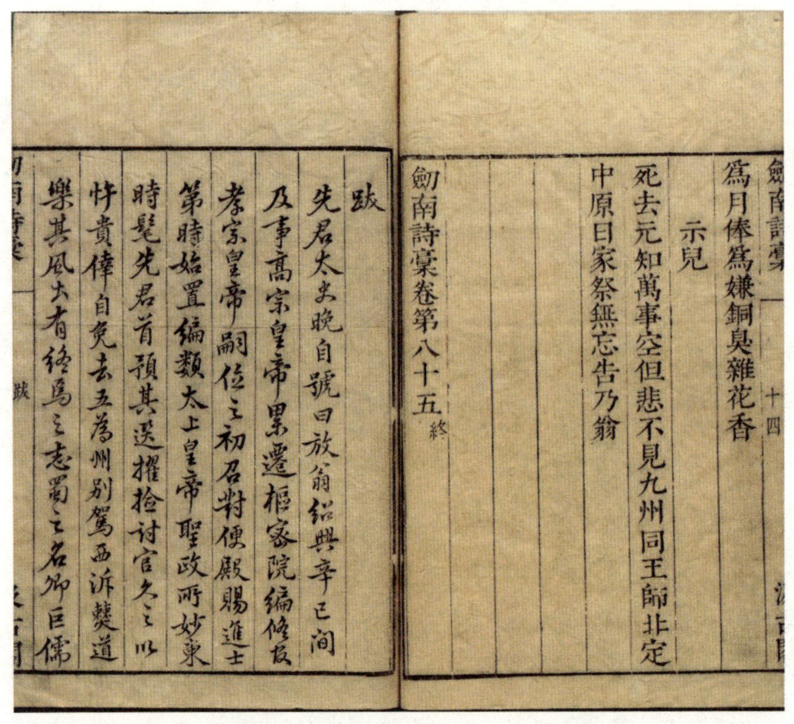

爲月俸爲嫌銅臭雜花香

示兒

死去元知萬事空但悲不見九州同王師北定

中原日家祭無忘告乃翁

劍南詩稾卷第八十五 終

跋

先君太史晚自號曰放翁紹興辛巳間

及事高宗皇帝累遷樞密院編修兼

孝宗皇帝嗣位之初召對便殿賜進士

第時始置編類太上皇帝聖政所妙柬

時髦先君首預其選擢檢討官久之以

忤貴倖自免去五爲州別駕西泝夔道

樂其風土有終焉之志蜀之名卿巨儒

陆游《剑南诗稿》共八十五卷，最后一首就是著名的《示儿》

猫于近村，以雪儿名之，戏为作诗》等。

最后，陆游的很多诗歌名篇尤其诗中的一些名句在他身后的八百多年间被不断解读和传诵。特别是一些有较永恒价值观、不会因历史时空产生隔膜、很容易引发后人感动思考的诗句，如“古人学问无遗力，少壮工夫老始成。纸上得来终觉浅，绝知此事要躬行(《冬夜读书示子聿》)”“文章本天成，妙手偶得之（《文章》)”“山重水复疑无路，柳暗花明又一村（《游山西村》)”“位卑未敢忘忧国（《病起书怀》)”“身为野老已无责，路有流民终动心（《春日杂兴》)”“村村皆画本，处处有诗材（《舟中作》)”等都特别脍炙人口，让一代代人口口相传，并学习模仿，影响巨大，“家剑南”名不虚传。陆游的诗贵在真诚而直接，所以容易打动人心，令人感同身受。还有，陆游的好处还在于他能像钱锺书说的将诗意诗境与古为新、锦上添花，如王安石的诗“青山缭绕疑无路，忽见千帆隐映来”知者不算多，但陆游学其诗意的名句“山重水复疑无路，柳暗花明又一村”就更好懂更华美成为千古名句。

再提一次钱锺书也赞许的《示儿》诗，陆游 1210 年去世前写下《示儿诗》，此后到端平元年（1234）蒙古灭金，南宋进驻开封收复洛阳，诗人刘克庄喜极模仿《示儿》成诗：“不及生前见虏亡，放翁易箦愤堂堂。遥知小陆羞时荐，定告王师入洛阳！（《端嘉杂诗二十首之四》）说陆游来不及在死之前看到金国灭亡，临终（易箦）时悲愤异常，所以说此时洛阳收复，陆游之子应该正在准备祭品祭祀父亲，告诉他“王师北定中原”。时光流逝，四十年后 1279 年南宋灭亡，遗民诗人林景熙写了《读陆放翁诗卷后》，末两句说“但悲不见九州同，家祭如何告乃翁！”苍凉沉痛，此时九州合一，却不是陆游和刘克庄想要的九州同，家祭时该怎么说？陆游、刘克庄、林景熙三位南宋诗人以及后来无数读者穿越历史时空共同完成的心灵唱和，丰富了《示儿》的诗意蕴含和历史文化意味。

陆游终于成为四大诗人之冠，还与王安石、苏轼、黄庭坚并称宋代四大诗人，和苏轼并列为两宋（北宋、南宋）两大代表诗人，是历史的选择，也是读者的选择。

此身合是诗人未：志士还是闲人

陆游一直被推崇，也一直被指出不足。很多评论家对他有看似矛盾的看法，如钱锺书说他只有一首《示儿》好，又说他和杨万里的诗都是“江河万古”，其实并不矛盾。“江河万古”出自杜甫赞美初唐四杰的《戏为六绝句之二》“尔曹身与名俱灭，不废江河万古流”，说当年批评初唐四杰诗歌不好的人都身名消散，而四杰的诗至今仍如黄河长江万古长流。这个诗意借来评论南宋四大诗人也很适合，他们其人其诗也都和初唐四杰一样有不足和矛盾处，但不足和缺陷造就他们的真实，矛盾不能自洽造就他们的丰厚。

范成大少年时突遭家变读书佛寺深受佛学影响，内心一度消沉，后来虽然振作起来，但他对外在的看法一直是比较悲观的。但这也使得他能慨然应下北上使金的危险使命，平静完成这一置之死地而后生的任务，也使得他会悲悯地看待万事万物，无论北国遗民还是苏州农民，范成大其诗其人的魅力很大程度来自能力高超、官位尊崇、皇帝看重和内心消沉之间矛盾带来的奇妙张力。尤袤也是早年经历父母双亡，太学成绩第一但科举被列入丙等，他一度比较消极，不太热衷出仕，但出仕泰兴、亲身抗金的实地经历又激发了他的为国为民情怀，他的后半生常在仕隐里摇摆，被人视为“静退”，但出色的才能使得他被身边同僚认可推上重要职位，务实有责任感的性格也使得他全力而为，但他内在对仕途始终是隔膜疏离，晚年多次辞官和光宗的挽留给他的平淡生平添了很多意蕴。比起给人较温润宽和印象的范成大和尤袤，杨万里和陆游的现实作为主观意愿更为强烈，性情更为锐利，人生也因此更为曲折起落。杨万里是宋史认定的性格“刚而褊”，孝宗和光宗亲自点名的“直不中律”“有性气”，他一生无畏少惧，也一生正心诚意，被同僚认为是“端人”，还和尤袤一起被孝宗看重，但也因不谐官场，多次要求辞官。他因为是真的理学家，性情过于正直刚烈，甚至曾当朝指责权臣“指鹿为马”忤逆皇帝，不然他的仕途应该会更顺遂。

陆游的仕途是四人中最不顺畅的，原因也是性情太过真实，不拘小节、放达不羁。陆游出身在四人中是较好的，父亲也有官职，不过由于和北伐抗金派关系密切所以受打击也最多，并不比尤袤的受打击少，比如陆游在科举时被罢黜，在抗金前线结交各地豪杰曾被诬陷“结交匪类”。吕祖谦曾说陆游虽然词翰俊发、多识典故但性情“疏放封驳”，说他的缺点就是因为才华高妙、见识广博而任性而为、不够严谨，所以他的一生经常不被理解甚至诬陷为“嘲咏风月”“颓放”，因喜欢评论时世、抒发一些不合时宜的观点而被忌恨。所以四人中陆游一生遭受各种挫折，受到质疑和苛责也最多，但他也真诚对待世间万物和自我内心，和其他三人一样在各种矛盾自我怀疑中砺沙成珠，终于脱胎蜕变，获得人生和精神的自在。

钱锺书《宋诗选注》就指出陆游的诗有看似矛盾不相干的两面，“一方面是悲愤激昂，要为国家报仇雪耻，恢复丧失的疆土，解放沦陷的人民；一方面是闲适细腻，咀嚼出日常生活的深永的滋味，熨贴出当前景物的曲折的情状”。陆游一生都以战士自许，但“塞上长城空自许（《书愤》）”，他大部分时间的真实身份只是蛰居家乡乡间的一位闲散山人。他活到八十六岁，但他入仕受阻，秦桧死后真正为官差不多五十年，又四度罢官，五次请为祠官，近三十年闲居领宫祠，为实职时间不多，在朝时间更少。如果加上他入仕前乡居时间，他总共在山阴乡间近六十年。现实与理想的落差使得陆诗出现最大的矛盾现象。其实陆诗（至少现存诗歌）占三分之二以上的都是晚年乡居时所作。爱国抗金诗数量上不是“十之八九”，甚至都不是陆诗的最主要内容，但同时无疑又是他诗里最让人心神激荡的诗篇，的

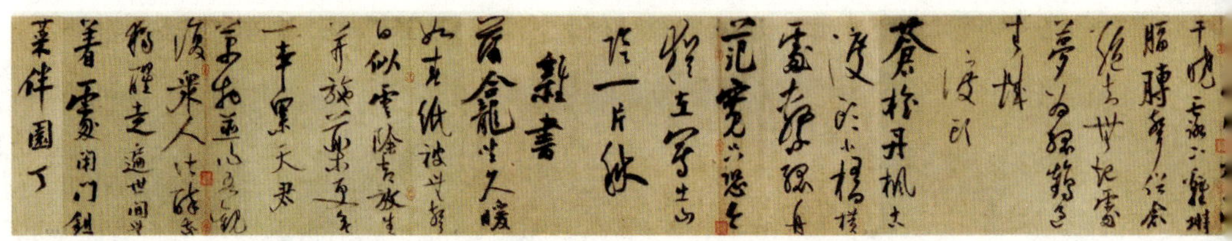

陆游《自书诗卷》(局部)(辽宁省博物馆藏)

确会让阅读者形成陆诗里从军行、言复诗和闲居诗、闲适诗平分秋色的印象。

而且陆游其人的志士和闲人形象、其诗的激情和闲适风格，常呈现交错激荡的矛盾纠结面貌。这也可以理解，四大诗人都曾遭遇中兴理想受挫，但杨万里、尤袤学理学，范成大学佛学，都能较好平衡心态，而且他们仕途都比陆游更为顺遂。出身高官家庭、从小惊才绝艳的陆游成年后挫折很多，失落更多，所以诗中会反映他现实生活中那些不可缓解的矛盾和尖锐深刻的痛苦。他只能常常借回忆和梦想来疏解矛盾痛苦。有人不喜欢他，觉得他的诗太多幻想太过戏剧化不真实，表达太浮夸不平和；也有人很喜欢他，觉得他的诗真挚坦诚，感情激烈感人。就和有人认为屈原李白的诗做梦浮华、杜甫白居易的诗太过真实太鄙俗一样。但从诗歌艺术看，陆游的确成功营造出一个真相与想象理想参半、具有艺术真实的自我世界，一个矛盾立体而努力自洽的自我，从诗人的角度看，陆游是伟大的。

陆游的诗很梦幻，书写了北伐之梦、猎虎事件等惊心动魄、亦真亦幻之景，也写了梅花、沈园、菊枕等悱恻氤氲诗意之境。陆诗也很真实，他说自己入蜀、多次请为祠官，不只是为了实现报国之志，也为了求官逐禄，还有很多日常生活和养生诗，就是求安逸生活的。所以理解他的杨万里在为他诗集作跋《跋陆务观剑南诗稿》把他比成杜甫和屈原“重寻子美行程旧，尽拾灵均怨句新”，说他入蜀的诗

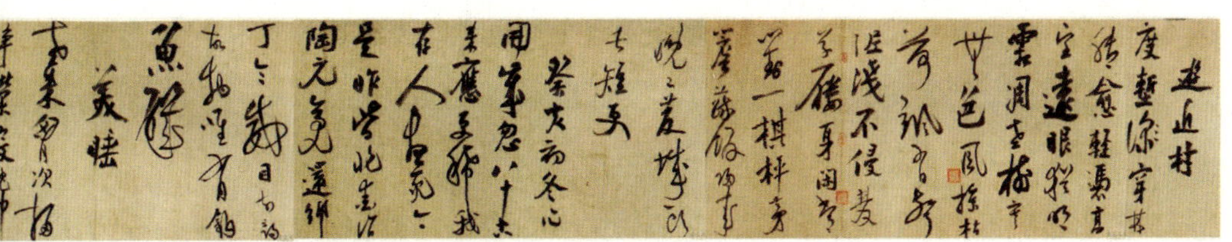

篇是杜甫（子美）现实主义安史之乱诗史和成都草堂日常生活的重现，也是屈原（灵均）浪漫主义爱国情怀和借爱情寄托爱国爱君诗意的蜕变。高远和世俗、虚与实的综合才能较全面体现陆游生不逢时、有才无命、壮志难酬但“位卑未敢忘忧国”的深刻复杂忧世情怀，呈现一个真诚率直有个性的陆游，也将富于南宋特色的爱国主义情怀推向饱满的极致。

陆游爱写也善写“梦诗”，主要有英雄梦、怀人梦、游仙梦，梦的都是理想之事、之情、之景、之境。爱国御侮、以身许国、恢复中原是陆游等南宋士人群体的最高理想，而作为个人，时不我待的生命焦虑、美好情感失去的隐痛、功名未就怀才不遇的挫败、恨不见中原来归故土难收的不甘遗恨都是他一生最大的心结。所以他的诗集中会有那么多混杂纪实回忆和幻想的纪梦诗，记录他的各种梦想和失落，所以他会有那么多写自我期许的自我形象自画像的诗篇。

如陆游 1170 年到 1178 年在四川，其间在宋金前线的八个月是他一生两次接近抗金前线的经历之一，此间经历理想激荡与熄灭的大起大落，诗里也多有体现，他在诗里有时是很有豪气壮志的勇士，“上马击狂胡，下马草军书（《观大散关图有感 》）”“去年射虎南山秋，夜归急雪满貂裘（《三月十七日夜醉中作》）”，有时因为他人讽刺他“颓放”，颓唐放纵、不拘礼法，索性自称放翁，说自己是一个志气消沉、行为放纵的老翁，有《放翁》诗“拜赐头衔号放翁，家传不随散人风。问年已过从心后，遇境但行无事中”，也说自己是“散人”，即典出《墨子》《庄子》的平庸无用、不为世用、闲散自在之人。形象充满矛盾。到淳熙十三年（1186），六十二岁的陆游有《新年》“稽山剡曲虽堪乐，终忆祁连古战场”，说自己虽然在家乡闲居五年也很安乐但还是挂念抗金大业。此后他又被朝廷起复，写了著名的《书愤》《临安春雨初霁》诗，两诗风貌相差很多：前者的“楼船夜雪瓜洲渡，铁马秋风大散关”写回忆里的两次抗金前线经历镇江通判和陕川幕府，但“塞上长城空自许，镜中衰鬓已先斑”是梦境成灰的衰老自叹；后者的“小楼一夜听春雨，深巷明朝卖杏花。矮纸斜行闲作草，晴窗细乳戏分茶”写现实中的江南杏花春雨、临安街市的行草分茶，但“谁令骑马客京华”，仍是前途迷惘的感慨。此后，陆游于淳熙十六年（1189）再次退居家乡镜湖五领祠禄，但到嘉泰四年（1204）才致仕，此间的他更是有点身份混乱，他自称老农、闲人，其实还是祠官，属于“吏隐”、别一形式的“大隐隐于朝，小隐隐于野”。他的《鹊桥仙·一竿风月》“时人错把比严光，我自是无名渔父”就自嘲不是著名隐士、皇帝谋臣严子陵只是一个无名的真渔民，似乎认清了自己的身份。但晚年的陆游仍徘徊于隐者和狂者的自我认定中，如《对镜》“面大如盘七尺身，珥貂自合上麒麟。诗家事业君休问，不独穷人亦瘦人”，写自己对镜自照，自嘲年少清狂时自许的“封侯相”梦想和此时衰老穷愁枯瘦的惨烈对比。现实与理想的巨大落差使得他再次陷入迷惘之中，就像当年抗金生涯受挫后写的《剑门道中遇微雨》“此身合是诗人未？细雨骑驴入剑门”，是扪心自问、自我质疑，也是自画像：我这一辈子就应该做一个诗人吗？于是瘦削骑蹇驴的陆游和雨中艰难行进的陆游借诗歌成为后世人对诗人的印象。杨万里为陆游《剑南诗稿》作跋的《跋陆务观剑南诗稿二首》说“少陵生在穷如虱，千载诗人拜蹇驴”，是说杜甫也是说陆游。

宋代诗书画合一，北宋四大诗人和南宋四大诗人大都善书画。所以他们的诗很有画面感，包括诗中的自画像。如来自苏轼《定风波》词“竹杖芒鞋轻胜马，谁怕？一蓑烟雨任平生”诗意的《东坡笠屐图》成为后世诗人画家反复摹写、寄托自己思想情感的诗人肖像图式。陆游则多以“骑驴梅花”为背景，因为陆游写过“一树梅花一放翁(《梅花绝句》)”，清瘦梅花也是他的人格写照。

陆游集里有四篇《放翁自赞》，画赞指赞颂画像中人物，这是陆游为自己画像写的诗。第一幅《自赞》写于他第二次罢官后，“……剑外江南，飘然幅巾。……或以为跌宕湖海之士，或以为枯槁陇亩之民……”幅巾又称巾帻，用布帛包头，是文士装束。说自己孑然一身漂泊于蜀地（四川剑阁以南）、江南间，幅巾布衣，好像洒脱不羁（跌宕）的江湖（湖海）游士，也像形容憔悴枯瘦的农民，大概也就是境遇不遂时“此身合是诗人未”的自我怀疑。第二次《自赞》只有 16 个字“名动高皇，语触秦桧。身老空山，文传海外”，概括了自己跌宕起伏的前半生，说自己壮年时上奏的治国方略曾被高宗认可，就是他《醉中感怀》说的“早岁君王记姓名，只今憔悴客边城”，可惜北伐言论触怒奸相秦桧，到如今诗文虽然名满天下甚至传到远方，但仕途不顺，只能终老山林。第三次《自赞》时已陆游八十岁，赞中说“其亦可挟兔园之册以教乡闾者乎”，说自己此时不能再建功立业，但可以拿着浅显的儿童私塾读本去教乡里的儿童。第四次《自赞》作于陆游八十三岁时，“……事刀笔不如小吏，把锄犁不如健妇……腹容王导辈数百，胸吞云梦者八九也”，这篇赞陆游是先抑后扬，先自嘲自己文不如小吏，农不如健妇，最后话锋一转自夸展现自己胸怀、度量阔大。

虽然陆游的一生是悲情、充满遗憾的，他也经常被误解，比如被认为为人浮夸、诗风浮滑。但历史流传，剥落浮华，到了今天，他一生的86个春秋，他的思想情怀和诗篇，被证明无疑是整个南宋最闪耀华彩和不可忽略的一部分，而且他用诗补全了很多现实缺憾，他的诗中人生是华美梦幻、充满魅力的。

南宋浙东鄞县诗人史弥宁写过一首《陆放翁画像》“诗酒江南剑外身，眼惊幻墨带天真。是谁不道君无对，世上元来更有人”，说陆游在来往江南和四川（剑外、剑南），饮酒吟诗，他的画像栩栩如生，尽显真诚烂漫气质。哪个不说陆游世上无双，原来世上真有这么出色的一个人。不知史弥宁看到的是哪幅陆游画像，有可能是“剑外江南”的第一幅，由这首诗可见世人推崇陆游，而且关注他在蜀地抗金、家乡隐居的两面，两面合一才是完整的陆游。

此外陆游好友周必大也为陆游“画像”般概括他的人生与文章成就“吾友陆务观，得李杜之文章，居严徐（汉武帝时的有识名臣严安、徐乐）之侍从，子孙众多如王谢（东晋王谢家族），寿考康宁如松乔（仙人赤松子、王子乔）。诗能穷人之谤，一洗万古而空之（《跋陆务观送其子龙赴吉州司理诗》）”，说他文如李杜，诗能万古。

亘古男儿一放翁：夜雪瓜洲渡、秋风大散关

由于理想和现实的落差，深情善思敏感的陆游一生多写“梦诗”，主要是英雄梦、怀人梦。他是古代诗人中记梦最频繁多样、述梦最绚丽浪漫、寄情最浓烈痴狂的一个，很有《离骚》、唐人李白李贺李商隐的余风。《瓯北诗话》说陆游的纪梦诗共 99 首，感慨“人生安得有如许梦！”还说陆游的梦诗是有诗无题、托之于梦，就是将不能说的现实写成梦来隐喻现实的无题诗，梦诗里都是诗人难言的沉郁怅惘。其实他的纪梦诗不止 99 首，诗题中标出“梦游”“纪梦”“梦蜀”的就有 150 多首，内容里有梦的更有近 800 首。他的纪梦诗约占全部诗的十分之一。

先看陆游诗中“夜阑卧听风吹雨，铁马冰河入梦来（《十一月四日风雨大作》）”“梦回松漠榆关外，身老桑村麦野中（《感旧》）”的英雄梦。他的英雄梦，有对“壮岁从戎，曾是气吞残虏（《谢池春·壮岁从戎》）”的不倦回忆，有“双鬓多年作雪，寸心至死如丹（《感事六言》）”“镜里流年两鬓残，寸心自许尚如丹（《书愤》）”的执着坚持，还有“关河自古无穷事，谁料如今袖手看（《书愤》）”“丈夫五十功未立，提刀独立顾八荒（《金错刀行》）”的迷惘无奈。他人生最重要难忘的两段英雄经历见于《书愤》诗里名句“楼船夜雪瓜洲渡，铁马秋风大散关”，前一句回忆绍兴三十二年（1162）至隆兴二年（1164）隆兴北伐时作镇江通判，和抗金名将张浚在长江边指点江山，后一句回忆乾道七年（1171）在川蜀抗金前线的经历。这两段经历虽然短暂却是他难得能张扬志向的时光，和秦桧死后他短暂的立朝经历、孝宗朝短暂的北伐氛围都成为他后期诗篇、各种梦的重要素材。他生命最后的遗诗，是英雄梦的最高点。

陆游的英雄情怀首先来自家族文化濡染滋养。四大诗人中，范

成大是范蠡和范仲淹后人。陆游则出自吴郡（今苏州）陆氏即三国吴国抗魏名将陆逊家族，所以他曾自称郡望笠泽（今吴江）、角直（苏州，古称甫里），还说自己是唐代贤相、学者陆贽的后人。唐末陆氏有迁居杭州的，五代时又迁绍兴。陆游高祖陆轸是北宋大中祥符五年（1012）榜眼，曾任吏部郎中。曾祖陆珪是国子监博士。祖父陆佃（1042—1102），字农师，号陶山，熙宁三年（1070）进士第三名探花，是王安石门下亲传弟子，曾作《依韵和李知刚黄安见示》诗"忆昨司空驻千骑，与人倾盖肠无他"追忆求学王门时当时门下千骑、学生多英彦的盛况，还有《依韵和李元中兼寄伯时二首之二》"平生共学王丞相，更觉荀扬未尽醇"崇仰王安石精深醇厚学问。不过陆佃虽然崇敬王安石，但并不一味偏向新法。神宗元丰年间擢中书舍人、给事中。哲宗元祐年间为礼部侍郎，司马光主持《神宗实录》，陆佃和黄庭坚一起参与，曾为王安石名望与黄争论。后拜尚书右丞，转资政殿学士、左丞。陆佃也反对党争，曾起用部分元祐人士。北宋末徽宗崇宁元年，陆佃被也出身新党的奸臣蔡京取代尚书左丞的位子，不久去世，时年六十一岁。蔡京立元祐党籍碑，以陆佃和旧党修过《神宗实录》将他也列入元佑党籍，列 24 位，还在苏轼之前。受家庭文化影响，陆游日后也超脱党争之外，正如他在《北望感怀》诗里说的"大事竟为朋党误，遗民空叹岁时遒"。淳熙五年（1178），陆游到建安（建瓯市）任福建茶盐公事，此时朱熹也在福建。陆游时常前往拜访，两人成为知交。庆元三年朝廷实行"庆元党禁"，指朱熹为"伪学""伪党"，此时陆游是少数维持与朱熹交谊的人。

可惜陆佃去世较早，逝时陆游未出生。陆游父亲陆宰（1088—1148），字元钧。他没参加科举，凭父荫获得低级官职，逐步升迁，曾为京西路转运副使，官声很好。

陆游母亲是神宗朝参知政事、反对变法的唐介的孙女。由此也可见陆家家风不讲朋党之争，不党不群，爱国为民为上，通达务实。

陆游跟北宋四大诗人的欧阳修和苏轼都有渊源。欧阳修第六个孙女嫁给学生苏东坡的次子苏迨，苏轼弟子、“苏门四学士”有晁补之，陆游母亲唐夫人是晁补之堂弟晁冲之的外甥女。此外陆游的母亲家族还与皇族是姻亲，陆游的姨母嫁给宋仁宗女儿庆寿公主和驸马钱景臻的儿子钱忱。钱景臻是纳土归宋的末代吴越王忠懿王钱俶的孙子、北宋西昆派诗人钱惟演的儿子。庆寿公主夫妻南宋初在吴越故地临安还是有权势的，对陆家还是有助力的。

陆宰受花石纲的牵连，靖康元年（1126）落职回山阴，退居专心读书藏书，建藏书楼“双清堂”，藏书数万卷。陆家后来被誉为越州藏书三大家之首。绍兴十三年（1143），新兴的南宋皇室内府秘阁藏书缺书较多，便诏求天下遗书，首先命绍兴府抄录陆宰家所藏书来上，达 13000 卷。陆宰曾于高宗绍兴元年（1131）起知临安府。日后陆游也爱藏书，建有高斋、书巢等藏书楼，对他的诗歌大有裨益，诗集里多《读书》诗。南宋文化中兴重建，陆家有功，一是献书，二是出了陆游这个诗人之冠。

可见，不要说家族第一代进士杨万里，陆游比族祖为进士的尤袤、父亲为进士进入清贵仕途的范成大出身都更好，出身于显赫仕宦家庭，据说他小时候还因母亲和公主的姻亲关系入过宫。不过陆宰南宋时多数时间领祠禄任闲职，绍兴十八年（1148）卒，时年六十一岁。

陆游的祖、父都是学者，并形成经世治经家风，对陆游的爱国情怀都有滋养。陆佃幼时羸弱居贫，但能映月光苦读，还游学四方。后拜王安石为师，前后追随学习近二十年，曾说“觉平日就师十年，不如从公之一日也”，受王安石指导撰写《诗讲义》，还著有《春秋后传》《尔雅新义》等著作。陆宰也通经，有《春秋后传补遗》等。

清人著《宋元学案》，将陆氏家学列入荆公新学案，陆佃、陆宰、陆游都在。

陆佃还重诗学和史学，擅长七律，参与编修《神宗实录》，也成为陆氏家学的特色，陆游也善诗学和史学。

陆游因为祖父受学王门的渊源，对北宋四大诗人王安石的学问、诗词都很推崇，《老学庵笔记》里对王安石的形象颇为尊重维护，两次去建康（又称江宁，今南京）时还凭吊了王安石晚年隐居读书故址。陆游虽然没有像杨万里和尤袤一样强调自己学王安石晚年寓居南京的“半山体”，但其实多有学习。

此外，陆游的英雄情怀还来自时代氛围的濡染滋养。陆游生于北宋灭亡前一年，生在一个不幸但峥嵘的历史节点，又生在一个有强烈抗金思想的家庭，影响其诗文创作。《老学庵笔记》有“秦桧之杀岳飞于临安狱中，都人皆涕泣”一节。

北宋徽宗宣和七年（1125）十月，陆宰带着怀孕的唐氏从运河坐船去开封入朝述职，十七日晨唐氏在淮河舟上诞下第三子，就是陆游。陆游后有诗序提及十月十七日是他的生日，他生于后来成为宋金界限的淮河上，还说当时大风大雨很骇人，等到他落地大雨就停了。当月，金太宗下诏两路伐宋，宋人的噩梦开始。陆游富于历史寓意的出生时间、出生时的奇异天象都成为他爱国诗篇的重要素材。

次年，陆游两岁时靖康之耻发生。此时陆宰已落职，为避战乱，全家先流寓荥阳，又南来寿春（今安徽寿县）避兵。可见陆游还在襁褓中就饱受离乱之苦，就像他在《戏遣老怀》里回忆的“儿时万死避胡兵”，《三山杜门作歌》里说的“我生学步逢丧乱，家在中原厌奔窜。淮边夜闻贼马嘶……”南宋鼎立，陆游也随父母跟着无数

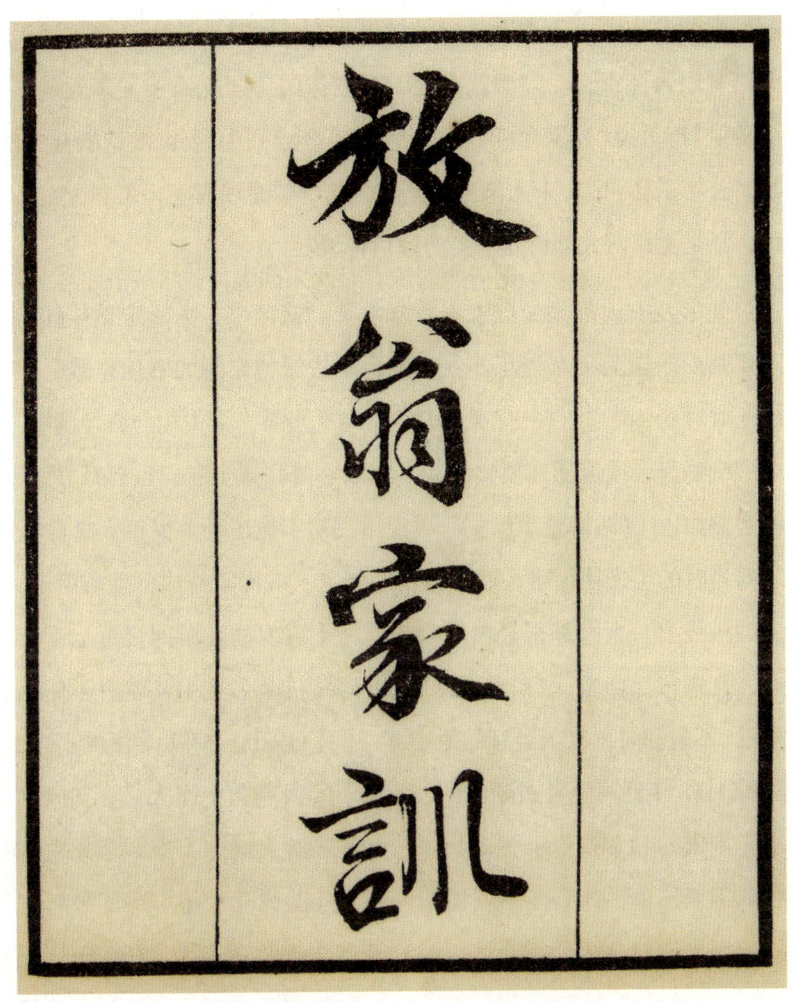

《放翁家训》（陆氏家训）（民国知不足斋石刻本）

南渡民众回到山阴。

古代世家给子弟取名定字多从古代经典中选取，名、字意义多互相补全，寓意往往寄托深远。游、务观，出自《列子·仲尼篇》的“外游者，求备于物，内观者，取足于身”，意思是向外探索的要追求外界的完美，而向自我内心求索的要充实完善自身。这个名号体现了父亲对陆游的期待教诲。陆游的名、字恰巧和苏轼弟子、得到王安石激赏的北宋大词人秦观（字少游）重合，这其实也很寻常，因为典籍有限难免重合。陆游就在题秦观画像的《题陈伯予主薄所藏秦少游像》诗里说“晚生常恨不从公，忽拜英姿绘画中。妄欲步趋端有意，我名公字正相同”。宋人笔记说陆游是陆母梦秦观而生，是秦少游后世，只是觉得两人都诗才华美的敷衍传说。

陆宰及友人都是爱国志士，常常聚会谈国事，据嘉定二年陆游人生最后阶段为父亲当年好友、抗金主战派傅崧卿的书信作跋时回忆儿时时光，说“绍兴初，某甫成童，亲见当时士大夫相与言及国事，或裂眦嚼齿，或流涕痛哭，人人自期以杀身翊戴王室，虽丑裔方张，视之蔑如也（《跋傅给事帖》）”，说绍兴初年他还是个少年（成童），亲闻当时的士夫谈国事，或愤怒或悲伤，人人愿杀身成仁拥戴南宋，金国虽强盛，大家都很轻视侵略者。八十五岁的陆游回忆近七十年前的往事依然印象深刻，云集陆家的这些抗金名士中，就有不屈从权贵、不附和时论以求升官的傅崧卿，还有南宋抗金四大名臣的李光，陆游 1188 年还写过《跋李庄简公家书》提及越州上虞人、参知政事李光南宋初和秦桧不合罢政归乡，此时陆游大概二十岁。李光常来和陆宰谈国事，谈到秦桧就愤切慷慨。陆游说几十年了还能想起有一次李光说赵鼎被远贬悲愤落泪，说自己已做好准备“青鞋布袜行矣”，不作小儿女态。还说李光说这话时，“目如炬，声如钟，其英伟刚毅之气，使人兴起”。这些英雄人士的风采教诲在少年陆游心里留下不灭的痕迹，至死难忘。在这样英雄辈出时代长成起来的陆游，日后的确难以适应平庸的时代，所以才会一生不甘。

赵翼《瓯北诗话》真是写尽陆游一生爱国心迹，“放翁十余岁时，早已习闻先正之绪言，遂如冰寒火热之不可改易……故终身守之不变。入蜀后在宣抚使王炎幕下，经临南郑，瞻望鄠、杜，志盛气锐，真有唾手燕、云之意……是固无复有功名之志矣，然……此心犹耿耿不忘也。临殁犹有‘王师北定中原日，家祭无忘告乃翁’之句，则放翁之素志可见矣”，说陆游十多岁就受“先正”即李光等前辈贤臣的教诲，爱国情怀如“冰寒火热”成为自然而然不可更改的事。现代学者朱自清研究古代诗的《爱国诗》文里将古人的爱国诗分为三个级，首先是忠于一朝一姓的“爱国”，其次是歌咏勇敢杀敌将士、对异族同仇敌忾的，最高层次的是以民族为立场。朱自清赞美陆游“虽做过官，他的爱国热诚却不仅为了赵家一姓。陆游曾在西北从军，加强了他的敌忾。为了民族，为了社稷，他永怀着恢复中原的壮志”。陆游是继承了屈原、杜甫以来“先天下之忧而忧”的崇高爱国主义思想境界传统，也忧个人的壮志未酬，但更忧山河破碎、民难深重。

陆游接受南宋典型的士夫教育，读经典，还学作诗文，十二岁时就能文，十七八岁能很好的诗。陆游晚年有写给第七个儿子也就是小儿子陆遹（字子聿）、教他作诗的《示子遹》“我初学诗日，但欲工藻绘。中年始少悟，渐若窥宏大。……诗为六艺一，岂用资狡狯？汝果欲学诗，工夫在诗外”，每一句都是陆游几十年写诗的心得。陆游说自己少年初学诗时，只想求辞藻工丽，中年之后领悟诗境宏阔才是要紧。还说诗是六艺之一，需要扎实学问根基而非小聪明小才气。最后说要学诗，最关键在诗外的积累历练。陆游二十岁就濡染李光等爱国名臣的教诲，立下了“上马击狂胡，下马草军书”的宏愿，读经学诗文之外，读兵书，习剑法，志在报国。后来亲历抗金前线，读书师古与江山之助兼修，践行“工夫在诗外”，才成为大家。

陆游的少年时代异常耀眼，此后的人生路却遭遇无数波折，但也因此磨砺出更多光彩。他的科举就因为他有北伐光复思想而被连累，和尤袤相似而受挫更严重。

陆游和宋代许多仕宦子弟一样，先是荫补登仕郎入仕，此后又参加科举考试。因为宋代士夫一般只有进士出身才能有机会升任清贵官职。当然，作为文化家族子弟尤其仕宦子弟的科举之途也会相对容易些，如尤袤进入太学，而范成大参加的就是漕试。陆游多次参加科举，都因各种原因失败。陆游又想复刻高祖和祖父的榜眼、探花一甲进士荣光，绍兴二十三年（1153）二十八岁的陆游参加锁厅试，得第一名。本来次年他就可以参加省试（礼部考试）顺利登科甚至重光家族科举荣耀。却不料秦桧孙子秦埙录在第二位，秦桧不悦，又看到陆游的文字多“喜言恢复”，于是迁怒主考官。第二年，陆游赴临安参加礼部试，主考官再一次因为他文字出色要将他取在前列，但因为秦桧和秦党的忌恨设计而被除名黜落。不然他本来可能和范成大杨万里张孝祥虞允文同年考取进士成为历史佳话。不过秦桧由于过于张扬不避讳，被高宗猜忌，最后此年的殿试状元是高宗亲擢的张孝祥。次年即 1155 年秦桧去世。

陆游直到秦桧死后三年的绍兴二十九年（1159），才得到起用出仕，赴任福州宁德主簿。此时他已三十四岁。不久，调入京师任敕令所删定官。陆游为朝官后，多有应皇帝诏令上策进言。大处如建议非宗室外戚即使有功也不应随意封加王爵称号，再如进谏罢免掌管禁军过久的杨存中。小处如高宗的书斋名为“损”即厉行节俭，此时朝中贵人有进贡珍玩的，陆游以为亏损圣德需禁止。高宗都加以采纳，还升陆游为大理寺司直兼宗正簿。日后陆游诗中多有记录“绍兴记忆”的诗篇，就是他绍兴末初次立朝的回忆，陆游记录了自己“名动高皇（《自赞》）”被高宗认可、“三十年前客帝城，城南结骑尽豪英（《马上作》）”在临安城南皇城一带与一时英彦交往的经历。

绍兴三十二年（1162）孝宗即位，爱诗文的孝宗问宰臣周必大本朝诗人谁可与唐朝李白相比，周必大回以陆游，史浩等也说陆游善于辞章精于典故。孝宗召见陆游，说听闻陆游勤学，上奏言论也切合事理，赐进士出身，任命为枢密院编修官。此时，陆游被补偿了 8 年前失去的一切，进士出身和清贵且前途无量的官职。友人韩元吉后在《送陆务观得倅镇江还越》里说“高文不试紫云楼，犹得声名动九州”，说他没经历殿试也仍能声名闻于天下。但陆游心底还是有很多遗憾，如在《恩除秘书监》里说自己功名受挫“功名蹭蹬老如期”。

孝宗即位后南宋迎来北伐派士人的黄金时代。陆游依然积极上谏，给孝宗进言说陛下刚即位正是明申诏令的合适时刻，官吏将帅的玩习尤其特别颓丧出格的都要禁止，以正风气。他建议整饬吏治军纪目的还是固守江淮然后光复中原。但孝宗还是视陆游为词臣，他的上疏没得到重视，他便向大臣张焘陈诉。张焘直言质问年轻的皇帝，孝宗不悦，让陆游去江淮前线为镇江府通判，就是韩元吉诗里写的“倅镇江”，这虽是外放也算是符合陆游的心意。

隆兴元年（1163）孝宗任命张浚主持北伐。陆游上书张浚，一直坚持北伐主张的他此时却建议早定长远之计，不要轻率出兵，可见他的远见。果然不久宋军在符离之战中大败。朝中偏安派卷土重来。张浚上疏领罪，被贬江淮宣抚使。隆兴二年（1164）春，在镇江任上的陆游结识张浚，依然热心献策北伐之计，张浚对他的“志在恢复”言论很是赞扬。可惜不久张浚致仕并郁郁而终，壮志不遂。

此时，韩元吉也来镇江。陆韩两人常登临览观长江、金山焦山北固山三山，发借古怀今之慨。一次，陆游与同僚何侑（字德器）、挚友韩元吉（1118—1187，字无咎）、张玉仲四人同游焦山，此次行迹可见陆游《京口（镇江别名）唱和》序“踏雪观《瘗鹤铭》，置酒上方。烽火未息，望风樯战舰，在烟霭间，慨然尽醉。薄晚泛舟，自甘露寺以归”，说在雪天来观摩南朝陶弘景的焦山摩崖石刻，此时

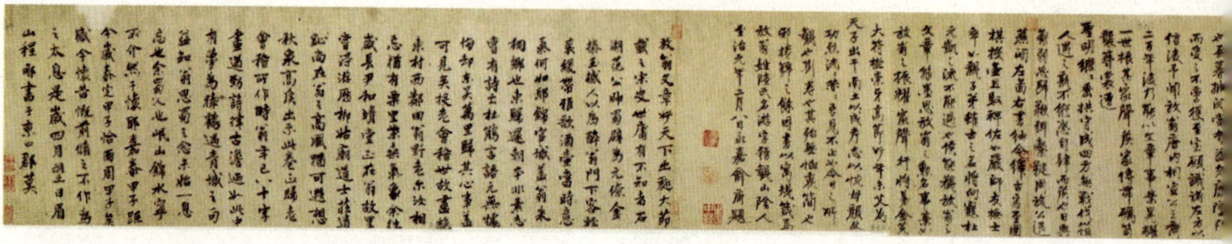

陆游《自书诗卷》（局部）（辽宁省博物馆藏）

南北烽火未停歇，看着战舰在江上烟雾中或隐或现，身在其间，见证历史，感慨万千。这段记忆后来被刻为《焦山题名》摩崖石刻。

隆兴二年（1164）宋金“隆兴和议”将成，陆游又上书东西两府（掌政务的中书门下和掌军事的枢密院）说，在江南立国的朝代自三国吴以来，没有放弃建康到他处建都的先例。南宋驻地临安是出于权宜之策，有运粮不便、易受意外袭击等不利。可见他的卓越史识和殷切爱国之心。南京为六朝古都，唐时李白曾上表建议迁都此地。南宋初主战派岳飞、李纲、胡铨、张浚都主张迁都建康，陆游也赞成，认为建康和临安可同时为临时首都行在，定都建康可鼓舞民心士气，更利于从江淮出师完成北伐大业。可惜和议已成，张浚亡故，朝廷风气已变，策论注定无果。隆兴和议在陆游等南宋前期抱着中兴心愿的士人人生里都是一个大转折，也在他们生平轨迹和心底留下深刻印记。陆游后来的《关山月》“和戎诏下十五年，将军不战空临边……遗民忍死望恢复，几处今宵垂泪痕！”说和议如今十五年了，空守边关的将士、翘首以盼的北国遗民（就是范成大诗里“父老年年等驾回”“几时真有六军来？”的遗民）还有我这个曾两度守边如今蛰居乡间的志士都会在相同的时间、不同的时空流下不甘的眼泪。

乾道元年（1165），已过不惑之年的陆游因再次上书说宠臣曾觌等广结私党需除后患，此时已为枢密使的张焘又去质问孝宗，孝宗

再次不悦，让陆游去建康任通判，又改江西隆兴军府通判。虽是贬谪，但也是历练，上次去镇江真实见证了北伐，这次陆游途经建康还去多个古迹怀古，验证了建康适合建都说。

这是陆游第一次去南京钟山寻找祖父陆佃的老师、北宋故相王安石的晚年归隐地半山园、读书处定林寺书斋昭文斋，发现寺已破败，李公麟为王画的画像已毁于火灾，王安石好友、北宋四大书法家之一米芾所题昭文斋匾额也不知去向。感慨惆怅之下陆游在定林寺残壁上留字“乾道乙酉七月四日，笠泽陆务观冒大雨独游定林”，叹息而归。此时南宋建立已四十多年，距陆佃投王门求学受教不过百年，王安石离世更不过八十年，但世间已历经沧桑。此时和议初定，战火虽息，前途未知，此时来吊唁这位变法求强、身后争议无数的北宋名相，胸怀中兴梦的陆游心情复杂。

此时又有人弹劾陆游结交谏官、鼓吹是非、力说张浚用兵北伐，朝廷罢免了陆游，他再次还乡闲居。

乾道五年（1169），赋闲三年的陆游被起用为通判夔州（今重庆奉节）军州事，因病未成行。次年五月四十六岁的陆游赴夔州，从山阴出发，沿钱塘江、运河通长江，溯江而上，西行入蜀，一路历尽艰险，共160天。就像范成大的北行、西游，旅程淬炼了诗歌，就像陆游在《题庐陵萧彦毓秀才诗卷后二首之二》中说的“君诗妙处吾能识，正在山程水驿中”，说诗歌的妙处都来自山水行旅间的感

爱好诗歌的孝宗赵昚的《渔父诗团扇》(美国大都会艺术博物馆藏)，呼应陆游的“团扇家家画放翁”。

悟。当然更多的历练还在山水外。

舟经镇江、建康等旧游地时，陆游去了南朝刘宋开国皇帝刘裕故迹，回忆了刘裕北伐战绩，就是同时代伟大词人辛弃疾（1140—1207）词里刘裕当年北伐“金戈铁马，气吞万里如虎(《永遇乐·京口北固亭怀古》)”的气象，又到瓜步山游览了佛狸祠，想起当年的南北对抗之势，就是辛弃疾词里影射现实的“元嘉草草，封狼居胥，赢得仓皇北顾”历史景象和“佛狸祠下，一片神鸦社鼓”忧虑。陆游在建康看到五年前自己题于定林寺残壁的字已被人转刻至石崖，不胜感慨。他还去了李白写过诗的凤凰台，此时已是储备盔甲兵器的大军甲仗库。陆游依然坚持“定都建康”的见解，次年在夔州还写《记梦》“梦里都忘困晚途，纵横草疏论迁都。不知尽挽银河水，洗得平生习气无？”说不悔自己上书谈论迁都之事。还自嘲说即使挽尽天上银河之水，也不能洗掉自己平生爱议论国事的习气，沾染麻烦也不怕。淳熙五年（1178），已过知天命之年的陆游在四川九年（一说八年，算法不同）后东归，再次泊船建康，写下《登赏心亭》，回忆了15年前自己的“迁都”策论，有“孤臣老抱忧时意，欲请迁都涕已流”之句，初心未改，在川蜀经历尤其在抗金前线的阅历更加深了他的忧患感。

乾道六年（1170）陆游到夔州，此后在川蜀各地历任多职。到淳熙五年的蜀地宦游九年（四川宋时为川陕四路，包括今陕西部分，如剑门关属四川，南郑、大散关今属陕西，所以有“蜀栈秦关”之说），是陆游难得的身临抗金重地、真实从戎抗敌的经历，他终于践行少年时受李光等抗金前辈影响时就有的“上马击狂胡，下马草军书（《观大散关图有感》）”理想。尤其值得浓墨重彩书写的是乾道八年（1172）三月，四十八岁的陆游应主张抗金、主持西北军政事务的四川宣抚使王炎之辟，到达宣抚使司治所汉中南郑（今属陕西），入幕府投笔从戎为干办公事，参谋通过关中收复中原的大计，到十一月离去共在此八个月。南宋乾道淳熙之际，天下暂无战事，孝宗在北伐失败后一开始仍期望积蓄兵力伺机收复中原，蜀地尤其川陕宋金边境此时成为重点经营区域。

王炎（？—1178）字公明，安阳人（不是另一个南宋词人王炎），原任枢密使，他出任四川宣抚使体现了朝廷意图。王炎将治所迁往抗金前沿南郑，麾下聚集了人数颇众、身份较复杂的主战派人士。陆游也应邀写了大宋复兴计划《平戎策》，是张浚“中兴当自关陕始”观念的继续，也是他自己充实国家军备策论的延续。陆诗中的“国家四纪失中原，师出江淮未易吞。会看金鼓从天下，却用关中作本根（《山南行》）”“先取关中次河北（《送范舍人还朝》）”都是《平戎策》的诗化。

所以，此时代表宋金边界的川陕“大散关”成为他诗中“北望中原”心意的典型意象，和他先前诗中镇江对面扬州“瓜洲渡”，以及四大诗人里范成大使金诗、杨万里北行诗里的“淮河”意象遥相呼应。可惜，不久朝廷中主和派占上风，王炎被诬“欺君”遭罢斥被贬，幕府众谋士也云散。此时的作为和一百多首诗都成为禁忌从陆游的诗集里消失，只留下《山南行》《顷岁从戎南郑屡往来兴凤间暇日追怀旧游有赋》等诗篇隐约可窥见陆游这八个月里的豪情壮举，一些深入前线、“纵猎打围”、只身“刺射猛虎”的片段在他后来的40多首诗词都有出现，但碎片式的出现让人甚至觉得陆游虚构夸张，这其实都是真实的，是对这段抗金岁月的诗意梦幻回忆。

陆游后来关于这八个月隐秘幕府生涯的汉中南郑诗及回忆诗共同组成他“英雄梦”的最核心部分，有300多篇，其中有很多名篇名句，除了“铁马秋风大散关”，还有“当年万里觅封侯，匹马戍梁州（《诉衷情》）”“……一点烽传散关信……梦魂犹绕古梁州（《秋晚登城北门》）”“大散关头北望秦，自期谈笑扫胡尘（《追忆征西幕中旧事四首其一》）”“中岁远游逾剑阁，青衫误入征西幕。南沮水边秋射虎，大散关头夜闻角（《三山杜门作歌》）”等。梁州是南郑的古城。诗中的“散关”“梁州”点出“征西幕”的峥嵘岁月，烽火点点传来大散关前线的敌情，虽然都是往事了，但时刻萦绕梦境的仍是梁州望“封侯”的激情岁月。正因难忘，所以日后陆游的诗文集被命名为《剑南诗稿》《渭南文集》，晚年也封渭南伯。剑南是剑门关之南，代指蜀地；渭南指关中。记录他曾经洒下热望、寄托梦想的所在陆游晚年被封渭南侯还刻印并有诗说“渭南且作诗人伴，敢望移封向酒泉“，仍向往北伐中兴。

四大诗人中，陆游虽然因为科举受挫而宦途不显，还曾多次被诬被讽而隐居家乡时间较长，立朝有大节机会较少，没有范成大的北行使金悲壮之行，没有杨万里的入淮忧愤之行，也没有尤袤的泰兴抗金经历，但他也有镇江北伐、汉中前线的经历。正如南宋诗人叶绍翁（1194—1269）《四朝闻见录·陆放翁》“（陆游）天资慷慨，喜任侠，常以踞鞍草檄自任，且好结中原豪杰以灭敌。自商贾、仙释、诗人、剑客，无不遍交游。宦剑南，作为歌诗，皆寄意恢复”，说陆游天性志向昂扬，喜欢行侠仗义，常常把骑在马上草拟檄文作为自己的使命，而且喜好结交中原的英雄豪杰，只要大家有抗金的共识，从商人、道士和尚到诗人、剑客都广泛结交。所以陆游在蜀地（剑南）为官时的诗词都寄托着恢复中原的远大志向。叶绍翁还提到陆游因性情豪迈交游广泛被怀疑交游非类（身份可疑行为不端的人），遭受非议，这也是影响陆游仕进的莫须有理由之一，其他还包括喜欢议论国事、嘲讽风月、颓废燕饮等强加的污点，可叹。

王炎幕府解散后，陆游黯然回到川地。在这个“诸公尚守和亲策，志士虚捐少壮年（《感愤》）”的时世里，热血抗金志士只能像四大诗人熟悉的南宋四大名臣李光、张浚、胡铨、李鼎和抗金名将岳飞、韩世忠一样落得“报国欲死无战场（《陇头水》）”的结果。陆游日后感叹“早岁那知世事艰，中原北望气如山……铁马秋风大散关。塞上长城空自许（《书愤》）”，都是对壮年岁月的回忆和祭奠。

陆游从南郑回到蜀地，是经过剑门关的，“衣上征尘杂酒痕，远游无处不消魂。此身合是诗人未？细雨骑驴入剑门（《剑门道中遇微雨》）”，这是陆游此时理想受挫后意志消沉、无奈归蜀的诗意呈现，也成为后人关于陆游重要诗意记忆的一帧最贴切写真，骑马射虎是意气风发英雄梦，“细雨骑驴”也是失意英雄梦。陆游说在蜀地常有的微雨中骑着瘦驴走入剑门关，衣服上满是行旅沾染的灰尘和因为心境不好饮酒又懒得清理的酒渍，因为壮志成灰所以眼中的景物都让人心情黯淡感伤。他问出他思考已久的疑问：难道我这一生就只该是一个诗人吗？孝宗只是赞赏他的诗才，但陆游的志向不在于此，于是人生的矛盾痛苦就产生了，这样的怀疑和痛苦持续了终生。

陆游此后作过蜀州（今崇庆）、嘉州（今乐山）、荣州（今荣县）地方官，在各地都有善政。唐代边塞大诗人岑参曾在嘉州为官，陆游崇敬到边塞从军的岑参，在嘉州印刻了《岑嘉州集》。这是两位都曾入幕府、爱写从军行的诗人的精神时空交汇。就像尤袤在池州刻印《文选》。

淳熙二年（1175），范成大入蜀为成都府路安抚使兼四川制置使，辟陆游为参议官。两大诗人再次相逢于异乡，以诗论交，不拘泥于礼节。陆游曾有诗写随范成大阅兵，《成都大阅》“令传雪岭蓬婆外，声震秦川渭水滨。旗脚倚风时弄影，马蹄经雨不沾尘”，给了在抗金前线理想受挫的陆游一点安慰。

陆游此时仍因为他耿介张扬、不耐官场规矩的个性，也因不变的主战主张，多遭朝中主和派的忌惮，有言官指斥他“燕饮颓放”，陆游又遭免职。陆游索性自号“放翁”，在杜甫草堂附近浣花溪畔隐居，还学杜甫忧心国事的《秋兴》诗意，在和范成大唱和《秋兴》的《和范待制秋兴三首之一》说“贺我今年号放翁”，用反语说祝贺自己得了放翁之名。后来他在七十岁后写的《放翁》诗中也说“拜赐头衔号放翁，家传不坠散人风。问年已过从心后，遇境但行无事中”，说感谢那些诽谤我的人所赐我有了放翁名头，我陆氏家族如祖先陆龟蒙就有“散人”的隐逸家风，如今我已经过了孔子说的“随心所欲而不逾矩”的年纪。

陆游在蜀地虽然仕途多波折，但出入蜀可以多见山川古迹，得到行旅的历练，这自古以来就对诗人的诗歌大成有裨益，如杜甫、岑参都在来过蜀地后幸得江山之助成为大宗师，陆游和范成大也是。

陆游一生诗风经历两次变化，中年（五十岁左右）境界趋于宏大舒展就因为蜀中八年内涵丰赡、波澜起伏的现实经历，有了一千多首诗的创作体验，使得他终于像诗坛先贤杜甫等人一样“挥毫当得江山助（《偶读旧稿有感》）”，悟得“诗家三昧”，诗风突破早年一味追求工丽和学江西诗风的局限。陆游的《九月一日夜读诗稿有感走笔作歌》能清晰看到他的诗歌蜕变痕迹，就像杨万里在《荆溪集》序说自己 1178 年前后的诗风蜕变，四大诗人中最有风格的杨陆两人的蜕变时候也相差不多。陆游诗中先说“我昔学诗未有得”，然后说“四十从戎驻南郑”后，“诗家三昧忽然见，屈贾在眼元历历。天机云锦用在我，剪裁妙处非刀尺”，屈原贾谊等古人典范和蜀地江山的共同相助，使他脱胎换骨，诗境圆熟，当然诗风变化的核心力量是陆游自己眼界心胸开阔所谓“用在我”。他日后的《怀成都诗卷》“放翁五十犹豪纵，锦城一觉繁华梦”就是对蜀地诗变的纪念。

虽然在蜀地爱国“平戎策”和仕途都不顺，“画策虽工不见用(《三山杜门作歌》)”,但陆游丹心不改。淳熙四年(1177）范成大奉旨还朝，陆游有《送范舍人还朝》，表达了对范向朝廷建议北伐的期待，“嗟此大议知谁当？公归上前勉画策，先取关中次河北”“因公并寄千万意，早为神州清虏尘”。可惜事不如人愿，淳熙五年（1178）范成大果然为参知政事，但与孝宗政见不合，只两个月就因私憾细故被言官弹劾落职。

淳熙五年（1178）秋，陆游也因朝廷召对（类似述职）再次回到临安。令他失望的是，孝宗召见仍是因为他诗名日盛，早年他有小李白的称呼，此时经历蜀游后有小杜甫名号，可惜他也和两位大诗人一样诗名大噪但从政理想不畅。孝宗像唐玄宗看重李杜诗名却不重视两人策论一样，不但没留陆游在朝为官，反而再次外放他提举福建路常平茶盐公事，次年调为江西路常平茶盐公事。1180 年陆

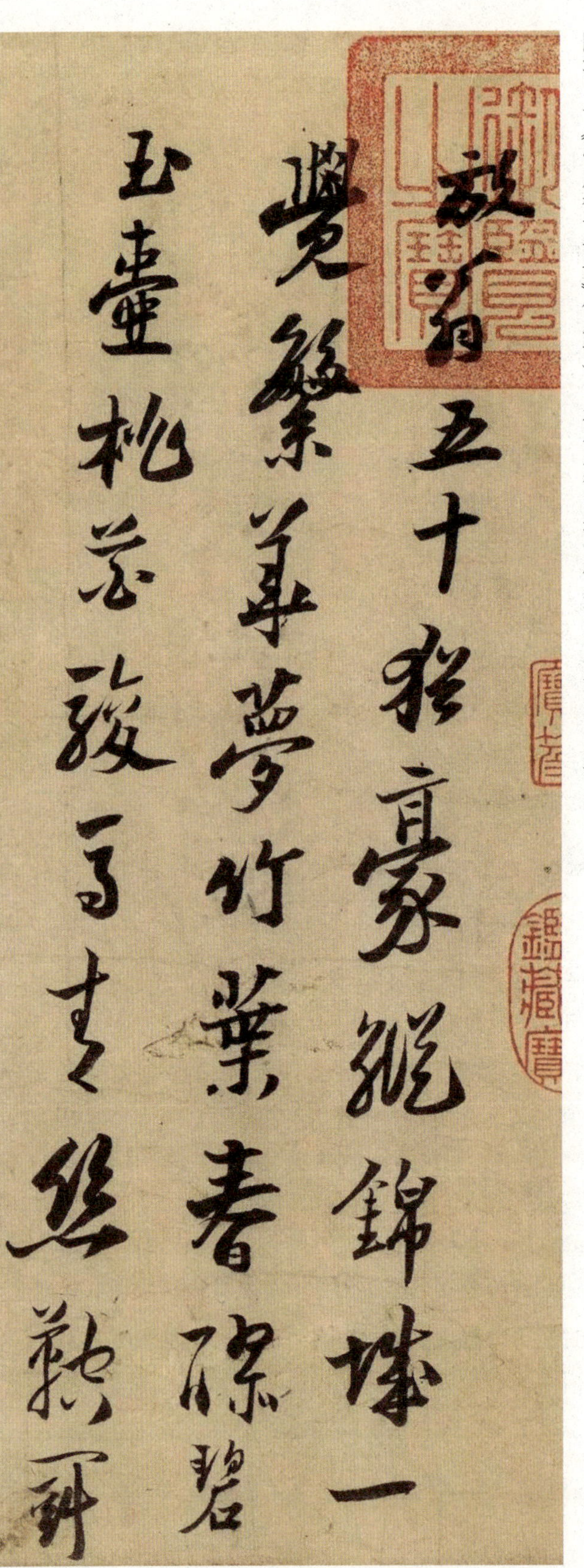

陆游自书《怀成都十韵诗》（局部），是对成都的追忆（北京故宫博物院藏）

游到江西的第二年，江西遭遇水灾，和范成大在四川担忧旱灾一样，陆游心忧系民，不但让各郡开仓放粮，还亲自“榜舟（行船）发粟”济民，《大雨逾旬既止复作，江遂大涨》的“传闻霖潦千里远，榜舟发粟敢不勉”就是记录。同时上奏朝廷，请求开常平仓赈灾。不料回朝被弹劾擅权，再次罢官还乡为祠官。

淳熙十三年（1186）春，陆游在乡闲居五年后，被朝廷起用。他来到临安候官，此时前后，与正好也在京城的杨万里、尤袤等以诗交往，唱和雅集。虽然此时范成大已因身体原因归乡，四人遗憾缺一，就像1154年的那场科举一样阴差阳错，不过，三人聚会酬唱，杨万里为陆游作“海棠醉翁”写照，仍是四大诗人的典范意象。

朝廷任命陆游为严州（治所在今浙江建德）知州，孝宗召见他，仍以诗人看待他，嘱咐他“严陵，山水胜处。职事之暇，可以赋咏自适”，说严州的严子陵（今桐庐富春江一带）江南山水天下闻名，就是《朱元思书》里说的“自富阳至桐庐一百许里，奇山异水，天下独绝”，也是著名隐士严子陵隐居处。你做官闲暇可以多写诗，言下之意是少谈恢复。严光，字子陵，东汉会稽人，算是陆游同乡先贤。他少年时与光武帝刘秀同学，刘秀为帝后，他隐名谢绝朝廷征召，退隐富春山水间，后人称他所居处为严陵。

陆游继高祖陆轸来严州为父母官后再来严州，多有善政。他也和尤杨范三人一样劝农兴农助农，劝导民众“力耕疾耘，安丰年而忧歉岁”，也就是努力种田、丰年安乐而未雨绸缪灾年，还表示自己会减轻百姓负担，让百姓安居乐业，“太守亦当宽期会，简追胥，戒兴作，节燕游（《丁未严州劝农文》）”。陆游也不忘抗金梦，模仿四川的成都大阅在严州举行大阅，有《严州大阅》“铁骑森森帕首红，角声旗影夕阳中。虽惭江左繁雄郡，且看人间矍铄翁。清渭

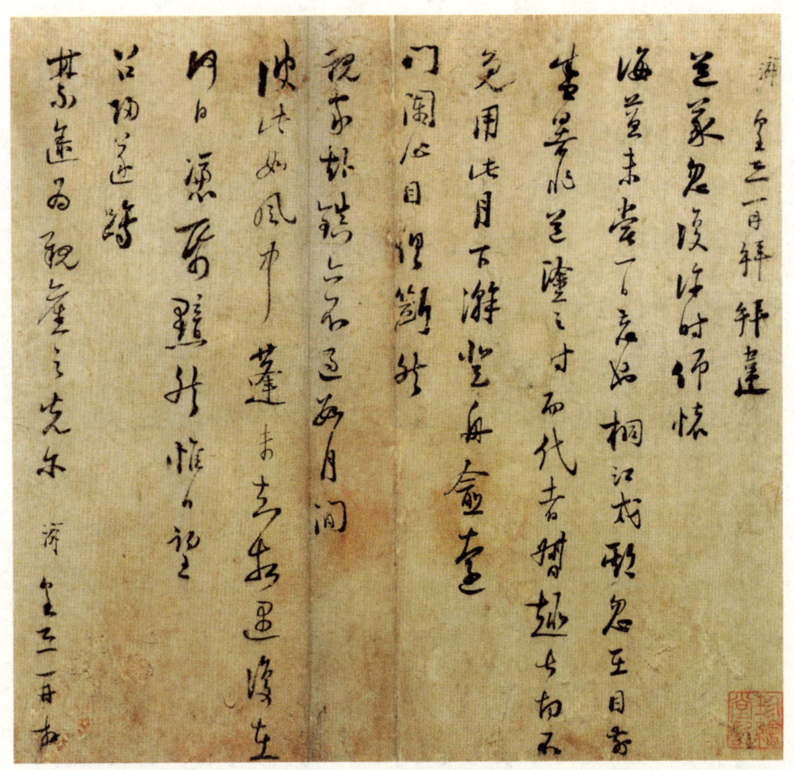

陆游《桐江帖》又称《拜违道义帖》(北京故宫博物院藏)

十年真昨梦，玉关万里又秋风。……”在严州，陆游还刊刻出版了自己的第一本诗集《剑南诗稿》，并请杨万里为诗集作跋。不过诗集里严州诗很少，孝宗让他来严州多写一点清丽流美的山水诗，他却无心“奉旨写诗”，所以离开严州时有诗“桐江久客无奇句，孤负君王乞左符”的感叹，体现了他一向的倔强，说自己在桐庐江多日没写出什么清词丽句，辜负（孤负）皇帝让我来严州为太守，“左符”指汉代太守的符契，出任拿左符，到州郡后合上右符验明正身。陆游是有点傲骨的，他心底并不以孝宗让他来严州写诗为然，晚年的《鹊桥仙·一竿风月》“时人错把比严光，我自是无名渔父”更是明显不买皇帝的账。

淳熙十五年（1188），陆游回临安入朝复命。孝宗召见他又赞美了他的诗文之才，任命他为军器少监，掌管兵器制造与修缮。虽是冷官，但也符合他期待光复的心意。绍熙元年（1190），光宗即位，陆游迁礼部郎中兼实录院检讨官。不料不久又有人上疏指责陆游写诗“嘲咏风月”，实则也是嫌弃他多言恢复。陆游再度被罢黜归乡。陆游虽然愤懑，却也坦然接受“我年六十四，获谴输鬼薪，束书出东门，挥手谢国人。笑指身上衣，不复染京尘（《赠洞微山人》）”。

陆游自此归老山阴，度过他生命的最后二十年，此间除了赴临安修撰高宗孝宗实录一年外，都在闲居中度过，写了6000多首诗，以闲适诗为主。刚回乡时，陆游写了《予十年间两坐斥，罪虽擢发莫数，而诗为首，谓之“嘲咏风月”。既还山，遂以“风月”名小轩，且作绝句》二首，倔强的他索性将在他自山阴城西南九里的三山镜湖旁的三亩小园、“数间茅屋”命名为“风月轩”，抒发郁闷。豁达的他还是适应了闲居生活，《予所居三山在镜湖上，近取舍东地一亩种花数十株，强名小园，因戏作长句》诗就笑谈“小园风月得婆娑”。“卧读陶诗未终卷，又乘微雨去锄瓜（《小园四首之一》）”“万卷藏书不救贫（《暮春》）”的耕读生涯是他晚年生活和诗歌的主旨。他还说自己的颓放“放翁”名号渊源就来自两位同宗唐代山水隐逸诗人“桑苎翁”陆羽、“笠泽老渔”“江湖散人”陆龟蒙的传统，更在诗词里说“湖山胜处放翁家（《幽居初夏》）”“松陵甫里旧家风，晚节何妨号放翁（《幽居》）”“三山山下闲居士，巾履萧然。小醉闲眠。风引飞花落钓船（《采桑子·三山山下闲居士》）”。

一树梅花一放翁：痴者最深情

再来看陆游的怀人梦。反映在诗中最突出的是梅花诗和菊枕诗。南宋人喜欢借《诗经》《离骚》比兴传统写咏物诗尤其咏花卉诗词寄托心迹情志，又爱写梅花菊花这种有傲骨清韵的岁寒嘉卉，所以陆游写梅诗菊诗来怀人喻人也很正常。他笔下的梅花诗是喻人也是喻己，菊枕诗则多是怀人，然而都寄托他和北伐光复之志一样坚定不改的深情痴情。

虽然宋人多爱写梅，陆游依然是其中高手。据不同统计，他的《剑南诗稿》中，有160多首以咏梅、探梅、观梅、别梅等为题目的咏梅诗，如果算上诗中提及梅花的，更至少有320首。他特别有名的咏梅诗，如“何方可化身千亿，一树梅花一放翁（《梅花绝句·其一》）”明确以梅花比喻自己，“阅尽千葩百卉春，此花风味独清真（《园中赏梅》）”“雪里芬芳亦偶然，世人便谓占春前。饱知桃李俗到骨，何至与渠争著鞭（《雪后寻梅偶得绝句十首其一》）”“雪虐风饕愈凛然，花中气节最高坚（《落梅》）”写不合时宜的品格最孤高，“驿外断桥边，寂寞开无主。已是黄昏独自愁，更著风和雨。无意苦争春，一任群芳妒。零落成泥碾作尘，只有香如故（《卜算子·咏梅》）”写壮志成灰也不放弃的只有香如故，句句写梅，也处处写己。一般都认为宋代的林逋、陆游、范成大和杨（扬）补之四人的种梅、谱梅、梅花诗画最有特色，构成宋代梅花审美的完整图像，而陆游的梅花诗词是典范中的典范，是他人格写照和精神向往的寄托喻体，是他英雄梦想、爱国精神的最好印证。

晚清文人姚莹《论诗绝句》曾融合陆游的名篇《书愤》“中原北望气如山。楼船夜雪瓜洲渡，铁马秋风大散关”和他的梅花名篇“一树梅花一放翁”，评价陆游说“铁马楼船风雪里，中原北望气如虹。

平生壮志无人识，却向梅花觅放翁”，他是觉得当时文人太在意陆游的闲适诗忽略了陆游的爱国壮志，并没有否定陆游梅花诗的意思。清末国家积弱，列强林立，难免时代精神会更注重陆游的“一身报国有万死（《夜泊水村》）”“铁马冰河入梦来”等爱国诗篇，就像稍晚的梁启超也在《读陆放翁集》里说“集中十九从军乐，亘古男儿一放翁”。从军乐、男儿的英雄放翁和以梅花自比的深情放翁并不矛盾。陆游各个时期都有梅花诗，如回忆成都的《梅花绝句》“当年走马锦城西，曾为梅花醉似泥。二十里中香不断，青羊宫到浣花溪”，晚年隐居生活的《村居书喜》“红桥梅市晓山横，白塔樊江春水生”、《岁暮书怀二首其一》“瓶里梅花夜更香”、《看梅绝句》“老子舞时不须拍，梅花乱插乌巾香”，每一首里都有一个爱世间万物的陆游。

陆游的深情是广博的，然而也是深挚专注的。他集中也有一些梅花诗，显然有所指，如《十二月二日夜梦游沈氏园亭》“城南小陌又逢春，只见梅花不见人”的梅花，就指向一位缥缈清远的故人。

陆游和妻子唐琬的凄婉爱情故事，他们唱和的《钗头凤》词，世间传诵已久，深入人心。虽也一直有怀疑的声音，但一般只是质疑《钗头凤》词是否真的写两人相遇沈园，对陆唐两人情深缘浅应该无疑问。

陆游唐琬情事最早见于南宋人的笔记如陈鹄的《西塘集·耆旧续闻》、刘克庄的《后村诗话续集》、周密的《齐东野语》，特别是与陆游生活年代相叠的陈鹄说曾亲见《钗头凤》题于沈园壁间，一说题于与沈园相邻的禹迹寺，比较可信。

《耆旧续闻》提及陆游夫妇伉俪相得，可惜妻子不当陆母唐夫人之意，最后被出也就是被离异。

不过写得详细、影响也比较大的是宋末周密的《齐东野语》卷一的《放翁钟情前室》，也继承了陆游妻母不合的说法，还说陆游原配唐氏，是唐闳之女，是唐夫人的侄女。不过，这一血缘关系已被证伪。这一人伦之变的原因据说是刘克庄听曾几的孙子、陆游的学生曾黯说的“放翁少时，二亲教督甚严。初婚某氏，伉俪相得。二亲恐其惰于学也，数谴妇。放翁不敢逆尊者意，与妇诀”，是陆游夫妇琴瑟甚和，但陆家父母对陆游期望很高，认为陆游沉湎情爱耽误了科举，拆散了小夫妻。联系陆游前几次失败的科举，似乎有些道理。陆家高祖和祖父都是科举一甲，一个榜眼一个探花，家庭对陆游的期待也是可以理解的。与陆游同时的处州张玉娘和表兄沈诠的爱情悲剧也和门第科举有关，也都可以作为南宋科举和家族、男女情爱矛盾关系的典型例子。不过，陆游年少时被迫做出的为科举牺牲爱情的行为后来并没有取得应有的预期，他的悔恨就“此恨绵绵无绝期”了。

《齐东野语》里写陆游在两人离异数年后的绍兴二十五年（1155）春日出游，与已与宗室赵士程结婚的前妻邂逅于禹迹寺南的沈氏园，唐琬送了酒菜，陆游怅然久之，赋了一首《钗头凤》词题于园壁间。唐琬也有和词。1155 年就是陆游科举高中又被罢黜的第二年，所以相遇就格外令他神伤，不久唐琬郁郁而终。这些民间流传的戏剧化场面质疑的人就比较多。不排除有真实的片段和合理的成分，暂且存疑。

不过，就算《钗头凤》词不是陆游写给前妻唐琬的，唐琬和词据说也是后人敷衍的，但陆游“钟情”唐琬却是无可置疑的，他们有情人有幸结褵而因家长、科举等原因仳离被拆散也是有一定可信性的。兰因絮果，令人感慨扼腕。所以，陆游集中 9000 多首诗中仅存的明确思念故人的爱情诗有一首七律《禹迹寺南有沈氏小园四十年前尝题小阕壁间偶复一到而园已三易主刻小阕于石读之怅然》，二首七绝《沈园》，二首七绝《十二月二日夜梦游沈氏园亭》和三首《菊枕诗》，都是晚年所作，大致可确定是为唐琬所作。诗歌真情深致，蕴藉怅惘，是古代爱情诗中的上品，丝毫不逊色于被质疑的《钗头凤》。

来看陆游的沈园怀人梦和爱情记忆。绍熙三年（1192）陆游六十八岁时来到沈园，有《禹迹寺南有沈氏小园四十年前尝题小阕壁间偶复一到而园已三易主刻小阕于石读之怅然》“枫叶初丹槲叶黄，河阳愁鬓怯新霜。林亭感旧空回首，泉路凭谁说断肠。坏壁醉题尘漠漠，断云幽梦事茫茫。年来妄念消除尽，回首禅龛一炷香”，说四十年（应是三十八年前，这里取整数）前曾来沈园，题了一首小词在墙壁上，今天偶尔再来，沈园已换了主人，小词被人刻在石头上，读了以后更为怅惘。诗中的“坏壁醉题”仍在，可惜“幽梦事茫茫”，断肠情事无人知道，悔恨无尽，只能靠佛学消除妄念。这首诗里陆游说在沈园墙壁上题词无疑，但是一人而来还是两人结伴而来，是离异前来还是离异后相遇则不可知，仍存疑。

再看庆元五年（1199）陆游七十五岁又来沈园，据周密说此时陆游平时居住三山鉴湖旁，离绍兴城有九里远，晚年每次入城一定到禹迹寺和沈园重游怀人。这次又有《沈园二首》“城上斜阳画角哀，沈园非复旧池台。伤心桥下春波绿，曾是惊鸿照影来。”“梦断香销四十年，沈园柳老不吹绵。此身行作稽山土，犹吊遗踪一泫然”，说故人已去世四十多年，沈园也早已不是旧日面目，连杨柳都老了不再柳絮如绵，但桥下的春水如旧，似乎仍倒映当年两人的年轻容颜和双双身影。可叹往事不可追，我如今快要化为泥土，但旧事旧情不能忘，凭吊故址仍要伤心落泪。近代诗人陈衍《宋诗精华录》卷三评价陆游这两首诗是“无此绝等伤心事，亦无此绝等伤心之诗。就百年论，谁愿有此事？就千秋论，不可无此诗”，非常得当。

还有《十二月二日夜梦游沈氏园亭》二首一说是陆八十三岁时

今绍兴沈园的陆游唐琬像

所作，此时陆游已不能亲来沈园，但冬夜里梦到重游沈园，深情可悯。诗其一“路近城南已怕行，沈家园里更伤情。香穿客袖梅花在，绿蘸寺桥春水生”处处呼应《沈园二首》，说自己近沈园情怯，因为这里全是回忆。诗中的梅花勾起无限追忆，这梅花是人是花？梦境迷离，已是惘然。诗其二“城南小陌又逢春，只见梅花不见人。玉骨久成泉下土，墨痕犹锁壁间尘”也说梦中只见梅花不见故人，才恍然故人早成泉下土，虽然梦上墙壁题词的墨痕似乎未干。梦境与记忆交错，营造了往事不可追的迷惘之境。还有一首《春游》“沈家园里花如锦，半是当年识放翁。也信美人终作土，不堪幽梦太匆匆”也写梅花，也是怀人如幽梦的追忆之作，说沈园的梅花都是旧日梅花，都还认得我，但醒来才知是梦，故人已化土，往事全成幻梦。这些梦里的梅花就是陆游青春梦想的幻化。

陆游一生，多有憾事，但最大的两件事一是北伐未成、故国难收“塞上长城空自许”“死前恨不见中原（《太息四首其二》）”，二是与唐琬的婚变“断云幽梦事茫茫”“灯暗无人说断肠（《余年二十时尝作菊枕诗颇传于人今秋偶复采菊缝枕囊凄然有感二首之一》）”。除了沈园诗、梅花诗，陆游的“菊枕”诗也是怀故人之作。《余年二十时尝作菊枕诗颇传于人今秋偶复采菊缝枕囊凄然有感二首》“采得黄花作枕囊，曲屏深幌闷幽香。唤回四十三年梦，灯暗无人说断肠”“少日曾题菊枕诗，蠹编残稿锁蛛丝。人间万事消磨尽，只有清香似旧时”应写于陆游六十三岁，收菊晒干作枕芯可以明目安神，二十岁时的菊枕应该是故人所作，当时陆游写《菊枕诗》纪念幸福时光，可惜四十三年过去了，诗稿都尘封，今天被一个新的菊枕唤起记忆，但故人已逝，无人和自己一同回忆谈论这段“断肠”即激烈深刻的感情。时光匆匆，万事消磨，但一缕清香却永不能忘。

此外，有以为陆游的《夜闻姑恶》“可怜力残未忘情”是暗喻腹诽母亲苛待唐琬的，似不可信，陆游纯孝，不可求之过深。

陆游的怀人梦诗也是他诗集中重要性不亚于英雄梦的部分，正如清人袁枚《随园诗话》卷一四评价杜甫说“人但知杜少陵每饭不忘君，而不知其于友朋、弟妹、夫妻、儿女间，何在不一往情深耶？”说大家都觉得诗圣杜甫每首诗都在讲忠君爱国，其实他也有很多写人间普通情感，也很深刻“一往情深”不可忽视。这个评价可以拿来评价“小杜甫”陆游。宋人很少写爱情诗，写爱情的内容多放进词里，陆游的爱情诗很珍贵。还有宋诗推崇平淡内敛，但陆游回归唐诗，诗中至死不渝的爱国情感和对故人刻骨铭心的追忆，表现为激烈极致的“断肠”感，也是很难得的。

一代词宗夏承焘（1900—1986）1964年为绍兴文管处撰写对联“禹迹问遗踪，犹传临水惊鸿句；燕然寻梦路，未死冰河铁马心”这副对联上联取自陆游的“伤心桥下春波绿，曾是惊鸿照影来”，写他的怀人梦，下联取自陆游的“夜阑卧听风吹雨，铁马冰河入梦来”，写他的英雄梦。